교사를 위한
온작품 읽기

교사를 위한
온작품 읽기

초등학교
한 학기
한 권 읽기
안내서

아동문학평론가 원종찬 · 박숙경 · 김지은 · 오세란 · 김제곤

초등학교 교사 최은경 · 이충일 · 강승숙 · 탁동철

어린이도서연구회 박경희 · 임선복 · 신민경

창비

들어가는 말

　온작품 읽기, 한 학기 한 권 읽기, 슬로우 리딩. 요즘 초등학교 주변에서 자주 들려오는 말입니다. 그 뜻은 조금씩 다르지만 '책 한 권을 깊이 있게 읽자.'라는 신념을 공유하는 말임은 분명합니다. 우리의 문학 교육과 독서 교육이 변화해야 한다는 의지의 표현이기도 할 것입니다. 아시다시피 지금 어른들은 '빨리 읽기'(속독)와 '많이 읽기'(다독)를 경험한 세대입니다. 양적 성장과 외적 보상에 익숙한 세대이지요. 그런데 졸업을 하고 보상이 멈추니까 어떻게 되었나요? 독서는 장기 휴면 상태로 전환되고, 책을 읽지 않는 일상이 당연시되고 있지 않은가요. 지금의 어른 세대야말로 양보다는 질, 외적 보상보다는 내적 동기가 중요하다는 점을 증명하는 세대입니다. 그런데 우리의 독서 교육은 여전히 이러한 관성에서 벗어나지 못하고 있어 안타깝습니다.

　온작품 읽기는 문학 수업의 패러다임을 바꾸자는 요구와도 밀접합니다. 교과서만으로는 온전한 작품을 접하기가 쉽지 않기 때문입니다. 교과서에는 학습 목표를 달성하는 데 필요한 장면만 선택적으로 실리고,

텍스트의 양은 차시에 따라 결정되기 마련입니다. 설령 작품 전체가 실린다 해도 다듬어지고 고쳐지는 경우가 허다합니다. 한마디로 교과서 문학 텍스트는 '작품'이 아닌 '제재'의 형태입니다. 이는 지면의 제한이 따르는 교과서의 생득적인 한계와 문학 교육에 대한 불완전한 인식이 결합한 결과입니다. 작품 한 편을 온전하게 읽는다는 것은 온전한 문학 교육을 복원하기 위한 과정이라 해도 과언이 아닙니다.

그런 의미에서 온작품 읽기가 공교육의 장으로 들어온 것은 매우 고무적인 일입니다. 2018년에 초등학교 3~4학년이 닻을 올렸고, 2019년에는 5~6학년을 거쳐 중·고등학교까지 10여 년 동안 긴 항해를 시작할 예정입니다. 그런데 교육 현장에서는 기대와 우려가 수선스럽게 교차하고 있습니다. 좀 더 솔직하게 이야기하면 심란한 분위기가 한층 우세한 게 사실입니다. 교육 과정의 개편이 곧 교사의 업무가 되는 일이 많았으니 그럴 만도 하겠지요. 다만 온작품 읽기의 경우, 그 필요성은 인정하면서도 구체적인 실체가 모호하다 보니 여기에서 비롯된 불안감이 적지 않습니다. 직무 연수 과정에서 선생님들이 가장 많이 토로한 걱정거리는 대략 이렇습니다.

"한 학기 한 권 읽기를 하라는데 어떤 책을 선택해야 할지 모르겠어요."

"사실 지도서나 교과서만 봐서는 너무 원론적인 수준이라 무슨 활동을 어떻게 해야 하나 감이 잡히지 않아요."

교육 과정을 구성하는 '내용(작품)'과 '방법(읽기)' 모두가 문제라는 겁니다. 어느 쪽이 더 중요하다고 말할 수는 없지만 해결을 위한 실마리는 조화와 균형이 아닌가 싶습니다. 온작품 읽기를 요리에 비유하자면 작품은 재료에 해당합니다. 재료가 신선하지 않은데 '만 개의 레시피'를 사용한들 맛이 좋을 리가 없지요. 따라서 요리사에게 신선한 재료를 고르는 안목은 필수입니다. 재료만 좋으면 같은 레시피로도 훨씬 맛있는 음식을 만들 수 있으니까요. 그런데 그동안의 연구 성과들을 보면 레시피에 대한 경험치는 두터운 반면, 재료를 고르는 감식안에 대한 고민은 부족한 게 사실입니다.

『교사를 위한 온작품 읽기』가 아동문학평론가, 초등학교 교사, 어린이도서연구회 활동가 들로 필자를 구성한 까닭이 여기에 있습니다. 각 분야의 전문가들이 머리를 맞대고 이론과 실천, 앎과 삶의 균형을 통해 온전한 문학 수업을 하기 위한 방법을 모색했습니다. 책은 전체적으로 1부는 이론, 2부와 3부는 실천, 4부는 주제별 도서 목록으로 구성되어 있습니다. 미적인 탐색과 수업의 실천이 내밀하게 연결되어 있으니 앞과 뒤를 서로 확인하면서 읽는 것도 재미있을 듯합니다.

1부 '아동문학, 어떻게 읽을까?'는 기존의 아동문학 이론서나 평론집과는 달리 여행 중에도 편하게 읽을 수 있을 만큼 에세이 성격이 도드라집니다. 1부 안에서도 원종찬의 「알수록 깊이 읽는 아동문학」은 총론 격인 글이니 살펴 읽어 보길 바랍니다. 아동문학에 대한 잘못된 편견을 바로잡고, 문학과 교육 간에 균형감 있는 관점을 세우는 데 도움이 될 것입니다. 또한 박숙경, 김지은, 오세란의 글은 문학의 형식적 요소를 통해 확장된 독서 방법을 제시합니다. 인물, 주제, 시점과 배경이라는 서사의 구성 요소가 딱딱한 이론이 아닌, 이야기를 풍성하게 만드는 촉매제임을 느낄 수 있습니다. 특히 여기서 거론한 작품들은 그 자체로 온작품 읽기를 위한 좋은 목록이 되니 한곳에 메모해 두셔도 좋습니다. 한편 김제곤의 「가슴으로 동시 읽기」는 시 수업을 어려워하는 교사들에게 단비가 되어 줄 만합니다. 시와 만나는 세 가지 방식을 찾아가다 보면 가슴으로 다가오는 동시의 실체를 만나게 되리라 기대합니다.

2부와 3부에는 초등학교 교사와 어린이도서연구회 활동가의 생생한 수업 이야기를 담았습니다. 2부 '학교에서 온작품 읽기'는 초등학교 교사의 온작품 수업 사례로 저학년 동화, 고학년 동화, 그림책, 동시와 같은 다양한 갈래를 다룹니다. 아동문학과 수업의 전문성을 갖춘 교사들이 만들어 가는 수업을 보노라면, 삶을 도탑게 하는 문학 수업이 무엇인지를 알 수 있습니다. 무지개떡의 단면처럼 다양한 빛깔의 수업은 실천 사례의 풍성함을 더합니다. 3부 '학교 밖에서 온작품 읽기'는 어린이책 독서 문화를 위해 오랫동안 활동해 온 어린이도서연구회 활동가들의 사례입니다. 학교에서 이루어지는 온작품 읽기와는 또 다른 맛을 느낄 수 있을 것입니다. '동화동무씨동무'의 책 읽어 주기는 어린이가 직접 고른 책을 처음부터 끝까지 읽는 점이 눈에 띕니다. 화려한 독후 활동을 필수라고 여기는 세태에 책 읽기 자체도 중요한 독서 활동임을 보여 줍니다. 책 읽는 한 시간을 자세히 들여다보거나, 책 한 권을 끝까지 읽은 이야기, 한 학기 동안 네 권의 책을 읽은 사례는 학교 현장에도 접목할 수 있는 폭넓은 사례여서 반갑습니다.

마지막으로 4부 '제재로 보는 온작품 읽기 도서'는 제재별 도서 목록과 간단한 줄거리가 나와 있어 학교 현장에 실질적인 도움이 될 수 있습니다. 최근 사회적 이슈였던 아동 학대, 난민, 페미니즘부터 아이들이 좋아하는 동물, 모험, 스포츠, 과학 기술 등 다양한 작품이 소개되어 있습니다. 또한 학교에서 자주 활용하는 주제인 역사, 가족, 폭력과 전쟁, 인권과 정의 등은 주제별 교육 과정 재구성에 유용할 것입니다.

한마디로 『교사를 위한 온작품 읽기』는 이론과 실천, 삶과 앎의 통합에서 나온 협업의 산물입니다. 돌이켜 보면 문학 교육의 위기는 분절된 지식, 삶과의 괴리로부터 비롯되었으니 통합과 연결을 위한 시도가 절실하지 않을까 싶습니다. 문학의 감동이라는 것 또한 인식과 정서가 합해진 결과일 테니까요.

온작품 읽기 수업이 학교 현장에 도입된 지는 얼마 되지 않지만, 선생님들은 오래 전부터 여러 가지 방식으로 독서 지도를 실천해 왔습니다. 서로 경험을 나누며 좋은 수업을 만들기 위해 학습 공동체 같은 교사 모임을 꾸려 가는 학교도 많습니다. 온작품 읽기 역시 동료들과 함께 만들어 간다면 한층 풍성한 수업이 되리라 믿습니다. 모쪼록 이 한 권의 책이 선생님의 수업에 작은 불씨가 되기를 기원합니다.

필자들을 대표하여 이충일 씀.

차
례

들어가는 말 • 5

아동문학, 어떻게 읽을까?

학교에서 온작품 읽기

3 부 학교 밖에서 온작품 읽기

4 부 제재로 보는 온작품 읽기 도서

1 부

아동문학, 어떻게 읽을까?

아동문학평론가

원종찬 · 박숙경 · 김지은 · 오세란 · 김제곤

알수록 깊이 읽는 아동문학

1. 오해에서 비롯된 해프닝—아동문학은 유치한가?

　동화작가 권정생이 처음부터 유명했던 건 아니다. 대표작 「강아지똥」(1969)과 『몽실 언니』(창비 1984)만 해도 온갖 억측과 오해에 둘러싸여 수면 아래 놓여 있다가 훗날 재발견된 사례에 속한다. 무엇이 이들 작품과 독자 사이를 가로막았을까?

　제1회 기독교 아동문학상을 받은 「강아지똥」은 심사위원이 제목만 보고 제쳐 두었던 것인데, 다른 거 다 읽고 나서도 뽑을 게 없어서 다시 집어 든 덕택에 빛을 볼 수 있었다고 한다. 첫 동화집을 펴낼 때에도 출판사 쪽에서는 극구 만류했으나 작가가 끝까지 굽히지 않아서 『강아지똥』(세종문화사 1974)이라는 제목을 지켜 낼 수 있었다고 한다. '똥'은 동화와 어울리지 않는다는 통념 때문에 벌어진 일들이다.

▌ **원종찬**　인하대 한국어문학과 교수, 아동문학평론가. 『아동문학과 비평정신』 『동화와 어린이』 『한
▌ 국 아동문학의 쟁점』 『한국 아동문학의 계보와 정전』 등을 냈다.

『강아지똥』

『몽실 언니』는 군부 독재 시절 불온서적 취급을 받은 적이 있다. '빨갱이라도 아버지와 아들은 원수가 될 수 없다.'라는 몽실의 항변과 '인간의 얼굴을 한 이상한 인민군'의 등장이 문제시된 것이다. 또한 어린 몽실이 아버지와 어머니의 다툼 과정에서 떠밀려 넘어지는 바람에 다리를 다쳐 평생 불구자로 살게 된 것이라든지, 병든 아버지와 동생들을 돌보며 온갖 어려움을 헤쳐 나왔음에도 슬프게 끝나는 것은 교육적이지 못하다는 지적이 나왔다. 레드 콤플렉스에 더하여, '소년소설'로 발표된 작품을 「강아지똥」과 같은 '동화'의 잣대로 재단한 결과라고 하겠다.

아동문학은 어린이가 읽는 문학 작품을 가리킨다. 그런데 사람들은 아동문학이라고 하면 덮어놓고 동심과 교훈부터 떠올리고 본다. 동심도 좋고 교훈도 좋지만, 자신은 문학에서 무엇을 기대하고 있는지 한번 생각해 보자. 문학의 자리에서 벗어난 동심과 교훈은 아동문학을 망가뜨리기 일쑤다. '아동문학도 문학이냐?' 하는 비아냥거림이 그냥 생겨난 것은 아니다. 따라서 우리가 정말로 아동문학을 문학의 자리에서 보고 있는지 돌아볼 필요가 있다.

우여곡절 끝에 태어난 「강아지똥」이 처음 초등학교 교육과 만났을 때 「퇴비」라는 제목으로 바뀌는 수난을 또 한 번 겪었다는 사실을 알면 누구나 고소를 금하지 못할 것이다. 그러나 이런 문제가 과거의 일이라고 보는 것은 순진한 생각이다. 초등학교 교과서에서 방정환의 동화

「양초 귀신」은 '귀신'이 문제시되어 「양초 도깨비」로, 윤구병·이태수의 사계절 그림책 『심심해서 그랬어』(보리 1997)는 반말 투가 문제시되어 '심심해서 그랬어요'로 제목이 바뀌었다. 임길택 동시 「흔들리는 마음」에서 "아버지한테 매를 맞았다."라는 구절은 "아버지께 꾸지람을 들었다."로 바뀌었다. 모두 동심과 교훈을 고려한 결과겠으나, 문학의 자리에서 보자면 어처구니 없는 일이다.

『몽실언니』

아동문학에서 '아동성'과 '문학성'은 둘 다 중요하다. 아동성이 결여되면 어린이에게 적합하지 못한 작품이 되고, 문학성이 결여되면 보잘 것없는 작품이 된다. 동심이나 교훈은 아동성과 관계되는 요소라고 할 수 있다. 알다시피 문학은 진실을 추구한다. 그런데 동심과 교훈이 수시로 진실과 충돌을 일으키는 것은 왜일까? 문제는 동심을 둘러싸고 있는 어떤 고정 관념, 그리고 이로 말미암은 문학적 가치와 교육적 가치의 혼동이 아닐까 한다.

어린이는 어른에 비해 순수성을 지닌 존재임이 틀림없지만 하루가 다르게 어른을 향해 달려가는 존재이기도 하다. 어린이를 바라보는 제1원칙은 '성장하는 존재'라는 점이다. 서너 살 어린이, 예닐곱 살 어린이, 열두어 살 어린이는 상당히 다르다. 그럼에도 어린이가 어른과 다른 점을 가장 극단적인 유아의 속성에서 구하고 이를 일반적인 어린이의 속성인 양 여기는 태도가 아동문학에는 널리 퍼져 있다. 사전적 의미로나 법적으로나 '아동'의 범주는 유년, 소년, 청소년을 망라한다. 동심은 순수하다는 생각에서 어린이의 욕망을 지운다든지 세속의 먼지로부터 차

꿀꺽!

『신통방통 제제벨』　　　　　　　악어에게 먹히는 제제벨

단해야 한다는 보호 관념에 사로잡히다 보면, 저도 모르게 어린이의 인권에 반하여 자율권, 선택권을 빼앗는 위치에 서기 쉽다. 아동문학의 문으로 들어서는 순간, 상식적 교훈을 넘어서는 진실에 대해 불안을 느끼고 경계하는 이유를 여기에서 찾을 수 있다.

　어린이들이 환호하는 토니 로스의 『신통방통 제제벨』(베틀북 2002)은 '모범생' 제제벨이 커다란 악어의 입에 꿀꺽 삼켜지면서 그대로 끝이 난다. 어떤 부모들은 경악할 테지만, 어린이들이 최고의 카타르시스를 느끼는 이 장면을 다른 무엇과 바꿀 수 있겠는가? 애니메이션의 역사를 새로 쓰게 만든 윌리엄 스타이그의 『슈렉!』(비룡소 2001)에서는 부모가 아들 슈렉을 내보내려고 발로 뻥뻥 차는 장면이 나온다. 세상에 나가서 제 몫의 나쁜 일을 하라는 것이다. 집을 나선 슈렉은 들판에서 자다가 귀여운 아이들이 주위에 몰려드는 꿈을 꾸고는 "아주 끔찍한 꿈이었어!" 하고 말한다. 이런 것들은 비교육적이라서 어린이에게 나쁜 영향을 줄 것이라고 여긴다면 좋은 아동문학이 설 땅은 없다. 어린이는 바보가 아니다. 난센스와 아이러니라는 말은 몰라도 그 문학적 효과를 한껏

『슈렉!』   집에서 내쫓기는 슈렉

빨아들이면서 자라난다. 해방감과 생명력을 북돋는 이야기는 억압과 반생명에 대한 저항력을 키워 줄 것이다.

　뛰어난 문학은 지배적인 가치에 의문을 제기하는 참신함과 불온성을 지니게 마련이다. 그런데 사람들은 '동심의 문학'이라고 하면 열에 아홉은 '이슬, 꽃씨, 무지개, 비눗방울, 아기, 별님' 따위를 떠올린다. 사람들과의 접촉면이 가장 넓은 신춘문예 동화를 심사하면서 겪은 일인데, 그릇된 통념에 사로잡힌 응모작들이 상당수였다. 예컨대 이런 식이다. 아기 흙과 엄마 흙이 대화를 나눈다. "엄마, 엄마, 징그러워 죽겠어. 지렁이가 다가오고 있어." "엄마, 엄마, 냄새나서 죽겠어. 누가 거름을 뿌렸나 봐." 흙을 의인화했으니 당치 않은 내용임에도 자연 질서와 어긋난 이런 엉뚱한 소리를 오히려 귀엽게 여기는 투다. 이유는 뻔하다. 다음 장면에서 엄마 흙은 아기 흙에게 지렁이와 거름의 소중함을 알려 준다. "아니란다. 얘야……." 아직 어려서 잘 모르는 유용한 지식과 교훈을 주는 것이 동화라고 여기는 한, 아동문학은 유치하다는 소리에서 벗어날 길이 없다.

어린이책 중에는 지식정보책도 있으며, 아동문학과 지식정보책은 서로 몫이 다르기에 구분되어 있다. 아동문학은 진실과 관련된 문학적 가치를 통해 자기를 증명해야 마땅하다. 생각해 보라. 동화의 이름으로 전하려는 지식과 교훈은 어른이 보기엔 '낮은 수준'일 수밖에. 그러나 진실은 어린이의 것이든 어른의 것이든, 단순한 것이든 복잡한 것이든, 높낮이와 경계가 없다. 아동문학의 걸작이 어른의 마음까지 움직이는 비밀이 여기에 있다.

다시 「강아지똥」으로 돌아와서 보자면, 이 작품은 아동문학이 필요로 하는 동심과 교훈을 얼마든지 충족한다. 더러운 '똥'을 소재로 삼았으나 천진한 개성을 지닌 주인공으로 그려져 있어 아주 친근하게 다가온다. 똥이 거름이 되고 민들레꽃으로 피어나는 자연의 섭리는 엽기성과 거리가 멀다. 버림받은 '똥'의 재발견이자 주눅 든 아이들의 기를 살리는 내용이다. 설마 이 작품의 효용을 '똥은 식물의 영양소'라는 지식과 교훈에서 구해야 한다고 주장하겠는가?

귀여운 들쥐가 주인공으로 나오는 레오 리오니의 『프레드릭』(시공주니어 2013)도 동심과 교훈을 충족하는 내용이지만, 기존 상식을 뒤엎는 문제의식을 담고 있다. 앙증맞게 형상화된 프레드릭은 누구나 사랑할 수밖에 없는 개성적인 주인공인데, 열심히 일하는 '개미' 과가 아니라 놀고먹는 '베짱이' 과에 속한다. 그럼에도 그는 마지막에 동료들로부터 시인이라고 갈채를 받는다. 매력적인 그림과 스토리에 빠져들어 의식하지 못할 뿐이지 우리의 주인공은 남들 일할 때 딴짓하는 문제아적 캐릭터가 아닌가? 어린이가 읽는 것이라고 해서 사사건건 교육의 잣대로 검열하려 든다면 문학은 숨 쉴 데가 없다.

아동문학의 단순성은 수준 낮음을 뜻하는 유치함과는 구별된다. 단순 소박미는 도달하기 쉽지 않은 높은 경지이기도 하다. 여기서 잠깐 텍

『프레드릭』   『100만 번 산 고양이』

스트의 '공란'에 대해 살펴볼 필요를 느낀다. 공란은 글자로 쓰이지 않았으나 해석을 통해 의미가 생성되는 '행간의 여백' 같은 것이다. 텍스트의 가치는 마음을 움직이는 '공란'의 힘에 달려 있다. 뛰어난 텍스트는 해석의 층위가 두텁고 잠재된 의미 영역이 크다. 고전은 '남아도는 해석의 가능성'이라고 하지 않던가? 작품을 읽는 행위는 공란과 더불어 의미를 만들어 가는 과정이며, 공란이 채워지는 데에서 오는 기쁨이 곧 작품을 읽는 즐거움이다.

그런데 자신은 시시하게 여기는 작품을 어린이는 재미있게 읽을 것이라고 착각하는 어른이 적지 않다. 거꾸로 의미가 풍부한 작품을 두고서는 어린이가 어떻게 그 깊은 뜻을 알 수 있겠느냐면서 의문을 표시하려 든다. 예컨대 사노 요코의 『100만 번 산 고양이』(비룡소 2002)를 보고 감동한 어른들은 심오한 작품이라는 데 동의하면서도 어린이가 그 의미를 다 알아챌 수 있겠느냐면서 고개를 갸웃거린다. 사실 그 의미란 것은 어른으로서도 설명하기 어려운 종류임이 틀림없다.

감상은 정서의 영역에 속하기 때문에 작품을 읽고 느낀 것에 대한 표현력의 차이가 그대로 감상 정도를 말해 주는 것은 아니다. 작품에 대한 어린이의 반응은 "재밌어!" "슬퍼!" 하는 식으로 단순할지라도 그 안에서 어떤 작용이 일어나는지에 대해 함부로 단정할 수는 없다. 마음의 작용은 어른이나 어린이나 똑같다. 생텍쥐페리의 『어린 왕자』처럼 오로지 상징성으로 가치를 발휘하는 종류는 '어른을 위한 동화'로 분류된다. 하지만 어린이들이 읽고 즐기는 데 어려움이 없는 종류라면 거기에서 얼마만큼 가져갈 수 있을지는 독자의 몫이다. 가져갈 것이 더 많은 작품일수록 더 뛰어난 작품이라고 보면 된다.

2. 저학년 동화—소원을 성취하는 상상 놀이와 생기발랄한 욕망

어린이가 어떤 이야기에 공감할지, 무엇에서 재미와 카타르시스를 느끼고 깨달음을 얻을지는 연령에 따라 차이가 크다. '나쁜 경찰'이나 '착한 도둑'은 낮은 연령대에서는 견디기 어려운 독소로 작용할 테지만 높은 연령대에서는 그 인물의 속사정이 궁금해질 것이다. 똑같이 아동문학의 고전 목록에 올라 있을지라도 「강아지똥」은 10대가 즐겨 읽는 종류가 아니고, 『몽실 언니』는 10세 이하의 어린이에겐 돌멩이나 다름없다. 이런 사정 때문에 아동문학은 독자 연령에 상응해서 성장 단계별로 더 적합한 형식을 만들어 왔다. 「강아지똥」은 낮은 연령대에 적합한 동화의 원리, 『몽실 언니』는 높은 연령대에 적합한 아동소설의 원리로 지어진 것이다. 착한 몽실에게 복을 주고자 「강아지똥」처럼 소원을 성취하는 결말로 나아갔다면 『몽실 언니』는 싸구려 문학이 되었을 게 분명하다.

아동문학의 주요 독자에 대해서 말할 때, 낮은 연령과 높은 연령을 구분하는 경계는 대략 10세 내외로 보는 것이 적절할 듯하다. 크게 보아서 10세 이하는 현실적인 사고 체계가 확립되기 이전이라 동물이나 인형도 사람처럼 대한다. 동화는 이런 물활론적 사고 체계를 반영하는 이야기다. 과거에는 낮은 연령에 대응하는 갈래는 '동화', 높은 연령에 대응하는 갈래는 '소년소설' 또는 '아동소설'이라고 칭했다. 그런데 지금은 중등 대상의 '청소년소설'을 제외한다면 초등 대상의 서사는 모두 '동화'라고 통칭되므로 '저학년 동화'와 '고학년 동화'로 구분하는 것이 불가피한 실정이다. 갈래별로 10세 이하는 그림책, 옛이야기, 저학년 동화, 10세 이상은 고학년 동화, 청소년소설의 주요 독자라고 할 수 있다.

장르 구분은 경계 지대에 걸친 작품들로 인해 까다롭고 애매하기 짝이 없지만, '저학년 동화'와 '고학년 동화'의 차이를 이해하는 것은 그냥 지나칠 수 없는 중요한 문제에 속한다. 「강아지똥」과 『몽실 언니』가 말해 주듯이 동일한 잣대를 들이대면 낭패를 보기 일쑤다. 이상하게 들리는지 모르지만, 저학년 동화는 그림책 서사나 옛이야기와 통하고, 고학년 동화는 청소년소설과 통한다. 서술 원리가 그러하다. 저학년 동화는 비현실성, 고학년 동화는 현실성에 바탕을 둔 이야기가 많기 때문이다.

10세 이하는 자기중심성은 강한 데 비해 장애를 스스로 해결할 수 있는 힘은 약하다. 그렇기 때문에 '넌 뭐든지 할 수 있어.' '다 잘 될 거야.' 하는 믿음을 주는 이야기가 도움이 된다. 이런 믿음은 현실에 바탕을 둔 것이기보다는 사필귀정이라는 궁극의 진리에 바탕을 둔 것이다. 이야기는 복잡하지 않고 단순 명료해야 한다. 그리하여 과장, 환상, 의인화 기법이 많이 쓰인다. 비현실성은 힘없는 어린이를 상대로 하는 동화의 특권이라고 할 만하다.

『바나나가 뭐예유?』

동화의 비현실성(초자연성)은 근대소설이 발생하기 이전의 신화나 민담과 닮은 꼴이다. 비범한 인물 또는 비인간 캐릭터가 주로 등장한다. 키가 크면 거인이요, 작으면 난쟁이다. 눈이 좋으면 천리안의 소유자이고, 힘이 세면 바윗덩어리를 들어 올리는 장사다. 왕자와 거지요, 사자와 생쥐다. 여러 번 죽고 산다면 100만 번쯤 죽었다 살아나고(『100만 번 산 고양이』), 순무가 크면 집채만큼 커야 제격이다(톨스토이 글·헬린 옥슨버리 그림 『커다란 순무』, 시공주니어 1996). 할아버지가 잃어버린 장갑 안으로 토끼, 여우, 돼지, 곰 들이 들어가서 살 수도 있다(에우게니 M. 라초프 『장갑』, 한림출판사 2015).

표현에서도 이해를 쉽게 하고자 반복·점층·연쇄·대조 등이 많이 쓰인다. 옛이야기처럼 1차원의 세계로 그려지는 경우에는 3차원의 현실과 다르다는 점을 이해해야 한다. 『100만 번 산 고양이』에서 서커스단 마술사가 실수로 고양이를 두 동강 내서 죽이는 대목을 가리켜 잔인하고 폭력적이라서 비교육적이라고 비난하는 것은 난센스다. 옛이야기에서 할멈이 호랑이에게 팔다리를 떼어 주더라도 피가 나거나 아픔을 느끼지 않는 것과 똑같은 이치다. 김기정의 『바나나가 뭐예유?』(시공주니어 2002)에서는 집채만큼 커다란 수박이 굴러서 마을 사람을 막 깔아뭉개는 장면이 나오지만 위험하기는커녕 웃음소리만 더 크게 들린다.

낮은 연령대를 위한 동화는 '베드타임 스토리'라는 말에서 알 수 있듯이 안락하고 행복한 잠자리를 보장해야 한다. 주인공이 철봉에 매달린 채로 끝나는 것과 같은 진행형의 열린 결말은 적절치 않다. 장애는

제거되고 소원은 성취된다. 행복한 결
말을 뒷받침하고자 기적이 일어나고
마법의 선물이 주어진다. 나쁜 사람은
마귀할멈이나 괴물로 그려진다. 그래
야 펄펄 끓는 쇳물에 집어넣어서 완전
히 퇴치할 수 있다. 인과응보요, 권선
징악이다.

『학교에 간 사자』

처음 학교생활을 시작한 어린이들은
옛이야기나 의인동화의 비인간 캐릭터
에 더 끌리지만, 사회적 경험이 쌓이면
서 '또래 아이들'이 등장하는 생활 이야기에 대한 관심이 증가한다. 집
과 학교생활에서 빚어지는 일상적 갈등으로 비슷비슷한 고민에 빠져
들기 때문이다. 낮은 연령대에서는 고민을 흔히 공상으로 해결한다. 이
를 반영하는 동화는 '생활 판타지'라고 부름직하다. 미하엘 엔데의 『마
법의 설탕 두 조각』(한길사 2001), 필리파 피어스의 『학교에 간 사자』(논장
2010), 아스트리드 린드그렌의 『엄지 소년 닐스』(창비 2000) 등을 떠올리
면 얼른 이해가 될 것이다.

어른이 현실의 갈등을 공상으로 해결하려 든다면 도피라고 비난받는
다. 그러나 어린이에게 공상은 생명을 지키는 숨구멍이다. 낮은 연령대
에서는 모든 것이 놀이로 통한다. 현실의 억압을 감당할 힘이 없는 어린
이는 공상 속에서 사태를 뒤엎고 소원을 성취하는데, 이럴 때의 공상은
외부에서 압력을 가하는 데 대한 반작용으로 일종의 '상상 놀이'라고
할 수 있다. 작품 속 나이 어린 주인공은 스스럼없이 환상 세계와 조우
한다. 채인선의 『전봇대 아저씨』(창비 1997), 임정자의 『어두운 계단에서
도깨비가』(창비 2001), 김옥의 『학교에 간 개돌이』(창비 1999)에 실린 단편

들이 여기에 속한다.

'생활 판타지'는 공상 또는 상상 놀이를 통해 현실의 어려움을 해결하는 '소원 성취 판타지' 계열이다. 이 계열의 판타지는 주인공의 연령이 높아지면 어울리지 않는다. 예컨대 초등학교 3학년 이상의 주인공이 시험 점수에 압박을 느낀다고 해서 해답을 알려 주는 마법의 연필을 손에 쥐게 된다면 그럴듯하다는 느낌은 들지 않을 것이다.

소원 성취 판타지의 맞은편에는 '사실 동화'가 자리하고 있다. 저학년 동화에서 갈등을 환상으로 해결하지 않고 심리적 충족감을 주는 서사를 만들어 내기는 쉽지 않다. 생활의 진실과 거리가 먼 '거짓 화해'를 동화적이라고 착각해서 '되다 만 소설'을 동화라고 내미는 것은 아닌지 주의 깊게 살펴야 한다. '왕따' 문제를 살짝 과장스럽게 어린이다운 방식으로 풀어낸 채인선의 『내 짝꿍 최영대』(재미마주 1997), 교사의 벌점 딱지를 '나쁜 선생님 표'로 되받아친 황선미의 『나쁜 어린이 표』(재미마주 1999), 차별적 경쟁 관계를 재치 있는 말놀이로 역전한 김영주의 『짜장 짬뽕 탕수육』(재미마주 1999) 등은 저학년 눈높이에 적중하면서도 속이 확 뚫리는 기분을 맛보게 해서 환호를 받았다.

저학년 동화로 분류되는 작품 가운데에는 아직 학교에 들어가지 않은 유년의 생활 세계를 그려 낸 동화도 존재한다. 특히 현덕의 '노마' 시리즈, 『내가 제일이다』『너하고 안 놀아』는 고전에 속한다. 대여섯 살 꼬맹이들의 일상을 거울처럼 화폭에 옮긴 짤막한 연작 동화들인데, 저들끼리 부대끼며 뽐내고 겨누는 놀이의 세계를 다룬 점이 특징이다. 먹을 것, 구경할 것, 장난칠 것 등 생기발랄한 어린이들의 일상적인 욕망을 정확하게 포착해서 어린이다운 천진스러운 행동과 대화로 그려 냈다. 장난꾸러기지만 속 깊은 노마가 용기와 기지를 발휘해 놀이를 주도하는 모습은 '꾀 많은 약자의 승리'라는 옛이야기를 닮았다. 짜임과 서술

『내 짝꿍 최영대』 　　　　　　　　 『내가 제일이다』

에서도 옛이야기처럼 읽기 쉽도록 반복·생략·점층·연쇄·대조·의성·
의태 등의 표현법이 두드러진다. 간결하면서도 변화무쌍한 서술의 묘
미와 구어체의 생생함은 거의 말놀이 수준이다.

　이야기의 성격과 표현 방법의 문제일 따름이지 저학년 동화라고 해
서 꼭 길이가 짧아야 하는 것은 아니다. 낮은 연령대를 위한 장편은 대
개 모험과 여행을 떠나는 판타지이고 일련의 사건들이 계속되는 반복
구조를 취한다. 이렇게 되면 여러 차례 나누어 읽더라도 이야기의 흐름
을 놓칠 염려가 없거니와 그때그때 변형·반복되는 에피소드를 즐길 수
있다.

　우리 아동문학에 크게 부족한 것이 바로 낮은 연령대부터 즐길 수 있
는 장편 판타지다. 카를로 콜로디의『피노키오의 모험』, 라이먼 프랭크
바움의『오즈의 마법사』, 셀마 라게를뢰프의『닐스의 신기한 모험』처럼
낯선 세계로 여행하는 모험 서사, 루이스 캐럴의『이상한 나라의 엘리
스』, 아스트리드 린드그렌의『내 이름은 삐삐 롱스타킹』, 루이스 새커의
『웨이싸이드 학교 별난 아이들』(창비 2006)처럼 뒤죽박죽 기발한 상상력

을 보이는 판타지에 어린이는 환호한다. 저학년에겐 조금씩 나누어 읽어 주기에 좋고, 고학년에겐 혼자 읽어 보기를 권할 만한 종류다.

3. 고학년 동화—겉으로는 안 보이는 숨은 진실 찾기

고학년이 되면 나이에 걸맞게 스스로 책임져야 할 일이 많아진다. 현실은 자신에게 우호적인 것만은 아니며, 마법의 선물 따위는 존재하지 않는다. 하지만 어린이는 기존 질서에 대한 책임이 없거니와, 살아온 날보다 살아갈 날이 훨씬 더 많다. 세상이 자신을 중심으로 돌아가지는 않더라도 자신과 세상을 더 낫게 바꿀 수 있다는 믿음은 역시 소중하다. 고학년은 현실을 도전 과제로 여기고 더 나은 방향을 모색하는 '과정'의 이야기에 귀를 기울일 준비가 되어 있다. 까닭 없이 허무맹랑한 이야기에는 만족하지 않는다. 배 아픈데 빨간약 발라 주는 식의 해결은 더 이상 치유책이 될 수 없음을 다 안다.

그런데 어린이도 학습에 대한 부담이 증가하고 세상에 길들여지는 것에 비례하여 일시적 위안을 주는 통속물에 점점 더 끌려든다. 걸작일수록 더 많은 독자와 만난다는 행복한 관계는 높은 연령대로 와서 깨지기 쉬운 것이 엄연한 현실이다. 또한 고학년은 자기가 좋아하는 종류를 찾아서 읽는 독서 취향이 더욱 뚜렷해진다. 여기에 호응해서 고학년 동화는 소재와 주제뿐 아니라 수법에 있어서도 한층 다양한 모습을 보인다. 고학년 시리즈는 사실적·현실적 이야기를 중심으로 역사·탐정·호러·SF·판타지 등이 두루 포진해 있다.

저학년 동화에서는 어느 정도 허용되는 낭만적·통속적 요소가 고학년 동화에서는 경계의 대상이다. 아동문학은 냉소적이거나 비관적인

『괭이부리말 아이들』   『기찻길 옆 동네』   『봉주르, 뚜르』

태도와 어울리지 않지만, 온기와 희망을 주려고 순전히 조력자를 통해 문제를 해결한다든지 뜬금없는 반성과 용서로 갈등을 봉합하는 안이한 결말은 격려가 되지 못한다. 어린이의 삶이라고 해서 현실이 그리 호락호락할 것인가? 소년소설로 발표된 『몽실 언니』와 같은 종류의 사실주의 작품을 떠올려 보자. 김중미의 『괭이부리말 아이들 1, 2』(창비 2000), 김남중의 『기찻길 옆 동네 1, 2』(창비 2004), 한윤섭의 『봉주르, 뚜르』(문학동네 2010), 진형민의 『기호 3번 안석뽕』(창비 2013) 등등. 이들 작품의 서사는 인물과 시대 환경의 상호 작용으로 진행되며, 현실에서 실제로 일어날 법한 개연성을 지니고 있다. 서술은 소설과 다름없는 리얼리티를 지향한다. 등장인물은 착한 사람과 나쁜 사람으로 고정돼 있지 않고, 출신 배경과 성격에 따라 상황별로 그때그때 다르게 행동한다. 행복하지 않은 결말도 의미가 있다. 주인공은 촘촘한 내면세계를 드러낼 뿐만 아니라, 사건을 겪으면서 과거에 알지 못했던 사실을 깨닫고 변화하고 성장하는 모습을 보여 준다.

고학년 대상의 역사·탐정·호러·SF·판타지 갈래는 '지금, 여기'의 현

『귀신새 우는 밤』　　　　　『영모가 사라졌다』　　　　『건방진 도도 군』

실을 다룬 것은 아니지만 '동화적 상상력' 이상의 리얼리티를 통해 나름대로 사실성과 현실성을 구현한다. 장르의 규칙을 이해하고 기대하는 독자를 만족시키려면 합리적 추론과 유추적 해석을 수반하는 제법 복잡한 스토리가 요구된다. 역사에서 취재한 배유안의 『초정리 편지』(창비 2006), 소년 탐정이 활약하는 한정기의 『플루토 비밀 결사대』(비룡소 2005), 호러 색채를 띤 오시은의 『귀신새 우는 밤』(문학동네 2008), 미래 사회가 배경인 이현의 『로봇의 별 1~3』(푸른숲 2010), 현실 너머의 경험을 그린 공지희의 『영모가 사라졌다』(비룡소 2003) 등을 떠올려 보라. 저마다 장르적 성격이 한층 뚜렷하거니와 서술 면에서 소설과 큰 차이가 없다는 것을 알 수 있다. 의인동화도 고학년 대상의 장편은 황선미의 『마당을 나온 암탉』(사계절 2000), 강정연의 『건방진 도도 군』(비룡소 2007)에서 보듯이 개성적인 캐릭터에 현대적인 문제의식을 담아낸 작품이 주목을 받는다.

　한편, 고학년 대상의 단편은 심리 묘사와 상징성이 두드러진다. 길이는 짧아도 서술이 치밀하기 때문에, 숨겨진 의미를 찾아내는 해석의 즐거움을 아는 독자가 선호하는 종류다. 꼼꼼한 독자라면 상대의 속사정에 가닿는 예민한 촉수가 돋아나는 느낌과 더불어 이면의 진실에 눈뜨는 내적 성숙을 경험할 수 있다. 박기범의 『문제아』(창비 1999), 김남중의 『자존심』(창비 2006), 안미란의 『너만의 냄새』(사계절 2005), 유은실의 『만국기 소년』(창비 2007), 김민령의 『나의 사촌 세라』(창비 2012), 송미경의 『복수의 여신』(창비 2012), 김태호의 『네모 돼지』(창비 2015) 같은 것들이 대표적이다. 이 작품집들에는 예상치 못한 결말로 사회의 편견과 고정관념을 깨는 것들이 적지 않다. 어린이 눈높이로 이루어진 '단편 소설'이라고 해도 좋을 만큼 정교한 짜임이다.

고학년은 선과 악이 공존하는 자신에 비추어서 작중 인물을 바라본다. 세상이 다 아는 교훈을 제공하고자 대립과 갈등을 도식적이고 작위적으로 그려 낸 작품은 식상할 따름이다. 고학년 동화에서 가해자와 피해자의 성격을 옛이야기처럼 일도양단으로 대립시키는 경우가 적지 않은데, 이건 생각해 볼 문제다. 잔소리꾼 엄마, 가부장적인 아빠가 하나의 전형을 이룬다손 치더라도 저마다 사정은 다르지 않겠는가? 작가가 전하려는 메시지에 꼭두각시처럼 매달린 개념의 인물로는 매력은커녕 실감도 얻기 힘들다.

이와 관련해서 다소 논쟁적일 수 있겠으나 초등학교 교과서에 실린 「방구 아저씨」를 살펴보는 것은 어떨까 싶다. '논쟁적'이라는 표현은 이 작품을 긍정적으로 보는 평가도 가능하다는 점을 염두에 둔 것이다. 「방구 아저씨」는 손연자의 단편집 『마사코의 질문』(푸른책들 2009)에 실려 있는데, 여기에는 역사에 대한 올바른 인식을 심어 주는 단편들이 적지 않다. 그럼에도 교과서에는 「방구 아저씨」가 선택된 것에서 아동문학을 대하는 교육 현장의 시각을 엿볼 수 있다.

「방구 아저씨」는 일제 강점기를 배경으로 한다. 아이들과 격의 없이

『마사코의 질문』   순사에게 맞서는 방구 아저씨

지내는 소박한 마음씨를 지닌 '방구 아저씨'가 '이토'라는 일본 순사에게 맞서다 억울하게 맞아 죽는 내용이다. 이처럼 민족의 수난과 저항을 그린 작품은 역사적 사실에 입각한 것이기에 별문제 없이 받아들이기 쉽다. 그러나 「방구 아저씨」는 교과서적 역사 지식을 재확인하는 수준의 내용에다 애국심을 부추기는 쪽으로 인물과 사건을 그리면서 상투적이고 선정적인 문제점을 드러내고 있다.

아이들 앞에서 소리 내어 방구를 뀌면서 장난치기를 좋아하는 방구 아저씨는 목수 일을 한다. 일제의 탄압이 심해지자 방구 아저씨가 좋은 세상은 꼭 온다면서 남다른 혜안을 드러내는 장면이 나오는데, 문어체 대사가 두드러진 탓에 작가 관념의 투영으로 보인다. 또한 갓 스물의 새파랗게 젊은 순사가 마을에 들어와서 나이를 두 배는 더 먹었음직한 방구 아저씨의 뺨을 갈긴다든지, 반항한다고 순사 봉으로 머리를 내리쳐서 죽음에 이르게 하는 것은 실제로는 있을 법하지 않은 놀라운 행위다.

그러나 어른 세대는 이런 장면에 상당히 익숙해져 있다. 북한 '괴뢰군'이 등장하는 작품에서 흔히 봐 왔던 '만행의 기록'과 다르지 않기 때문이다. 일제가 총칼로 식민지 통치를 행사한 역사적 사실에 비추어 일본 순사의 만행을 전형적인 행동으로 볼 수도 있다. 그래서일까? 이런 '포악한 일본 순사'는 일제 강점기를 배경으로 하는 작품마다 빠지지 않고 등장한다. 여기서 문제는 이토가 '포악'하게 그려진 데 있는 것이 아니라, 포악한 '이토'로 그려지지 않은 데 있다. 추상적 일본 순사, 개념의 인물에 그치고 있는 것이다.

이 작품을 읽고 포악한 일본 순사를 향한 분노와 증오, 그리고 방구 아저씨의 억울하지만 영웅적인 죽음에 대한 슬픔과 존경심이 우러난다면, 선동의 효과일 가능성이 크다. 이런 감동은 한편으로 위험하다. 정해진 이념과 주의 주장으로 몰고 가는 이데올로기 동원 방식에 가깝기 때문이다. 과거 '국민 교육'의 일환으로 만들어진 반공 동화들이 꼭 이런 모습이었던 이유가 여기에 있다.

도식적인 발상으로 지어진 작품은 인물이 성격(character)이라기보다 기호(name)에 불과한지라, 등장인물만 바꿔 놓으면 얼마든지 항일 문학이 친일 문학으로, 반제 문학이 반공 문학으로 탈바꿈할 수 있다. 따라서 「방구 아저씨」는 그 한끝이 역사적 사실에 닿아 있을지라도, 또 하나의 차별, 곧 종(種)적인 편견에 가까운 일본인에 대한 혐오 감정을 부추길 소지가 크다는 점을 경계해야 한다.

4. 마무리—예외와 한계

지금까지 살펴본 내용은 교육 현장에서 아동문학과 관련하여 다시 생각해 볼 점을 몇 가지로 거칠게 정리한 것이지 정답은 아니다. 아동성에 중심을 두는 시각과 문학성에 중심을 두는 시각은 끝날 수 없는 시소

게임과도 같다는 말이 있다. 어떤 아동성이고 어떤 문학성이냐 하는 점이 더욱 중요하리라고 본다.

원래 아동문학은 '아동기'라는 연령의 구분으로 탄생한 장르다. '아동기'의 다른 말이 '성장기'라는 점에 비추어 본다면, 어린이의 특성을 성장 단계별로 살펴야 한층 구체적이고 실질적인 내용을 파악할 수 있을 것이다.

아동기를 바라보는 전통적인 시각은 오늘날 빠르게 변화하는 중이다. 또한 시간에 선을 그을 수 없는 것처럼 성장 과정에 단계를 두는 이론에는 한계가 따른다. 당연한 말이겠지만 성장 단계별 경계에는 양면성과 투과성을 지니는 작품들이 무수히 존재한다. 게다가 어린이의 문해력은 같은 나이에서도 적잖은 차이를 보인다.

이러저러한 예외와 한계에도 불구하고 연령별·갈래별 구분은 아동문학을 이해하는 첫걸음이다. 정도의 차이는 설명하기 힘들지만 대개는 '딱 보면 안다'. 어린이의 눈동자 하나하나에 답이 들어 있다는 것을 결론으로 삼고 싶다. 현장의 실천에서 저마다 열쇠를 쥐게 될 것이라는 뜻이다.

매력 있는 등장인물, 재미있는 이야기

1. 아동문학에서 더 중요한 주인공의 매력

책 읽기를 싫어하거나 힘들어하는 어린이들 때문에 어른들의 걱정도 많다. 그러나 아직 희망이 없는 것은 아니다. 예나 지금이나 재미있는 이야기를 싫어하는 어린이는 없기 때문이다. 과거에는 재미있는 이야기와 인물을 주로 책을 통해 만났다면 요즘은 만화, 애니메이션, 게임 같은 다양한 매체를 통해 접한다는 차이가 있을 뿐이다. 그러니 어른들은 어린이들이 책을, 문학을 읽지 않는다고 걱정하기보다 마음을 끄는 이야기책, 문학이 적음을 걱정하고, 좋은 이야기와 문학을 보면 그 안으로 어린이들을 어떻게 초대할까 고민하는 것이 더 옳은 대책일 터이다.

어린이는 아동문학을 공부하는 것이 아니라 오직 이야기(스토리)를 즐길 따름이다. 이야기에서 제일 중요한 것은 물론 내용이다. 작품 세계

박숙경 아동문학평론가, 번역가. 평론집 『보다, 읽다, 사귀다』를 내고, 『벽장 속의 모험』 『개를 기르다』 『리뷰 쓰는 법』 등을 우리말로 옮겼다.

가 어떻고, 스토리가 어떤지에 따라 독자는 흥미를 갖고 작품 속에 빨려 들어간다. 이것은 어른의 문학과 아동문학 모두 마찬가지다. 그러나 아동문학은 독자와 함께 이야기 세계로 들어갈 동반자의 존재가 훨씬 중요하다. 특히 독자가 주인공에게 공감하느냐 아니냐가 핵심이다. 아무리 작품 세계가 매력적이고 배울 것이 많다 하더라도 감정 이입할 수 있는 주인공이 없으면 어린이 독자는 작품을 읽어 주지 않는다. 어른이라면 작품 세계에 대한 흥미만으로도 어떻게든 읽어 나갈 수 있지만 어린이는 그럴 수 없다. 주인공에게 독자를 끌어들이는 매력이 있어야 하는데 이 매력이라는 것은 설명하기 쉽지 않다. 사람이 가진 매력은 정말 사람 수만큼 있기 때문이다. 과거에는 존경할 만한 인물, 동경심을 품을 만한 인물이 주인공일 때가 많았지만 요즘은 아주 평범하거나 보통의 독자보다 결점이 많은 주인공이 더 마음을 끌기도 한다. 과거라면 악역에 가까운 이가 주인공이 되기도 하고, 바보 같고 부끄러운 일을 아무렇지도 않게 하는 주인공이 오히려 환영받기도 한다. 어린이가 인간, 동물, 사물, 상상의 존재가 지닌 매력의 무한함에 눈뜨고 그것을 마음껏 누리게 하는 것은 아동문학의 즐거움인 동시에 임무이기도 하다. 어린이는 이야기 속 인물을 통해 타인의 관심과 감정을 공유하고 나아가 자기 자신과 세계에 대한 이해를 넓혀 간다. 아동문학에서 어린이의 성장의 초점은 다름 아닌 작중 인물에 있다.

2. 독자의 연령과 주인공

재미있는 이야기는 '다음에 무슨 일이 일어날까?'라는 궁금증을 독자에게 불러일으킨다. 하나 그것만이 매력이라면 그 작품을 몇 번이고 다시 읽고 싶은 마음도 들지 않고 그럴 필요도 없을 것이다. 어린이가 여러 번 되풀이해서 읽는 이야기에는 반드시 매력 있는 인물이 있다. 그런 인물은 한 번 봤다고 그만인 것이 아니라 자꾸만 더 보고 싶고, 그가 무슨 생각을 하고 행동을 하는지 속속들이 알고 싶어진다. 자극적인 사건이 이어지는 줄거리만으로 흥미를 끄는 이야기도 없지 않지만 그보다 훨씬 더 재미있는 것은 내가 관심을 갖는 인물에게 어떤 일이 생기는가, 그가 이 상황을 어떻게 돌파해서 어디에 가 닿는가이다.

독자의 연령대에 따라 관심을 끄는 인물, 그 인물이 헤쳐 나가는 이야기의 양상에는 어느 정도 차이가 있다. 미취학 어린이나 저학년 어린이는 사람보다 동물 또는 상상의 존재에게 마음을 더 쉽게 열고 주인공을 바로 친구 삼거나 아예 자신과 동일시하는 경향이 있고, 성장 잠재력은 크지만 현실적으로 제한이 많은 나이인 탓에 이야기에서만이라도 자기 대신 주인공이 한껏 멀리 가 주었으면 하는 바람이 크다. 여정 중에 고비를 만나더라도 이를 용감히 극복하리라 믿어 의심치 않고 끝에 자기 긍정과 확신을 맛보고 싶어 한다. 그래서 많은 유년 대상 동화들은 그 나이대 어린이들이 선호하는 전형적인 모험 이야기와 인물형을 조금씩 변주하여 반복하곤 한다. 스토리의 뼈대는 전형성을 크게 벗어나지 않아도 작가가 주인공에게 어떤 개성을 부여하고 어떻게 다루는가, 또 어떻게 표현하는가에 따라 독자가 받는 감동의 질도 달라진다.

우리 아동문학에서는 드문 유년 장편동화 『사도 사우루스』(이경혜, 바람의아이들 2014)는 어린 초식 공룡이 바다를 동경하여 안전한 집을 떠났다 돌아온다는 이야기다. 그런데 이 공룡은 귀가 무척 예민하다. '수와'라는 이름은 머리 위를 스쳐 가는 바람에서 따온 것이다. 그는 바다를 '보고' 싶어 하는 것이 아니라 바다의 소리를 '듣고' 싶어 하고 우기가 끝나면 뜬다는 무지개의 소리가 궁금해 모험을 감행한다. 거대한 육식

『사도 사우루스』

공룡에게 쫓겨 동굴 안에서 오도 가도 못하는 곤경에 빠졌을 때 수와는 아름답고 간절한 노래를 불러 동료 초식 공룡을 모으고, 무리를 지은 초식 공룡에게 겁을 먹은 육식 공룡은 줄행랑을 친다. 어린 남자아이들이 좋아할 만한 공룡과 모험이라는 키워드가 있음에도 예상과 정반대로 조용히 낮은 소리에 귀 기울여야 하는 이야기가 된 것은 '예민한 귀를 가진 초식 공룡'이라는 주인공의 개성 때문이다. 낮은 연령의 어린이가 혼자 긴 이야기를 읽기 어려워한다고 짧고, 쉽고, 빠른 전개의 이야기만 적절하다 생각하면 이는 멀리 보지 못하는 것이다. 인물에게 깊이 공감하고 그 인물과 발걸음을 맞춰 여정을 함께하는 것이야말로 다른 매체의 이야기, 인물이 갖기 어려운 문학만의 장점이고 자질이다. 세상이 급하고 빨리 돌아갈수록 정중동(靜中動)의 태도를 지녀야 균형을 잡을 수 있다.

중학년부터 고학년 어린이를 대상으로 한 문학은 언뜻 유년 대상 동화보다 스케일이 왜소해 보이기도 한다. 무대가 집이나 학교, 동네를 벗어나지 않는 경우도 많고, 주인공이 자신의 잠재력을 최대로 발휘하기보다는 오히려 뜻한 대로 일이 풀리지 않아 골머리를 앓거나 좌절하곤 하기 때문이다. 그러나 이야말로 작품 속 인물과 그 인물을 보며 공감대를 형성하는 어린이 독자가 잘 성장하고 있음을 보여 주는 것이다. 타인과 세상에 대한 관심이 확장되고, 확신보다 의문이 많아져야 하는 시기이기에 주인공과 주변 인물의 양상도 사뭇 달라질 수밖에 없다. 그야말로 사방이 서로 적이고 지뢰밭일수록 이야기는 더욱 흥미진진해지고

사람과 세상에 관한 중요한 사실을 배울
수 있다.

『기호 3번 안석뽕』(진형민, 창비 2013)은 제
목에 드러난 안석뽕(안석진)이 주인공이
지만 주변 인물들도 그 못지않게 스토리에
기여한다. 평범 이하인 시장 떡집 아들 안
석뽕을 전교 회장 후보로 밀고 공부 못하
는 애들, 돈 없는 집 애들을 대변하는 기상
천외한 선거전을 벌이는 것은 같은 반 친
구인 순댓국집 손자 조조(조지호)와 건어

『기호 3번 안석뽕』

물집 아들 기무라(김을하)다. 이들을 불신하는 담임 선생님의 방해와
유력 후보의 비방은 위협적이기보다 받아칠수록 신명을 더하는 적수
다. 회장 선거는 한바탕 놀아 보자는 신명이 있지만 학교 밖 현실에서
는 악동들도 어쩌지 못하는, 대형 마트에 생존을 위협받는 재래시장의
위기가 있다. 시장의 슈퍼집 딸 백발마녀(백보리)는 이에 위기를 느끼
고 안석뽕 무리와 모종의 거래를 하여 대형 마트에 바퀴벌레를 풀어놓
는 소동을 벌인다. 이 일로 순항하던 선거전은 큰 위기에 처한다.『기호
3번 안석뽕』은 주인공을 비롯해 부차적 인물들의 별명과 내력을 소개
하는 것이 거의 그대로 작품의 내용이 될 만큼 인물들의 개성과 스토리,
주제가 하나로 결합된 좋은 예라 할 수 있다.

3. 여자 주인공과 동물 주인공

한때는 남자 소년을 주인공으로 삼는 것이 아동문학의 주류이기도 했다. 요즘에는 잘 쓰이지 않는 용어이지만 예전에는 공상적이지 않은, 현실적인 어린이 대상 소설을 '소년소설'이라고 하였다. '소년'이란 말은 꼭 성별을 가리지 않고 성인 아닌 어린 연령대의 사람을 넓게 지칭하지만 그 안에는 어느 정도 남자 '소년'을 주인공으로 한 소설이 주류임을 묵인하는 뉘앙스도 있었다. 현실적으로 여자 어린이들은 남자가 주인공인 이야기도 잘 읽지만 반대로 남자 어린이들은 여자가 주인공인 이야기는 잘 안 읽는 경향 탓도 있을 것이다. 하나 이는 어디까지나 일반론이다. 아스트리드 린드그렌의 『내 이름은 삐삐 롱스타킹』은 여자 어린이가 주인공이지만 수많은 남자 어린이 독자를 거느렸다. 어린이 독자를 매료할 수만 있다면 성별에 상관없이 누구나 훌륭한 아동문학의 주인공이 될 수 있다. 반대로 아무리 남자 어린이가 주인공이더라도 매력 없고 독자의 공감을 얻지 못하는 인물이라면 남자 어린이뿐 아니라 여자 어린이도 거들떠보지 않을 것이다.

'남자 어린이들은 여자가 주인공인 이야기를 선호하지 않는다.'라고 말하긴 했지만 지금 시대에는 이를 바꿔야 하지 않을까? 아니 사실 이미 변했는데도 어른들의 선입견이 이를 보지 못하는 것일 수도 있다. 최근 아동문학계에서는 남자 소년 주인공 편향을 반성하는 목소리가 높다. 하지만 사실 우리 아동문학에는 과거에도 매력 있는 여자 주인공이 적지 않게 있었고 지금도 점점 늘어나고 있다. 한국 아동문학의 대표 주인공 중 한 명인 『몽실 언니』(창비 1984)의 몽실이만 해도 다리가 불편한 여자 어린이다. 작가인 권정생의 문학관, 인간관이 그러하기도 했지만 아동문학의 주인공은 진정한 약자일 때 더욱 빛을 발한다. 약자는 그저 불쌍하고 힘없는 사람이 아니라 가장 낮은 곳에서 세상의 온갖 모순과 고통에 맞서는 이다. 그가 자신의 문제를 헤치고 나아가면 세상도 함께 밑바닥부터 바뀌고, 다양한 계층의 많은 독자들이 공감하고 응원하기

『몽실 언니』　　　　　　　『무기 팔지 마세요!』　　　　　　　『소리 질러, 운동장』

마련이다. 『무기 팔지 마세요!』(위기철, 청년사 2002)에서는 한국과 미국의 여자 어린이들이 연대하여 강대국의 무기 산업체와 싸워 이긴다. 『소리 질러, 운동장』(진형민, 창비 2015)에서도 야구부에게 빼앗긴 운동장을 되찾으러 나선 것은 맨주먹으로 막야구를 하는 어린이들이고 그중에서도 영민한 여자 어린이가 리더다. 어리고 힘이 없어 가진 것을 빼앗기거나 무시당하지만 절대 굴복하지 않는 약자는 아동문학에서 언제나 가장 힘 있는 주인공 상이다.

　동물도 얼마든지 어린이가 사랑하는 주인공이 될 수 있다. 다만 동물 주인공은 작품의 대상 연령에 따라 양상이 좀 다르다. 낮은 연령 어린이에게 동물은 인간보다 더 가까운 친구, 거리감 없이 곧장 자기 자신처럼 여겨지는 존재에 가깝고 실제의 동물과는 거리가 있다. 똑같은 이야기라도 구체적인 사람이 나오면 타인으로 여기기 쉬운데 동물이 나오면 바로 자기 자신과 친구의 이야기처럼 느껴지는 마법이 작동하는 것이다. 소수자의 권리에 대해 어린이의 눈높이로 문제 제기하는 『목기린 씨, 타세요!』(이은정, 창비 2014)가 사람의 이야기였다면 지금처럼 너른 공

『목기린 씨, 타세요!』　　　『루돌프와 많이있어』　　　『마당을 나온 암탉』

감을 얻기 어려웠을 것이다. 친근한 동물 주인공은 어린이뿐 아니라 어른에게까지 강력한 공감을 불러일으키는데 이는 동물에게서 자신과 닮은 점을 찾고자 하는 인간 중심적인 사고 때문이다. 실제 동물 쪽에서는 달갑지 않을 수 있어도 이는 어쩔 수 없는 사람의 본능이다.

　이에 비해 높은 연령 어린이를 대상으로 한 이야기에서 동물 주인공은 사실에 더 가까운 편이다. 높은 연령대의 어린이는 자기중심적인 사고에서 좀 더 나아가 타인과 다른 존재에 대한 이해를 넓히는 시기이기 때문에 이때 만나는 동물 주인공은 친근하면서도 낯선 매력의 존재가 된다. 『루돌프와 많이있어』(사이토 히로시, 문학수첩리틀북 2016)에서는 글자를 배워 삶의 질을 높이는 길고양이가 나오는데 황당한 설정일지 몰라도 인물과 이야기가 그럴듯하니 독자는 이런 황당함을 더욱 즐거이 받아들인다. 리얼리티라는 것의 요체는 바로 이 '그럴듯함'이다. 지금껏 밝혀진 과학적 상식과는 거리가 있을지 모르나 이야기와 인물에 리얼리티가 있다면 우리는 인간 중심주의에서 벗어나 동물도 나름의 지혜와 삶의 방식이 있다는 진실에 눈뜬다. 앞서 언급했듯 아동문학은 진정한 약자의 문학이기에 인간보다 더 큰 모순과 고통에 맞서는 동물 주인공의 존재가 중요하다. 『마당을 나온 암탉』(황선미, 사계절 2000)의 주인공 잎싹은 진정한 암탉이 되고자 먹이와 잠자리가 있는 안전한 마당을 스스로 벗어나 피 한 방울 섞이지 않은 청둥오리 새끼를 어엿하게 키워 떠나보낸다. '인간은 어떻게 살아야 하는가.'라는 거대하고 어려운 질문에 답하는 것은 인간이 아닌 동물 주인공이고 아동문학에서는 이런 예를 어렵지 않게 찾을 수 있다. 어린이는 어른의 스승이고 부모라고 하는 말이 있지만 때로는 동물이 인간의 스승이고 부모이기도 하다.

4. 장편과 단편의 주인공

어른들이 읽는 문학처럼 아동문학도 길이에 따라 장편과 단편으로 나뉜다. 언뜻 장편은 두꺼운 책 한 권에 이야기가 한 편만 실리고, 단편은 책 한 권에 짧은 이야기가 여러 편 있는 것으로 생각하기 쉽다. 그런데 어린이책의 경우 짧은 이야기 한 편만으로도 얇은 책 한 권을 만들 수 있어 책을 기준으로 장편과 단편을 구별하는 것은 맞지 않을 때가 많다. 따라서 그런 분류보다는 여러 날에 걸쳐 읽어도 이야기와 인물이 연속성을 갖고 재미를 더하는 이야기는 장편, 가능하면 앉은자리에서 한번에 집중해서 읽어야 그 맛과 의미를 온전히 즐길 수 있는 이야기는 단편으로 나누는 것이 적절하다. 낮은 연령의 독자들에게는 짧은 이야기가 알맞고, 고학년 독자들에게는 긴 이야기가 적합하다 여기는 것도 오해다. 인물이 매력 있고 이야기가 흥미진진하다면 낮은 연령의 어린이도 이야기 속에 오래 머무르기를 원한다. 설령 어린이가 혼자 책을 읽지 못하더라도 어른이 읽어 주면 긴 이야기를 얼마든지 즐길 수 있다. 열

권도 넘는 '오즈의 마법사'(라이먼 프랭크 바움) 시리즈만 해도 어린아이들이 더 좋아한다. 단편은 장편보다 훨씬 짧지만 그 제한이 오히려 작가의 창작 열의를 자극하여 행간에 중요한 의미와 맛을 꼭꼭 숨겨 둘 때도 많다. 드러난 것보다 드러나지 않은 것을 더 적극적으로 찾아 읽어야 하는 것이 단편이다. 따라서 장편과 단편은 주인공과 등장인물에도 큰 차이가 있다.

　장편에는 많은 인물이 나온다. 그러나 작가도, 독자도 끝까지 집중해야 하는 것은 '이것은 누구의 이야기인가?' 하는 문제다. 이 질문에 뚜렷한 답을 내놓지 못하는 이야기는 결코 좋은 작품이 될 수 없다. 『몽실언니』『마당을 나온 암탉』처럼 우리가 익히 아는 장편들 중에는 주인공의 이름, 혹은 지칭하는 말이 아예 제목인 것들이 적지 않다. 좋은 장편은 주인공의 이야기를 굵은 몸통으로 하고, 주요 인물들을 큰 가지로 치고, 스쳐 지나가는 인물들은 잔가지와 이파리로 하여 한 그루의 크고 튼실한 나무가 된다. 굵은 몸통만 있다고 좋은 나무가 아니며 반대로 잔가지와 이파리만 무성하다고 큰 나무가 되지도 않는다.

　『샘마을 몽당깨비』(황선미, 창비 1999)를 보자. 주인공 몽당깨비는 효심 깊은 소녀 버들이에게 샘물을 몰아줬다가 은행나무 뿌리에 묶이는 1,000년 형벌을 받는데 뜻하지 않은 재개발로 300년 만에 가석방을 맞이한다. 인간에게 샘을 빼앗긴 300년 동안 산속의 도깨비와 짐승 들은 자취를 감추었고 자신의 과오를 깨달은 몽당깨비는 온 힘을 다해 샘물을 원래대로 되돌려 놓고 남은 700년의 형벌을 채우러 돌아간다. 사람한테 속고도 사람을 좋아하는 바보 몽당깨비는 누구도 원망하지 않고 전부 자신의 잘못이라며 꼬인 문제를 풀고, 그 덕분에 세상의 질서가 바로잡힌다. 이것이 장편의 기둥 줄거리이고 여기에 부차적 인물들이 각자의 문제를 안고 도깨비의 과업에 동참한다. 버들이의 후손인 아름이는 아픈 몸으로 은행나무에 물을 길어다 주고, 몽당깨비의 마스코트인 인형 미미는 얌체지만 주인에게 버려진 슬픔이 있다. 도깨비불 파랑이는 인간을 증오하지만 몽당깨비에 대한 믿음을 놓지 않고, 도깨비와 아이들의 후견인 김 노인도 지극히 그 자신답지만 몽당깨비의 이야기 안에서 중요한 몫을 한다. 정해진 스토리에 따라 인물이 꼭두각시처럼 움직인다면 하급이다. 주인공 앞에 절실한 문제가 있고 주인공이

『샘마을 몽당깨비』

그 문제를 힘겹게 해결해 가는 과정이 곧 작품의 내용이 될 때 제대로 된 장편이 된다. 여기에 『샘마을 몽당깨비』의 주인공 몽당깨비의 문제는 개인에게만 국한된 것이 아니라 세계 전체와 이어져 있다는 점도 눈여겨볼 만하다. 그리스 신화의 프로메테우스가 신으로부터 불을 훔쳐다 인간에게 가져다주고 영원한 형벌을 받았다면 몽당깨비는 인간에게 샘물을 훔쳐다 주고 1,000년 형벌을 받았다. 몽당깨비가 인간에게 훔쳐다 준 물, 다시 모든 생명에게 되돌려 준 물은 인간과 자연이 함께 공존해야 한다는 사실을 일깨워 준다. 몽당깨비는 위대한 영웅이기는커녕 오히려 바보에 가깝지만 자기 자신을 구하고 세상을 구한다. 근대 소설의 이론가 루카치(Lukács)는 '문제적 주인공'이 '타락한 세상에서 타락한 방법으로 진정한 가치를 추구하는, 본질적으로 비극적인 인물'이라고 했다. 이를 빌어 현대 아동문학 장편의 문제적 주인공을 재정의한다면 '비극적인 인물'을 '끝까지 희망을 잃지 않는 인물'로 바꿔 볼 수 있겠다. 이야기 마지막에서 몽당깨비는 나머지 700년의 형벌을 채우기 위해 스스로 은행나무 뿌리로 찾아 들어가는데, 결국 몽당깨비의 부활을

위해 앞으로 700년 동안 어떻게든 세상을 잘 만들어야 한다는 숙제가 독자인 인간들에게 넘겨진 셈이다. 이 또한 역시 루카치의 말처럼 '길이 끝나는 곳에서 여행이 시작된다.'라는 근대 장편소설의 운명을 아동문학답게 제시한 것이기도 하다.

　장편의 주인공은 수동적이어서는 곤란하다. 긴 스토리를 구성하는 것은 등장인물의 생각과 행동이다. 특히 장편 주인공의 사고와 행동은 스토리를 앞으로 나아가게 하는 데 필수 불가결이다. 그러나 단편의 주인공은 꼭 그럴 필요는 없다. 지극히 평범해서 남의 눈에 띄지 않거나 평균보다 더 소극적이고 내향적인 인물도 그리기에 따라 좀처럼 잊기 어려운 이야기의 주인공이 될 수 있다. 붕어빵에 붕어가 없듯 「나의 사촌 세라」(김민령 『나의 사촌 세라』, 창비 2012)에는 제목에 나오는 세라가 단 한 번도 등장하지 않는 것이 작품의 묘미다. 화자인 세은이는 부모의 이혼으로 오갈 데가 없어진 사촌 세라가 자기 집에서 함께 살지도 모른다는 소식을 듣고 은근히 기대하지만 결국 세라와 만나지도 못한다. 엄마의 반대로 사촌 세라는 다른 집으로 가고 세은이는 그 아이가 행복해지기를 진심으로 바란다. 인물의 겉모습, 행동거지와 말을 상세히 그리는 것만으로 그 인물을 모두 잘 알 수 있는 것은 아니다. 때로는 그 인물의 실루엣을 슬쩍 보여 주는 것만으로도 인물의 속마음에 바짝 다가설 수 있는 것이다. 정교한 문학 작품은 독자의 마음과 상상을 적극적으로 작동시키고, 독자가 겉으로 보이지 않는 의미를 알아채고 감동했을 때 비로소 작품이 완성된다. 단편이 인물을 다루는 방식은 이처럼 다채롭고 때로는 상식을 깨뜨리는 실험도 많다. 겉으로 드러난 문장과 말을 헤집고 행간을 읽어 인간의 내면에 닿는 것은 단편을 읽는 고단함인 동시에 큰 즐거움이기도 하다.

5. 캐릭터는 어린이의 친구

1997년 첫 출간된 J. K. 롤링의 '해리 포터' 시리즈(문학수첩)는 전 세계 아동문학인들에게 큰 놀라움과 고민을 동시에 안겨 주었다. 이미 책으로부터 멀리 떨어져 나갔다고 여겼던 어린이들이 일시에 돌아온 것은 기쁘지만, 이 작품을 아동문학의 고전으로 삼기에는 영 함량 미달이거나 새로워 보이지도 않았기 때문이다. 그러나 어린이가 있고 아동문학이 있지, 아동문학이 있고 어린이가 있는 것은 아니다. 어린이가 '해리 포터' 시리즈에 열광하는 데에는 분명한 이유가 있고 그것은 이야기와 책에 대한 사람들의 변화와도 밀접하게 연관되어 있다. '해리 포터' 시리즈는 그야말로 어른의 관여 없이 어린이 스스로 세운 베스트셀러이고 어린이는 그 세계의 일원이 되기를 갈망했다. 자기들끼리 책을 돌려보고, 주인공과 등장인물에 대해 밤낮으로 이야기를 나누고, 하루라도 빨리 속편이 나오기를 기다렸다. 그 인기의 비결에는 여러 가지가 있지만 가장 중요한 것은 캐릭터다. 신기한 마법, 긴장감 있는 스토리만으로 이만큼 긴 시간 동안 인기를 끌기는 어렵다. '해리 포터' 시리즈의 독자는 흥미진진한 이야기만큼이나 해리, 헤르미온느, 론 같은 친구의 소식을 기다렸고, 작가가 쓴 작품만으로는 모자라다며 주요 등장인물로 다른 이야기를 짓는 놀이를 했다. 이즈음부터 아동문학에서는 주인공, 등장인물이란 용어만큼이나, 혹은 그보다 더 자주 '캐릭터'란 말이 언급되기 시작했다.

그렇다면 캐릭터란 무엇인가? 좁은 의미의 캐릭터는 등장인물의 성격, 또는 개성을 이르는 말이지만, 대중문화의 자리에서 통용되는 캐릭터는 그보다 훨씬 넓고 주도적인 의미를 갖는다. 전자가 상대적으로 스토리에 종속되며 스토리 안에서 일정한 역할을 수행하는 것이라면, 후

『고양이 학교 1: 수정동굴의 비밀』　　『스무고개 탐정과 마술사』　　　『건방이의 건방진 수련기』

자는 거꾸로 그로부터 끊임없이 에피소드들이 파생되어 나온다. 전통적인 문학은 현실을 모방하지만 캐릭터 중심의 이야기는 허구를 모방한다. 이는 현실의 인간을 오히려 낯설어하고 허구의 인물과 더 친한 현세태를 반영한다. 우리나라 어린이들의 첫 친구가 TV 애니메이션 주인공 뽀로로인 것만 봐도 그러하다. 진지한 정통 문학에서 주인공은 이 세상에 오직 그 한 사람밖에 없다는 존재감이 중요하지만, 캐릭터 중심의 이야기는 기존에 있는 몇 가지 유형을 잘 활용하고 거기에 개성을 첨가하여 독자에게 친근하게 다가가는 것이 중요하다. 어린이에게 캐릭터는 존경하거나 배울 게 많은 인물이기보다 그야말로 함께 노는 친구다. '해리 포터' 시리즈의 전 세계적 열풍 이후 우리 아동문학에도 캐릭터 강한 친구들이 등장하는 이야기가 다수 등장했다. 김진경의 '고양이 학교', 한정기의 '플루토 비밀 결사대', 허교범의 '스무고개 탐정', 천효정의 '건방이의 건방진 수련기'와 같은 시리즈들은 어린이들의 꾸준한 호응을 얻고 있다. 오락성 강한 스토리에 다소 뻔해 보이는 인물들이 활약하는 이야기에 어린이들이 몰두하는 것을 시간 낭비처럼 여기는 시선도 없지 않다. 그러나 이는 현대 어린이들이 찾아낸 문학의 향유 방식이고, 아동문학 속 인물이 고정된 작품 안에서만 머물지 않고 독자와 소통하며 살아가는 방식이기도 하다. 어린이가 친구를 사귀고 마음껏 노는 장에 어른이 함부로 개입하거나 흥을 본다면 반감만 살 뿐이다. 친구에 대해 가장 잘 아는 것은 어린이들이기 때문에 어른은 일단 그들의 안목을 존중하고 이 기회에 21세기의 새로운 이야기 세상을 한 수 배울 필요가 있다.

6. 공감의 힘이 세상을 구한다

어린이에게 문학이 어렵고 진지한 공부여서는 곤란하다. 어린이에게 문학은 이야기 속에서 누군가를 사귀고 함께 희로애락을 겪는 친구로 곁에 있으면 충분하다. 과거에는 재미있는 이야기를 문학이 거의 독점하다시피 했기 때문에 어린이가 놀기 위해 책을 읽는 것이 자연스러웠다. 하지만 현대에는 재미있는 이야기들이 다양한 매체에 퍼져 있기 때문에 어린이가 책을 덜 읽거나 다소 흥미가 떨어진 것은 어쩌면 자연스러운 변화다. 그러나 다양한 인물을 깊이 만나는 것만큼은 아직 다른 매체가 넘볼 수 없는 문학의 강점이고 이것을 어린이에게 어필할 필요가 있다. 문학을 진지하고 심각한 공부 거리로 대하지 말고 다채로운 친구들을 사귀는 세계로 여기면 충분하다. 친구를 사귀는 방식은 사람마다 상황마다 조금씩 다를 것이다. 말 잘 통하고 공감대가 형성되는 친구들과 왁자지껄 어울리는 게 좋을 수도 있고, 자신과는 사뭇 다른 친구에게 매력을 느낄 때도 있을 것이며, 단 한 명을 사귀더라도 깊이 사귀고 문득 존경심까지 품는 관계를 동경할 수도 있다. 현실에서는 학교나 동네에서 친구 몇 명 사귀기도 벅차지만 문학 안에서라면 다른 지역은 물론이고 과거와 미래의 사람, 동물과 상상의 존재까지 사귈 수 있다.

　어린이들도, 책을 골라서 어린이들에게 권해 주는 어른들도 문학 속 인물의 됨됨이를 분별하는 것을 어렵게 생각할 필요가 없다. 읽은 뒤에도 마음에 남아 생활 속에서도 문득문득 떠오를 때, 다시 만나고 싶어 다 읽었던 책을 다시 펴 보고 싶을 때, 허구의 인물임을 모르지 않지만 그럼에도 어딘가 정말 있을 것 같은 느낌이 들 때, 그 인물은 거짓부렁이 인형이 아니라 정말 책 속과 마음에 생생히 살아 있는 누군가가 되고 그 작품은 자신에게 좋은 문학 작품이다. 문학에서 생생한 인물을 많이 만나면 만날수록 자기 내면을 조용히 들여다보는 깊이가 생기고, 타인에 대해서도 직관과 감식안이 자연스레 성장한다. 과거 유학에서는 이를 인(仁)이라 하여 자기 한 몸을 넘어 자신의 세계를 확장하는 덕(德)이라 했고, 현대에는 인간과 인간 사이를 잇는 마음을 사랑이라 한다. 그런 마음이 있어 자기 안에만 갇히지 않고 타인과 공감하며 그럼으로써 자신을 보살피고 가족을 보살피듯 타인도 보살필 수 있다. 사랑의 영역을 확대해 가면 이 세상에 사랑하지 않을 존재는 하나도 없고, 그 관심과 사랑을 통해 자신의 존재는 이 세상 전체로 확대된다. 문학 속 인물을 통해 자신이 성장하고 이 세상 모든 존재의 아픔과 기쁨을 함께 느끼는 것이다. 이런 사람이 많아질수록 이 세상도 조금은 더 나아지리라 믿는다. 문학은 어린이가 진정한 사랑을 익힐 수 있는 가장 큰 학교다.

주제로 보는 아동문학

1. 주제 찾기는 보물찾기

어린이에게 어떤 책을 읽은 이유를 물었을 때 표지나 제목이 재미있어 보여서 읽었다는 경우는 있겠지만 "주제를 찾기 위해서 읽어요."라는 대답은 거의 없다. 주제를 탐색하는 일이 처음부터 책 읽기의 목적이 되기는 어렵다. 그러나 주제를 이해하면 이야기의 중심에 더 가까이 다가갈 수 있다. 모든 이야기는 양파 껍질처럼 안쪽에 더 본질적인 뜻을 숨겨 두고 있는데 그것을 깨달았을 때 독자는 질적으로 다른 차원의 감동을 느끼게 된다. "이 이야기가 결국 이런 뜻이었어?"라며 주제와 연결해 풀어 보려는 의미화의 본능이야말로 낯선 이야기를 만난 어린이가 다음 단계의 독서를 향해 나아가게 하는 힘이다.

작가가 묻어 둔 진짜 비밀은 사건의 결말이 아니라 주제 속에 있다.

▌ **김지은** 아동문학평론가, 번역가. 평론집 『거짓말하는 어른』 『어린이, 세 번째 사람』을 내고, 『너
▌ 무너무 무서울 때 읽는 책』 등을 우리말로 옮겼다.

그가 왜 이런 이야기를 썼는지 알게 되는 순간 독자는 작가와 깊게 소통했다는 느낌을 받는다. 어떤 이야기는 끝까지 읽어도 주제가 선명하게 잡히지 않는다. 어린이들은 이런 작품을 대개 어렵다고 말한다. 그러나 어려운 이야기는 나름대로 독자에게 도전을 준다. 분명히 무슨 의미를 전하려고 힘들게 이 이야기를 썼을 텐데 그걸 알아내야 속이 시원하겠다는 생각이 독자를 자극하는 것이다. 포기하고 내던지려던 이야기도 되풀이해서, 여러 방향에서 읽다 보면 거짓말처럼 주제가 눈에 환하게 들어오는 걸 경험한다. 보물을 찾은 것처럼 책 읽은 보람이 커지고 다음에는 더 어려운 책도 읽을 수 있을 것 같은 용기가 생긴다.

책 속에서 주제를 찾는 과정은 이렇게 어린이 독자를 성장시킨다. 어린이의 독서 역량에 맞추어 주제 찾기의 난이도를 배려한 독서 목록을 설계하는 것이 중요한 이유다. 문학은 은유와 상징의 예술이므로 독자에게 주제가 너무 쉽게 파악된다면 문학적으로 훌륭한 작품일 가능성이 낮다. 옛이야기는 예외여서 「은혜 갚은 까치」처럼 주제를 전면에 내놓는 경우가 종종 있다. 책 읽기가 서툰 어린이들에게 옛이야기를 권하는 이유도 메시지가 두드러진 책을 읽는 일이 좀 더 수월하기 때문이다. 그러나 예술 감상자로서 독서의 매력을 가장 강렬하게 느끼는 순간은 모호한 이야기의 숲을 스스로 헤치고 숨겨진 주제를 발견했을 때다.

자신이 짐작한 주제가 맞는지 궁금한 어린이 독자들은 책을 다 읽고 난 뒤에 '작가의 말'과 같은 단서를 찾아 책장을 뒤적이곤 한다. 케이트 디카밀로는 동화 『초능력 다람쥐 율리시스』(비룡소 2014)의 에필로그에 다람쥐 율리시스가 지은 시를 실었다. 「플로라를 위한 말들」이라는 제목의 이 시는 친구인 플로라에게 주는 것이지만 사실은 두툼한 두께의 이야기를 끝까지 읽어 낸 독자에게 바치는 시이기도 하다. "네가 없다면 그 무엇도 쉽지 않을 거야. 나한테 너는 영원히 팽창하는 우주니까."라는 구절은 '우정의 소중함'이라는 이 책의 주제를 떠올리게 하는, 문장으로 만들어진 아름다운 이해의 열쇠다.

『초능력 다람쥐 율리시스』

간혹 무슨 처방전처럼 '용기' '배려' 같은 주제어를 아예 책의 부제로 걸어 두는 작품들도 있지만 이런 책은 어린이가 먼저 고개를 돌린다. 주제가 명시된 작품은 잘 보이는 장소에 쪽지가 널린 보물찾기 같아서 독자 입장에서는 시시하고 따분하다. '용기'에 대한 이야기를 읽더라도 스스로 의미를 발굴하는 경험을 통해 '용기'라는 주제에 다다르는 과정을 즐기는 것이 문학적 독서의 재미인 것이다. 온작품 읽기는 어린이가 시간을 두고 천천히 이야기를 탐색하면서 의미화의 본능을 자율적으로 경험하고 상상력을 발전시켜 갈 수 있도록 돕는다. 책이라는 오래된 사물에 대한 호감은 이러한 느긋한 여유로부터 우러나온다. 일정에 쫓기는 다급한 독서, 주제를 외부에서 찾아 주는 요약형 독서는 독자에게 의미를 향해 다가가는 기쁨을 알려 주지 못하며 독서를 과제나 문제 풀이로 여기게 만든다. 이와 달리 온작품 읽기는 어린이가 작품과 대면할 시간을 충분히 제공하면서 서사의 내면에 능동적으로 들어서도록 격려한다.

철학자 한나 아렌트(Hannah Arendt)는 학생이 세상에서 소외되지 않도록 그들 자신의 의지를 신뢰하는 것이 교육이라고 말했다. 학생은 무언가 새로운 것, 우리가 볼 수 없는 것을 수행하려고 하는데 교사가 그 기회를 빼앗지 않아야 한다는 것이다. 이 과정에서 교사는 자신이 학생을 얼마나 사랑하는지 가늠할 수 있다고 했다.[1] 온작품 읽기를 통해 주제에 다가가는 어린이를 지켜보는 일은 이러한 존중의 과정으로 구성된다. 쉬운 이야기로부터 주제가 깊은 곳에 스며 있는 어려운 이야기로, 하나의 주제로 정리되는 이야기로부터 중층적인 주제의 결합으로 이루어진 이야기로 나아간다. 그 첫걸음은 어린이들의 탐색 의지를 신뢰하는 것에서 시작한다.

2. 상상적 인지와 주제 발견의 과정

온작품 읽기를 통해 어린이는 하나의 작품을 여러 각도로 감상하면서 변화하는 자신의 감정을 느끼고 거기에 관심을 기울이게 된다. 여러 번 나누어 읽거나 모아 읽는 과정에서 이야기에 대한 주의력을 기르고 작품에 대한 반응을 수정해 나간다. 책을 처음 펼쳤을 때 가졌던 생각이 어떻게 달라지는지 의문을 품고 되돌아보도록 도와주는 것이 중요하다. 그럴 때 어린이는 자신의 생각이 지나온 길을 지켜볼 수 있다. 여기에 상상력을 적용하면서 작가가 이 책을 통해 나타내려고 했던 주제에 도달할 수 있다. 이것을 상상적 인지라고 부른다. 문학 감상자로 성장하기 위해서 상상적 인지는 필수적인 과정이다.

상상력을 발휘하려면 먼저 문학 작품이 초점을 맞추는 바가 무엇인지 관찰하고 작품 속의 인물이 처한 갈등과 상황을 이해하는 일에 주의를 기울여야 한다. 독자 자신을 작품 속의 인물에 대입하는 것이 그다음의 절차다. 어린이는 인물이 작품 안에서 실행하지 않았던 대안적 방

---

1) 한나 아렌트 『과거와 미래 사이』, 푸른숲 2005, 263면.

법을 찾기 위해서 '나라면 어떻게 했을까?' 적극적으로 상상해 본다. 이 단계에서 자신이 애초에 예상하지 못했던 방향으로 작품의 의미를 확장하고 즐거움을 얻는다. 온작품 읽기를 하는 동안 지속적으로 발견되는 새로운 의미는 일상적인 경험과 다르다. 그때그때 책을 읽다가 발견되는 낯선 감정과 생각은 독자의 생활과 신선한 연관 관계를 맺는다. 작품을 읽기 전에는 떠올리지 못했던 새로운 삶의 과제를 설정하기도 한다. 독자는 이러한 상상적 인지의 개별적, 미적 경험을 통해서 보편의 영역으로 확대된 공존의 지점에 도달하는데 이것이 작품의 주제다.

상상력은 경험을 통해서 새로운 것을 형성할 수 있는 힘을 말한다. 다시 말하면 세상이 어떻게 지금과 다른 모습일 수 있는지에 대해 배우는 과정이다. 주제를 이해하는 것은 그 다른 모습에 대한 대안의 감각을 얻는 일이며 타자에게 공감하는 윤리적 상상력을 가동해야만 가능한 일이다. 어린이는 온작품 읽기를 통해서 이 세계에, 이 주제에 어떻게 참여할 수 있는지 상상하고 자신의 가능성을 고민하기 시작한다.

예술 철학자인 맥신 그린(Maxine Greene)은 삶의 다양한 순간들 속에서 우리 자신의 존재가 각각 다르기 때문에 하나의 예술 작품을 여러 차례 읽더라도 우리가 마주하게 되는 모습이 언제나 같을 수는 없다고 말한다.[2] 우리는 자신의 삶의 역사 가운데 어느 특별한 시점에서 이 작품을 감상하게 된다는 것이다. 주제에 대한 접근도 마찬가지다. 하나의 작품은 둘 이상의 여러 의미로 읽히기도 하는데 독자가 어느 지점을 지나고 있는지에 따라서 같은 작품인데도 주제에 대한 인식이 달라지기도 한다. "작품의 눈으로 세상을 인식하고 세상의 눈으로 작품을 인식하는 것"[3]이 주제를 발견하는 과정이라면 결국 어린이는 하나의 작품을 여

---

2) 맥신 그린 『블루 기타 변주곡』, 다빈치 2011, 80면.
3) Nelson Goodman, *Languages of Art*, Hackett Publishing Company, Inc. 1976, 241면.

『푸른 사자 와니니』

러 번 꼼꼼히 읽는 일을 통해서 다층적인 상상적 인지에 도달하게 된다.

교사는 그 작품에 담긴 의미에 대해 지나치게 심리적으로 분석하거나 합리성을 과장하여 강조하지 않도록 주의해야 한다. 어린이가 이야기의 심미적 특성을 이해하는 과정에서 스스로 의미의 연결망을 발견할 수 있도록 해야 한다. 어린이는 작가가 제안한 작품 속 주제에 대해서 자신의 목소리로 비판을 펼칠 수 있다. 교사는 이를 도와주면서 작가가 지향했던 주제의 방향에서 너무 멀리 벗어나지 않도록 작품 속 사실에 근거를 두고 생각의 범주를 제공해야 한다.

2018년 봄 학기, 전남 보성의 득량남초등학교 6학년 어린이들은 온작품 읽기 수업을 통해 『푸른 사자 와니니』(이현, 창비 2015)를 읽었다. 그리고 『푸른 사자 와니니, 그 뒷이야기』라는 창작물을 책으로 펴냈다.[4] 일곱 명의 어린이가 공동 창작 방식으로 참여한 이 속편에는 어린이들이 책을 읽으면서 발견한 주제에 대한 다채로운 동의와 문제 제기가 문학 서사의 형식으로 실려 있다. 이 창작물은 원작과 자연스러운 연결점을 가지면서도 그 자체로 비판적 텍스트의 역할을 한다. 작업에 참여한 조성주 학생은 '작가의 말'에서 "우리가 꼭 누군가에게 잘 보여야만 하는 것은 아닙니다. 여러분은 여러분답게 달려야 합니다."라고 이야기한다. 그는 이현 작가가 와니니의 삶을 통해서 "잘하는 척, 기쁜 척하는 것은 옳지 않으며 내가 하고 싶은 일들을 하고, 하고 싶은 이야기를 들려주는

---

4) 득량남초등학교 6학년 『푸른 사자 와니니, 그 뒷이야기』, 득량남초등학교 2018.

사람이 자신의 인생을 살고 있는 것"이라는 주제를 표현하고 있다고 정리한다. 한편 전준호 학생은 "우리 모두 자신을 믿고 의지해야 한다."라는 것이 이 작품이 자신에게 던지는 의미라고 말한다. 그리고 남북의 지도자들은 이런 마음으로 정상 회담을 진행해야 한다고 말하면서 문학 작품의 주제에서 얻은 생각을 사회 현실에 적용하는 확장적 사고를 보여 준다.

이처럼 어린이는 자신의 힘으로 하나의 예술 형식 앞에 서는 경험을 통해 자신의 삶과 사회적 인식을 재구성한다. 주제의 발견과 적용은 이러한 변화에 중요한 계기를 마련한다. 교사는 어린이가 충실하게 상상적 인지를 펼쳐 나갈 수 있도록 격려하면서도 그에게 주제 발견의 주도권을 주어야 한다는 사실을 잊지 말아야 한다.

3. 어린이의 편에 서 있는 아동문학의 주제와 주제어

아동문학 작품의 주제는 어린이가 관심을 갖고 바라보는 삶의 국면과 밀접한 관련이 있다. 그래서 감각과 감정의 이해, 놀이와 모험, 성장과 성숙, 가족과 친구, 사랑과 독립, 자아 정체성에 관한 이야기들이 많다. 연령이 올라갈수록 관심 영역 안에 사회 역사적인 주제가 추가된다. 최근에는 동물의 권리를 비롯한 생태 환경, 젠더 관련 주제를 다루는 작품이 늘어났다. 4차 산업 혁명이 가져올 미래 사회의 변화도 그 시대를 살아가고 움직일 어린이들에게는 중요한 문제다. 그래서인지 AI와 인간의 관계, 인간 신체성의 확장, 시간과 공간의 변화에 따른 주체의 의미 변동 등을 본격적으로 고민하는 작품들이 출간되고 있다.

온작품 읽기에서 어린이와 다루어 볼 만한 주제를 알아보기 전에 주제어를 먼저 둘러보는 것은 어린이책의 특수성을 이해하는 데 도움이 된다. 문헌정보학에서도 어린이책을 분류할 때는 일반도서용으로 개발된 주제명을 그대로 사용하지 않고 다른 주제명 표를 사용한다. 주제명의 유형과 수준이 상이할 수 있기 때문이다.[5] 주제어에 따른 그림책 분류 저널인 『A to Zoo』에 등장하는 사례를 보면 어린이책 주제어의 전반적인 특징이 보인다. 2000년부터 출간되기 시작해서 현재 9호까지 나온 이 책은 도서관을 이용하는 어린이 독자, 교사, 양육자 들이 자신의 요구에 꼭 맞는 책을 당장 찾을 수 있도록 도와주는 일종의 목록집이다. 이 책이 섬세하게 변별해 내고 있는 여러 주제어를 살펴보면 우선 '신체'(anatomy), '행동'(behavior), '질병'(illness), '활동'(activities)처럼 몸의 움직임 및 상태와 관련한 주제어가 눈에 띈다. 어린이가 성인 독자보다 활동적인 존재이며 급격한 신체적 성장의 시기에 놓여 있다는 사실을 반영한 것이다. 어린이 독자는 자신의 몸이 달라지는 모습을 관찰하고 이야기를 통해서 그 의미를 확인하면서 자아 정체성을 만들어간다. '가족'(family life)이나 '감정'(emotions)과 같은 상위 주제어의 하위 주제어도 흥미롭다. '행복'(happiness), '슬픔'(sadness), '화'(anger)와 같은 정서적 표현이 나온다. 어린이가 주변인과 나누는 애착 관계 및 그로부터 비롯된 정서적 측면에 크게 의존하고 있다는 것을 알 수 있다. '외국'(foreign lands), '인종 또는 민족'(ethnic groups), '장애'(disablities)와 같은 주제어들은 사회적 정체성과 타자에 대한 이해와 관련한 관심으로 보인다. 그런가 하면 '괴물'(monsters), '특수한 형태'(unusual), '신비한 생물'(mythical creatures)처럼 환상적이고 기이한 것에 대한 흥미

---

5) 박지영 「어린이 그림책을 위한 주제명표 개발 연구: 『A to Zoo』를 바탕으로」, 정보관리학회지 29권 4호, 251면. 『A to Zoo』의 주제명표 분석에는 이 논문에 실린 표2 '『A to Zoo』 수록된 전조합 주제명의 사례 및 특징'을 참조했다.

가 담긴 주제어들도 있다.

상위 주제어의 하위 단계에 등장하는 낱말들을 살펴보면 무엇이 어린이들의 사랑을 받는 존재인지 짐작할 수 있다. 공룡, 개, 고양이, 사자, 곰, 토끼, 뱀 등은 어린이가 사랑하는 땅의 생명체들이다. 새 중에서는 부엉이, 까마귀, 앵무새에 관심이 많고 바다 생명체 중에서는 고래와 상어와 바다표범이 인기다. 성격을 표현하는 낱말 중에서는 '용감함'(bravery), '호

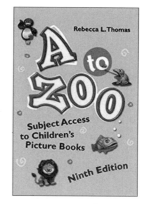

『A to Zoo』

기심'(curiosity) 같은 낱말들이 보인다. 학교에 관한 서사에서는 '개학' '입학'처럼 처음, 적응과 관련한 낱말이 자주 등장한다. 어린이는 관찰을 좋아하고 바깥 활동을 즐기기 때문에 날씨와 계절에 관한 하위 주제어들도 풍부하다. 기념일에 관한 분류가 따로 있는 것도 눈길을 끈다. 생일이나 크리스마스처럼 특별한 날은 어린이가 자신을 둘러싼 세계를 일상성에서 벗어나 재조명하는 기회가 된다. 기억에 남는 선물을 받거나 받지 못하거나 기념일이라는 경험은 어린이를 밀착된 생활에서 분리하면서 존재에 관한 성찰을 유도하고 이때의 정서적 경험은 성장의 계기로 작용한다. 놀이와 관련해서 어린이들이 좋아하는 기차와 공, 인형은 장난감 부문의 상위 주제어에 올라 있다.

연령이 높아지고 교과 학습을 통해 얻은 정보량이 풍부해지면서 어린이들은 존재의 의미, 사회 정치적인 관계, 문화의 다양성을 본격적으로 탐색한다. 점차 종교, 역사와 같은 추상적이고 구조적인 주제어에 도전한다. 온작품 읽기에서 어떤 책을 고르고 어떻게 주제에 접근할 것인지가 더욱 중요해지는 것도 이 무렵이다. 요즘 어린이들은 인터넷 포털

사이트와 소셜 네트워크 서비스를 통해 어른과 거의 동시에 뉴스를 접하고 시사적인 논쟁을 공유한다. 실시간 검색어는 어린이에게도 완전히 개방되어 있다. 어린이들은 날마다 이 사회에서 벌어지는 수많은 사건, 예술과 문화의 이슈들을 알쏭달쏭하게 바라보면서 실체와 진실을 궁금해한다. 온작품 읽기는 어린이들의 이러한 의문이 선정적 호기심에 머무르지 않고 더 깊이 있는 사고로 이어질 수 있도록 이슈와 철학적 물음을 연결시켜 주는 역할을 맡는다. 시의성 있는 주제를 다룬 문학 작품을 읽는 일은 생활 세계를 맴돌던 어린이의 시야를 넓혀 주고 현실을 비판적으로 바라볼 수 있도록 돕는다.

실시간으로 뉴스의 영향을 받는다 해도 어린이가 관심을 갖는 주제는 일반적인 성인들의 대화 주제와 약간 차이가 있다. 얼마 전 어린이들이 주로 이용하는 온라인 사이트인 유튜브(YouTube)가 전국적으로 장애를 일으켰을 때 10대들이 많이 검색한 뉴스 순위 1위부터 5위까지가 하루 종일 이 장애 해결과 관련한 내용이었다. 새로운 게임이나 모바일 애플리케이션이 등장하면 디지털 원주민인 어린이들 사이에서는 그 활용법이 가장 큰 뉴스가 된다. 주제를 탐색하는 온작품 읽기 활동은 이러한 개별적 현상에 대해 보편적인 이해를 제공하고 더불어 어린이 자신의 관점을 발견할 수 있도록 이끌어 준다. 황지영의 『리얼 마래』(문학과지성사 2018)는 온라인 공간에 전시되는 개인의 삶과 사이버 인권의 문제를 다루며, 박하익의 『도깨비폰을 개통하시겠습니까?』(창비 2018)는 어린이가 온라인에 머무르는 시간이 늘어나면서 놀이와 친구들은 어디로 옮겨 갔고 어떻게 달라졌는지 근본적인 물음을 던진다. 김혜정의 『헌터걸』(사계절 2018)도 요즘 어린이들이 관계 맺기와 자존감 형성을 위해 디지털 미디어에 얼마나 깊게 의존하는지를 보여 준다. 그리고 그 안에 자본과 어른의 욕망이 개입했을 때 발생하는 문제들을 어린이의 눈으로

『리얼 마래』『도깨비폰을 개통하시겠습니까?』　　　　　　　　『헌터걸』

비판한다.

따라서 어린이들에게 책을 권하기 전에 어떤 주제를 다룬 책들을 함께 읽는 것이 지금 이들의 세계에 대한 호기심과 접점을 이룰 것인지 고려하면서 구체적인 독서 목록을 선정하는 것이 중요하다. 더불어 달라지는 어린이들의 삶을 생생하게 반영하는 새로운 작품을 꾸준히 읽기 목록에 추가하여 반영하려는 노력이 필요하다. 어린이들의 두 발은 오늘을 디디고 있으며 그들의 눈길은 자신이 살아갈 미래를 향해 있기 때문이다.

4. 온작품 읽기를 위해 제안하는 주제

그렇다면 어린이가 즐겁게 주제 탐색 작업을 수행할 수 있는 주제에는 어떤 것이 있을까? 물론 현장에서는 주제보다 책이 먼저 제안될 수 있고 그 과정에서 다양한 주제에 도달할 수도 있겠지만 교사가 어린이에게 먼저 연역적으로 제안할 만한 대표적인 주제를 몇 가지 생각해 보았다. 주제 분류와 예시 도서 목록의 일부는 학교문화예술교육 시범 사업을 통해 전국 각지에서 초등학생 어린이들과 진행했던 '상상어린이문학학교' 프로그램을 참고했다.[6]

• 나와 너 ── 자아 정체성, 내 마음과 네 마음의 사이

이름, 학년, 반, 번호처럼 공동체가 자신을 가리키고 부르는 방식을 비롯해서 아들, 여자, 어린이, 초등학생처럼 '나'를 구성하고 있는 여러 요소를 생각해 본다. 자아의 개념을 알고 미래의 자기 모습을 상상하면서 성장의 밑그림을 그려 볼 수 있다. '나'와 타인의 거리를 이해하고 그 마음의 차이를 존중하면서 자신과 다른 쪽에 있는 사람들과 수평적으로 소통할 수 있는 의사 전달의 방법을 생각해 본다. 이 주제는 다음에 제안하는 주제인 '친구와 이웃'으로 연결, 확장할 수 있다.

『무지무지 힘이 세고, 대단히 똑똑하고, 아주아주 용감한 당글공주』(임정자, 문학동네 2018)는 미숙하고 나약하며 의존적인 존재로만 호명되었던 어린이가 자기 안의 건강한 면모를 발견하도록 해 주는 동화다. 『멀쩡한 이유정』(유은실, 푸른숲 2008)에는 한 사람의 존재에 대한 이해가 얼마나 다층적으로 이루어지는가를 보여 주는 단편들이 실려 있다. 이야기를 읽으며 '할아버지는 어떤 사람인가?' '아버지가 할아버지에게 부끄러움을 느끼는 이유는 무엇인가?' '유정이는 멀쩡한 아이인가?' '멀쩡하다는 말의 뜻은 무엇인가?' '길을 잃는 바람에 새로운 길을 찾아 본

---

6) '상상어린이문학학교'는 한국문화예술교육진흥원과 서울예술대학교 산학협력단이 공동으로 진행한 2015 학교문화예술교육 문학 분야 시범 사업이다. 프로그램에 따른 현장 수업은 2015년 9월1일부터 12월 30일까지 총 14주에 걸쳐 전국 34개 초등학교에서 누적 시수 1,932시간 동안 진행되었다. 필자는 동화작가 오주영, 문학평론가 윤경희와 공동 연구를 통해 이 프로그램을 개발했다.

적이 있는가?' 같은 물음을 던져 볼 수 있다. 이 사회가 구성해 놓은 자아와 자신이 생각하는 '나' 사이의 거리를 되짚게 된다.

• 친구와 이웃——관계 맺기, 타자성, 공동체의 의미

어린이는 하루 일과 틈틈이 외로움을 느낀다. 외로움은 한 어린이가 세계를 이해하고 존재의 본질적인 독립성을 받아들이는 데 결정적인 역할을 한다. 한편 그 감정을 극복하기 위해서 친구를 찾고 만나고 관계를 맺는 순간은 어린이의 성장에서 가장 어렵지만 빛나는 시간들이다.

『장건우한테 미안합니다』(이경화, 바람의아이들 2007)는 교실 속 친구 사귀기의 고단함과 친구의 필요성을 생각해 보도록 돕는다. 자기 마음에서 비롯된 규칙으로 친구를 분류하고 판단하는 일이 왜 어리석은지도 생각해 볼 수 있다. 『혼자 되었을 때 보이는 것』(남찬숙, 미세기 2015)은 좀 더 본격적으로 관계 맺기의 소망와 독립의 욕구가 맞서는 상황을 그려 낸 작품이다. 작가는 친구가 많았으면 좋겠지만 혼자 있고 싶기도 한 어린이의 복잡한 마음을 이해해 준다. '사람은 사회 속에서 살아가야만 하는가?' '중요한 순간에 나는 결국 혼자인가?' 같은 서로 맞부딪히는 질문을 헤아려 볼 수 있다. 『사료를 드립니다』(이금이, 푸른책들 2012)는 남보다 특별하고 뛰어난 사람이 되어야만 '나'로서 인정받을 수 있는 것인지 묻는다. 공부를 잘하는 누나와 '나', 마음 깊이 좋아하는 친구와 '나', 정성을 다해 키우던 동물과 '나' 등 자신을 둘러싼 여러 관계들을 돌아보면서 왜 우리는 함께 살아갈 수밖에 없는지 탐색하는 단편들이 실려 있다. 『우리 동네 택견 사부』(공진하, 창비 2017)는 타자화되기 쉬운, '나'와 좀 다른 이들의 모습과 마음을 이해하고 함께 살아가는 이야기를 담았다. 작품 속 경수는 배려가 필요한 친구지만 작가는 그런 상황을 명시하지 않고 독자가 이야기와 그림을 보다가 깨달을 수 있도록 둔다. 우정에 대한 또 하나의 자연스러운 해답을 들려준다.

• 미래의 관찰——인공 지능, 로봇, 몸의 확장, 생태와 환경의 문제

미디어에서는 끊임없이 4차 산업 혁명을 말하지만 어른들은 그 일을 아직 다가오지 않은 미래의 일로 여긴다. 그러나 어린이들에게 이 미래의 신호는 상상의 끝에 반드시 다다르게 될 가까운 문제이며 이미 겪고 있는 변화이기도 하다. 인공 지능이나 로봇에 대한 동화들은 고전적인 몸과 마음에 대한 규정이 첨단 과학의 개입으로 어떻게 달라질지를 묻는다. 초미세 먼지가 하늘을 컴컴하게 뒤덮는 현실 속에서 생태와 환경을 둘러싼 고민은 당장 다가온 생존의 과제이기도 하다. SF 동화는 앞으로 더욱 적극적으로 창작되고 출간될 것으로 보인다.

『복제인간 윤봉구』(임은하, 비룡소 2017)는 자연적이라고만 여겼던 생명의 영역에 인간의 손길이 개입하면서 벌어지는 일을 다루었다. 복제 기술에 대한 과학적 질문보다는 '원본과 복제'에 대한 철학적 질문이 더 두드러지는 동화다. 『내 여자 친구의 다리』(정재은, 창비 2018)는 과학의 발달과 함께 우리의 신체성이 어디까지 확장될 수 있는가 질문한다. 그럼에도 불구하고 달라지지 않는 인간다움이란 무엇인지 생각해 보게 하는 단편동화집이다. '내 몸의 끝은 어디인가?' '몸과 마음은 하나로 연결되어 있는가?' '인공적인 장치의 도움을 받아 이루어 낸 성공은 나의 성공인가, 아닌가?' 등의 질문을 던져 볼 수 있다. 『담임 선생님은 AI』(이경화, 창비 2018)는 교실에서 로봇에게 교육받는 상상을 구체적으로 그려 낸 동화다. 미래에는 가르치고 배운다는 것의 의미가 어떻게 달라질 것인지도 생각해 보게 한다. SF 동화지만 '좋은 선생님의 조건은 무엇인가?' 같은 생활 속의 질문을 나눌 수도 있다. 『알렙이 알렙에게』(최영희, 해와나무 2018)는 인구 200명, 수명은 100세인 미래 사회의 얘기다.

『복제인간 윤봉구』   『내 여자 친구의 다리』   『알렙이 알렙에게』

초고령 사회에서 인간이 어떤 돌파구를 마련하는지, 그 돌파구 안에서 어떻게 좌절하거나 희망을 품게 되는지를 보여 주는 작품이다. '지금보다 오래 살게 된다면 가장 하고 싶은 일은 무엇인가?' '오래 살기를 바라지 않는다면 그 이유는 무엇인가?' 등의 이야기를 나누어 볼 수 있다.

• 성평등과 사람의 권리—젠더, 반(反)편견, 인권 감수성, 연대 의식

성평등에 대한 의식을 길러 주고 성인지를 비롯한 인권 감수성을 키워 주는 일은 혐오 문화와 폭력, 소수자에 대한 차별적 시선에 둘러싸여 성장하는 우리 어린이의 오늘과 내일을 위해 중요한 문제다. 이는 전 세계적인 흐름이기도 해서 프랑스 파리의 책방 셰익스피어 앤 컴퍼니(Shakespeare and Company)에서는 2018년 여름 '어린이 페미니스트를 위한 책'이라는 특집 기획 코너를 마련하고 여성주의에 대한 관심을 확산시키는 일에 동참했다. 해외 그림책 출판사에서는 어린이책을 출간할 때 이 문제를 매우 심각하게 다루고 있다. 어린이책은 특히 소수자를 차별하지 않고 골고루 배려하는 이야기, 편견을 포함하지 않는 서사, 성

『조막만 한 조막이』   『쿵푸 아니고 똥푸』

평등 의식을 구체적으로 표현하는 이미지에 대한 요구가 높아서 출판 계약서에 관련 내용이 명시되기도 한다. 작품에 인권 감수성을 해치는 내용이 등장할 경우 창작자가 이를 책임지도록 하는 것이다. 우리 작가들도 편견에 대응하고 성평등과 인권 감수성을 키우는 내용을 적극적으로 자신의 작품에 반영하고 있다.

『조막만 한 조막이』(이현, 휴먼어린이 2018)에서 작가는 옛이야기에서 자칫 덮여 버리기 쉬운 여성의 목소리를 되살려 냈다. 용감한 조막이는 옛판본을 뒤집으며 편견을 깨뜨리는 새로운 영웅으로 멋지게 다시 태어난다. 『쿵푸 아니고 똥푸』(차영아, 문학동네 2017)는 반려동물을 사랑하는 여성 어린이, 한부모 가정 어린이, 다문화 가정 어린이가 주인공으로 등장하는 단편동화집이다. 작가는 이 동화를 통해 우리는 누구나 하나의 생명으로서 존엄성을 지니며 사랑받고 사랑할 권리가 있다고 말한다. 드러내 놓고 주제를 강조하지는 않았지만 독자가 약자들의 연대 의식에 공감하면서 인권 감수성을 높일 수 있는 작품들이다.

5. 책과 함께 울고 웃는 어린이, 온작품 읽기의 힘

어린이가 책을 반가워하고 책과 함께 울고 웃는 장면을 언제부터인지 보기 어렵게 되었다. 어린이는 디지털 기기 앞에서만 표정이 화사하다. 그러나 책 없이는 통과할 수 없는 성장의 지점, 전해 줄 수 없는 인류의 경험이 있다는 것을 우리는 알고 있다. 온작품 읽기는 그런 어린이의 모습을 되찾아 줄 수 있는, 문학 교육의 활발한 대안이 되어 줄 것이라고 생각한다. 어린이들이 우리 아동문학 작품을 온작품 읽기의 방식으로 접하면서 더 많은 자기 인생의 주제와 만나고 그 주제의 이면을 만지고 넓혀 가는 독서의 경험을 나눌수록 뿌리칠 수 없는 책의 힘을 실감하게 될 것이라고 믿는다. 정확히 말하면 이것은 이야기의 힘일 것이다. 이야기는 사람을 사랑한다. 사람이 이야기를 사랑하는 것만큼.

시점과 시공간으로 아동문학 바라보기

1. 누구의 눈으로 볼 것인가?

시점은 이야기를 새롭게 만드는 신기한 카메라다. 같은 이야기라도 누구의 시점이냐에 따라 다르게 전달되기 때문이다. 작가가 작품 창작 시 1인칭 시점 혹은 전지적 시점을 선택한다면 분명 어떤 의도가 있으며 독자도 이를 염두에 두고 독서를 하면 훨씬 재미있게 작품을 감상할 수 있다. 누구의 편에서 사건을 보고 말하느냐에 따라 이야기가 다르게 보이는 시점의 매력에 빠져 보자.

• 저학년 동화의 전지적 시점과 1인칭 시점

이야기를 읽다 보면 사건을 들려주는 목소리(서술자)가 있다. '나' 혹은 3인칭의 누군가이다. 저학년 동화는 전체 이야기를 파악하는 데 도

■ **오세란** 아동문학평론가. 『한국 청소년소설 연구』 『청소년문학의 정체성을 묻다』를 냈다.

움을 주고자 대체로 전지적 시점으로 서술된다. 전지적 시점으로 인물과 사건을 설명하면서, 3인칭의 인물이 주인공 역할을 맡고 이야기를 전개해 나간다. 시점을 좀 더 구체적으로 나누면 시점과 초점화가 있다. 시점은 누가 말하느냐, 초점화는 누구의 눈으로 사건을 지각하고 보느냐로 요약된다. 전지적 시점일 때는 누가 보느냐의 초점화를 활용하면 주인공을 정확하게 가려낼 수 있고 한층 섬세하게 이야기를 볼 수 있는데 이는 뒤에서 자세히 설명하겠다. 어쨌든 전지적 시점의 동화들은 주인공을 포함한 여러 인물들의 면면을 보여 준다. 하지만 저학년 동화는 아직 모든 인물의 내면까지 속속들이 서술하는, 깊이 있는 전지적 시점은 아니다. 어린이 독자의 연령이 타인의 마음을 온전히 이해하기는 힘든 눈높이를 지녔기 때문이다.

『목기린 씨, 타세요!』(이은정, 창비 2014)는 전지적 시점이고, 주인공은 '목기린'이다. 작품은 목기린과 목기린을 도와주는 돼지 꾸리, 고슴도치 관장, 마을 사람들의 입장과 태도를 골고루 서술한다. 독자들은 사건을 따라가며 중심인물인 목기린에게 닥친 어려움을 파악할 수 있다.

화목 마을 마을버스는 고슴도치 관장이 계획했어요. 마을의 1번지에서 10번지까지 주민들을 하나하나 살피면서요. (10~11면)

화목 마을 주민들은 마을버스를 아주 좋아했어요. 고슴도치 관장을 볼 때마다 약속을 잘 지켰다며 칭찬을 했습니다. (12면)

같은 시간, 목기린 씨는 땀을 닦으며 2번지 정거장 의자에 앉았습니다. 막 일곱 정거장을 걸어온 터라 몹시 지쳤거든요. (17면)

작품에서 고슴도치 관장은 자기 나름대로 열심히 일을 하고 마을 주민들도 고슴도치 관장을 칭찬한다. 그럼에도 화목 마을로 이사 온 목기린 씨는 마을버스를 탈 수 없다.『목기린 씨, 타세요!』는 인물 각각의 성격과 사건에 대한 관점을 정확한 단어로 서술하여 독자가 모두의 생각을 잘 파악할 수 있다.

물론 1인칭 시점의 저학년 동화도 없지는 않다. 유은실 동화집『나도 편식할 거야』(사계절 2011)에는 음식을 뭐든 잘 먹는 1학년 여자아이를 주인공으로 삼은 세 편의 동화가 실려 있다. 그중「편식은 어려워」에는 아무거나 잘 먹는 '나'와 편식하는 '오빠'가 등장한다. 동화는 편식하는 오빠가 엄마에게 야단을 맞고 '나'는 칭찬을 받는 장면으로 시작되는데 이후 사건이 묘하게 흘러간다. 엄마는 오빠를 위해서는 장조림을 준비해 놓는데, '나'를 위한 건 아무것도 없으며 도리어 장조림을 탐내는 '나'를 나무라기까지 한다.

> 눈물이 핑 돌았다. 편식쟁이는 오빤데 내가 혼났다. 엄마는 오빠를 더 좋아한다. 나를 '돼지'라고 놀리는 오빠만 예뻐한다. 나도 이제 편식할 거다. 아무거나 잘 먹는 딸 안 할 거다. (11면)

> 오빠한테도 이렇게 많이 준 적은 없었다. 엄마는 나를 사랑하나 보다. 오빠보다 더 사랑하나 보다. 나도 모르게 입이 벌어져서, 씹는 게 조금 힘들었다. "으흐흐." 마음이 맛있는 장조림으로 가득 찬 것 같았다. 하늘엔 커다란 장조림 구름이 둥둥 떠 있을 것 같았다. (19면)

작품은 '나'와 오빠를 대비하는 한편 1인칭 시점을 활용하여 어린이 독자가 '나의 마음'에 더 가깝게 감정을 이입할 수 있도록 돕는다. 이야기는 주인공 '나'의 섭섭함을 알아챈 엄마가 저녁 식사로 '나'만을 위한 장조림을 잔뜩 해 주면서 마무리된다. 저학년 동화라 과장이 있지만 아이의 입장에서 볼 때 장조림은 곧 엄마의 사랑이다.

『나도 편식할 거야』

이 작품의 주제는 엄마의 사랑이고, 소재는 장조림 같은 음식이나 편식 같은 사건이다. 동화를 꼼꼼하게 읽으면 어린이들과 독후 활동을 할 때 "엄마가 나를 사랑한다고 느낄 때는 언제인가요?" "엄마에게 섭섭할 때는 언제인가요?"처럼 구체적으로 자신의 마음을 들여다볼 수 있는, 주제의 핵심에 접근하는 질문으로 대화를 유도할 수 있다. 그러나 이 작품의 표면적인 줄거리만 읽으면 "내가 좋아하는 음식은?" 혹은 "편식을 하지 맙시다!" 같은 소재에 국한된 질문에 그칠 우려가 있다.

• 학년이 올라가면서 늘어나는 1인칭 시점

저학년 동화는 전지적 시점이 많은 편이지만 학년이 올라갈수록 어린이들은 1인칭 시점의 동화도 많이 만나게 된다. 아이들은 커 갈수록 자아가 발달하면서 자신만의 시각과 생각이 자란다. 1인칭 시점은 '나'가 이야기를 하므로 내면이 생긴 아이들의 마음을 표현하기 좋지만 객관적이라고는 볼 수 없다. 그렇다면 균형 잡힌 시점이라고 볼 수 없는 1인칭 시점의 동화가 왜 필요할까? 독자가 1인칭 주인공과 자신을 동일시하면서 사건을 경험하고, 갈등이 해결될 때 카타르시스를 느낄 수 있기 때문이다.

송미경의 『돌 씹어 먹는 아이』(문학동네 2014)에 수록된 단편 「나를 데리러 온 고양이 부부」는 어느 날 고양이 부부가 '나'의 친부모라며 찾아오는 데서 시작한다. 고양이 부부는 엄마의 양육 태도에 불만을 표시하며 '나'에게 같이 집을 떠나자고 종용한다. 잔소리가 심하고 공부를 강요하면서도 '나'가 무엇을 좋아하는지에는 관심조차 없는 엄마와 '나'가 학교에서 음악 시간을 좋아하는 것을 알고 있을 뿐 아니라 합창 소리에서 '나'의 목소리까지 가려낼 수 있는 고양이 엄마가 대조를 보인다. 특히 친엄마가 '나'를 부르는 지은이라는 이름의 무난함과 고양이 부부가 '나'를 부르는 아비가일이라는 이름의 특이함은 '나'를 대하는 두 부모의 태도를 극단적으로 대비하는 장치다.

친엄마가 보여 주는 부정적 태도와 고양이 부부가 보여 주는 긍정적 태도는 객관적이라기보다는 '나'의 눈으로 인지되는 장면들이다. 어쩌면 '나'를 사랑하는 친엄마의 마음이 생각보다 훨씬 크고 잘 키워 보려는 욕심에 주인공을 다그치는지도 모른다. 그러나 그런 것을 모두 헤아린다면 이 동화를 읽을 필요도 없다. 문학은 주인공을 통해 독자의 마음을 어루만진다. 이 작품을 교육 대학교 학생들에게 읽도록 한 후 "어린이들은 누구를 지은이의 친부모라고 생각할까?"라는 질문을 던져 보았다. 결과는 반반이었다. '나'가 고양이 부부를 친부모라고 여기고 따라나서는 작품의 결말을 읽었어도 여전히 지은이의 친부모는 엄마라는 의견도 많았다. 가장 큰 이유는 사람인 지은이의 부모가 고양이가 될 수는 없다는 과학적 판단 때문이었고 이 역시 작품을 읽는 재미있는 방식이지만 엄마라면 누구든 그렇게 잔소리를 할 수밖에 없을 것이라는 이해형도 많았다. 이 작품의 누가 친부모인가를 궁금해하며 읽는 것이 이 작품의 일차적 재미라면 '나'의 엄마에 대한 반발심에 독자가 감정 이입하며 읽는 것은 작품이 가진 또 하나의 카타르시스적 기능이다.

그런데 이 작품에는 중요한 테마 한 가
지를 추가할 수 있다. 어린이들은 때때로
우리 엄마가 친엄마가 아닐 수도 있다는
상상을 하지만 왜 이 작품은 주인공이 친
엄마가 '사람'이 아닌 '고양이'일 거라고
상상하는 걸까? 그것은 단지 재미있는 상
상일 뿐일까? 이 작품은 인간의 대표 격인
엄마와 동물의 대표 격인 길고양이를 비
교하여 근대인이 가진 한계를 성찰한다.
가령 대표적인 겨울 준비인 김장을 하고

『돌 씹어 먹는 아이』

있는 엄마, 모든 일을 미리 준비해야 하는 인간과 하루하루 자연에 의지
하며 사는 동물을 비교한다. 지은이가 길고양이를 따라나선 뒤 들고 온
가방과 모자를 버리고, 예상보다 훨씬 멋지게 담장을 뛰어오르는 마지
막 장면은 근대인을 넘어선 자연인으로의 모습을 회복하려는 상징적인
장면이다.

　참고로 단편집 『돌 씹어 먹는 아이』에 함께 수록된 「돌 씹어 먹는 아
이」는 1인칭 시점이 아닌 전지적 시점으로 쓰였다. 이는 주인공인 연수
가 돌을 먹는다고 가족들에게 커밍아웃을 한 후 가족들도 저마다 돌아
가며 고백을 해야 하므로 이를 위해서는 전지적 시점이 더 효과적이기
때문이다.

• 시점을 따라가면 더욱 재미있는 동화 한 편

　김민령의 동화집 『나의 사촌 세라』(김민령, 창비 2012)에 수록된 표제작
「나의 사촌 세라」는 시점 활용을 극대화한 고학년용 단편동화다. 이 작
품의 주인공은 '나'일까, 아니면 '사촌 세라'일까? 제목만 보면 '나'는

관찰자이고 세라는 주인공일 듯싶지만 작품을 읽어 보면 세라는 정작 한 번도 작품 속에서 직접 등장하지 않으며 이름도 마지막 대목에야 언급된다. 그렇다면 세라는 주인공이 아닌가?

작품의 줄거리는 다음과 같다. 새집으로 이사를 하고 축하 파티를 위해 엄마, 아빠, '나' 셋이 모여 케이크에 불을 붙이는데 갑자기 전화가 온다. 주인공이 어릴 때 돌아가신 작은아빠의 딸이 그간 외할머니 댁에서 살다가 오갈 데가 없어졌다는 것이다. 주인공은 비로소 자신에게 동갑내기 사촌이 있고, 그 사촌이 갈 데가 없어 집으로 올지도 모른다는 소식을 듣게 된다.

엄마의 심란함은 극에 달한다. "느닷없이 한숨을 쉬거나 행주를 집어 던지고 식탁 의자를 탁, 소리가 나게 집어넣"는다. 이웃집 아주머니도 남의 애 키우는 게 그리 쉬운 일인 줄 아느냐며 다시 생각하라고 엄마를 설득한다. "내 자식 아니면 다 남의 자식인 거야. 아닌 말로, 걔가 엇나간 애면 어떡할 거야? 세은이한테까지 나쁜 물을 들이면 어떻게 할 거냔 말이야."(80면)와 같이 조심성 없이 던지는 말은 어른들의 이기적이고 냉정한 세태를 보여 준다.

그리고 이 상황을 지켜보는 착한 주인공 '나'가 있다. 주인공은 이 모든 에피소드를 보고 들으며 은연중에 세라와 자신은 처지가 같다는 것을 인지한다. 이 작품에서 명확한 문장으로 진술되지는 않지만 뒤로 가면서 주인공 세은이 점차 세라에게 감정 이입하는 것이 느껴진다. 그리고 독자 역시 이런 세은의 생각을 감지하게 된다.

한 아이는 고아이고, 한 아이는 부모가 있는데 어떻게 같은 처지냐고 묻는다면 두 아이의 행불행이 친부모의 존재 유무에 절대적으로 결정된다는 점에서 같다고 대답하겠다. 둘의 이름이 세은과 세라인 것은 두 아이가 사촌이기도 하지만 부모 의존도에서 비슷한 처지임을, 속되게 말해 한 끗 차이임을 나타내는 장치다. '세라'라는 이름에는 그 밖에도 두 가지 의미가 더 있다. 우선 '세라'라는 이름은 서양 동화『소공녀』의 주인공 이름과 같다. 그 작품 역시 아버지의 실종으로 주인공이 소공녀에서 고아로 전락해 자신이 다니던 기숙 학교의 하녀가 되는 이야기다. 또한 세라라는 화려한 이름으로 인해 그의 불우한 처지가 아이러니하게 대비되기도 한다. 어쨌든 아이의 안위가 친부모 혹은 핵가족이라는 불안정한 울타리에 절대적으로 의존한다는 사실을 깨닫는 순간, 아름다웠던 동화의 세계는 깨지고 주인공 세은은 차가운 현실과 마주하게 된다.

재미있는 것은 이야기가 가족끼리 좋은 일이 생기면 둘러앉아 케이크의 초를 켜는 동일한 이벤트 장면으로 시작하고 끝난다는 점이다. 물론 마지막 장면은 주인공이 한 번도 본 적 없는 사촌 세라가 행복하기를 불 켜진 초 앞에서 기도하는 장면이기도 하다. 그러나 어쩌면 지금 우리가 누리는 가족과의 행복이 케이크에 켜진 촛불만큼이나 짧게 빛나다 연기처럼 사라질 수도 있다는 의미가 아닐까.

결론적으로 이 작품은 주인공 '나'가 사촌의 처지를 들으면서 사촌의 상황을 종합하고 그 사건에 다시 '나'를 대입하는 이야기다. 언뜻 1인칭 관찰자 시점처럼 보이지만 정확하게는 1인칭 시점이다. 이야기의 당사자는 끝내 등장하지 않고, 사건의 관찰자인 '나'가 세상에 대한 가슴 아픈 성찰을 얻기 때문이다.

• 고학년 동화의 전지적 시점

　다른 사람의 생각을 조금씩 이해할 수 있는 고학년 독자를 위해서는 다시 전지적 시점의 동화가 많아진다. 그러나 저학년 동화와는 양상이 다르다. 고학년 동화는 각각의 인물의 행동에 원인이 있음을 보여 주면서 그들의 속내를 이야기한다. 즉 모든 인물에게 저마다의 시선이 존재한다.

　진형민의 『소리 질러, 운동장』(창비 2015)은 남자 주인공 김동해와 여자 주인공 공희주가 학교 야구부가 독점하는 운동장에서 놀기 위해 막야구부를 만들고 세력을 확장하는 이야기다. 운동장에서 놀기 위해 야구부 감독과의 갈등은 불가피하다. 이때 김동해나 공희주만의 입장만 살피면 운동장에서 일어나는 사건의 전모를 자세히 알 수 없다. 야구부 감독의 생각을 들어 보는 것도 중요하다.

　　처음엔 그러려니 했다. 며칠 저러다 말겠거니 했다. 야구부 감독님은 지난 주 내내 운동장 구석에서 소란을 피우는 녀석들 때문에 심기가 좀 불편했다.

　　(⋯)

　　그러던 참에 도저히 그냥 넘어갈 수 없는 일이 생겼다. 하늘이 무너져도 공에서 눈을 떼지 말아야 할 야구부원들이 툭하면 저쪽을 힐끔대는 게 아닌가. 저쪽 애들이 "받아! 받아!" 소리치면 공을 잘 받았나 궁금해서 쳐다봤고, 저쪽 애들이 "달려! 달려!" 소리치면 베이스를 무사히 밟았나 궁금해서 또 돌아봤다. 야구부원들은 저쪽 애들이 야구를 하고 있다는 걸 바로 알아챘다. (57~59면)

　야구부 감독은 야구부원들의 야구 연습에 방해가 되는 아이들이 신경에 거슬려 비겁한 방법으로 아이들의 운동장 진입을 막는다. 서두에서 잠깐 초점화에 대해 언급했는데 위의 예문이 바로 야구부 감독의 눈으로 초점화된 장면이다. 야구부 감독의 눈에 비친 운동장 풍경은 감독의 심리를 반영할 수밖에 없다. 그의 눈에는 야구부원들의 연습을 방해하는 걸림돌만 보인다. 만약 다른 사람이 지나다가 운동장을 보았다면 쉽게 보이지 않을 장면이다. '누구'의 눈에 '무엇'이 보이는지를 말하는 초점화 방식으로 작품을 읽으면 전지적 시점의 고학년 동화를 꼼꼼히 들여다볼 수 있다. 이렇듯 시점은 동화를 깊이 읽는 데 많은 도움이 된다.

2. 시공간, 서 있는 자리를 돌아본다는 것

시공간은 인물, 사건과 함께 이야기 구성의 3요소지만 문학 수업에서 인물이나 사건보다 소홀하게 취급되어 온 경향이 있다. 시간적, 공간적 배경은 그야말로 배경에 지나지 않았다. 그러나 인간은 시간과 공간이라는 가로, 세로 좌표에 몸과 생각을 가두고 산다. '나'는 지금, 여기에 머물고 있기에 '나'다. 21세기 한국에 사는 존재가 아니라 19세기 유럽이나 아프리카에 살았다면 '나'는 더 이상 '나'일 수 없다. 작품 속 인물도 마찬가지다. 문학은 인물을 쫓으며 책을 읽는 독자에게 시공간의 한계를 넘어서는 놀라운 경험을 제공한다.

동화에서 시공간을 살펴볼 때는 일단 사실 동화인지 판타지 동화인지 구별할 필요가 있다. 사실 동화 속에서 인물은 독자와 유사한 동네, 유사한 거리에 사는 아이일 수 있다. 많은 사실 동화에서 어린이 독자들은 자신이나 친구들과 비슷한 아이들을 발견한다. 그러나 사실 동화에 나오는 시공간이 실제와 비슷하다고 해도 똑같이 취급해서는 안 된

『책과 노니는 집』

다. 사실 동화 속 친숙한 시공간 역시 작가가 만들어 낸 일종의 무대다. 그러니 '실제 사실과 똑같아서 잘 썼다.' 혹은 '현실은 이와 다르다.'라는 식의 평가보다는 작가가 만든 무대가 현실의 어떤 지점, 어떤 진실을 말하고자 했는지, 그 목표가 잘 달성되었는지 살피는 게 더 중요하다.

사실 동화 중에서 어린이 독자의 삶과 시간적 거리가 가장 먼 동화는 역사 동화일 것이다. 물론 역사 동화도 판타지를 도입하여 창작할 수 있지만 사실 동화로 역사 동화를 쓸 경우 매우 오래된 과거를 배경으로 삼는 것이 가능하다. 독자는 동화를 읽으며 자신이 사는 시간이 아닌 과거의 모습을 상상할 수 있다. 독자들은 조선 시대 세종 대왕에게 직접 한글을 배우는 『초정리 편지』(배유안, 창비 2006)의 장운이나 조선 후기 아버지를 잃고 책방에서 일하게 된 『책과 노니는 집』(이영서, 문학동네 2009)의 장이를 만날 수 있다. 이 아이들은 조선 시대에 사는 아이들이므로 그 시대 아이들의 모습과 생각을 담고 있어야 한다. 현재의 독자는 이들을 만나 그들의 삶을 관찰하고 그들이 살던 시대를 이해하면서 자신의 삶과 어떻게 같고 다른지 비교할 수 있다.

• '작품 속 시간'과 '독자의 시간'의 간극

때로는 작가가 작품을 쓴 시기나 작품의 시간적 배경이 독자들이 책을 만나는 시간과 달라지면서 의도하지 않은, 그러나 의미 있는 충돌이 빚어지기도 한다. 권정생의 단편동화로 먼저 발표되었고, 얼마 전 김환영의 그림책으로 다시 탄생한 『빼떼기』(창비 2017)의 시공간적 배경은

1950년 한국 전쟁 즈음의 어느 시골 마을이다. '빼떼기'는 순진이네 집에서 키우던 병아리의 이름이다. 당시 가축으로 키우던 동물은 때가 되면 팔려 가거나 밥상 위에 올랐다. 아이들은 자기 집 마당 혹은 축사에서 키우던 동물이 팔려 가거나 밥상에 오를 때 매우 슬펐겠지만 당시의 정서상 가축이 밥상에 오르는 일이 받아들일 수 없는 사건은 아니었다. 『빼떼기』는 그런 시절에

『빼떼기』

단순한 가축보다는 반려동물에 조금 더 가까워진 동물의 처지를 다룬다. 순진이 엄마는 아궁이에 들어가 화상을 입게 된 병아리 빼떼기를 정성으로 돌본다. 깃털이 불에 타서 옷을 만들어 입힐 수밖에 없고, 부리에도 화상을 입어 쌀을 갈아 먹일 수밖에 없다. 그래서 빼떼기는 가족과 더욱 정이 든다. 그런데 갑자기 한국 전쟁이 나고 가족들은 동물을 두고 피난길에 오를 수밖에 없다. 이때 놔두고 가면 필시 죽게 될 빼떼기를 어떻게 할 것인가가 관건이다.

작품을 쓴 작가의 의도는 전쟁의 비극을 이야기하는 것이었지만 요즘 어린이들은 빼떼기를 도축하는 마지막 장면을 읽으며 충격을 받는다. 작품 전반에 흐르는 생명의 소중함이라는 메시지와 소중한 생명을 먹는 것으로 끝나는 결말이 잘 연결되지 않기 때문이다. 현재의 아이들이 생각하는 반려동물과 시간적 배경이 다른 작품 속 가축에 대한 생각이 충돌하면서 일어나는 일이다.

그렇다고 아이들과 『빼떼기』 이야기를 나눌 수 없는 것은 아니다. 도리어 이러한 아이러니 덕분에 작품의 주제와 최근의 동물을 대하는 태

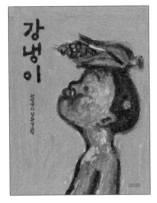

『강냉이』

도, 시대 변화 등을 토론할 수 있는 좋은 기회가 생긴다. 아동문학 속 동물에 대해 김중철 평론가와 대화를 나눌 기회가 있었다. 그는 '과거나 현재나 동물을 먹는다는 행위는 같다. 다만 축사에서 키우는 가축을 먹는 것과 닭이 생명체임을 인위적으로 단절한 현대 사회에서 치킨이나 닭을 부위별로 먹는 행위를 비교하여 생각해 볼 필요가 있다.'라고 했다.

『빼떼기』는 권정생의 시에 김환영이 그림을 그린 그림책『강냉이』(사계절 2018)와 함께 놓고 볼 수도 있다. 봄에 심은 옥수수가 무럭무럭 자라던 초여름, 갑작스러운 전쟁으로 가족은 피난을 떠나게 된다. 피난처에서 어른들이 떠나온 집과 논, 밭과 가축을 생각할 때 아이는 두고 온 옥수수를 떠올린다. 땅에 뿌리박고 있어 가져올 수 없었던 옥수수는 생명이라는 큰 차원으로 수렴되면서 전쟁의 비극을 고조한다. 같은 생명인 동물과 식물, 빼떼기와 강냉이는 어떻게 다른가? 두 작품을 비교하면서 한국 전쟁, 나아가 생명에 대한 관점 변화까지 함께 이야기해 볼 수 있다.

• 현대인이 사는 공간에 대한 고민

『빼떼기』가 작품 속 시간과 독자의 시간이 달라 빚어지는 충돌로 더욱 흥미로워졌다면『햇빛마을 아파트 동물원』(정제광, 창비 2017)에서는 아파트라는 공간을 통해 현대인이 살아가는 모습을 확인할 수 있다. 주인공 '나(장미오)'는 동물을 키우고 보살펴 주기를 좋아하지만 아파트

라는 공간의 제약 때문에 햄스터, 고슴도
치, 장수풍뎅이 같은 작은 동물만 키운다.
예전 아이들이라면 자연스럽게 마당에서
강아지나 토끼를 키웠을 것이다. 그러나
아파트라는 공간은 동물을 키우기에 적합
한 곳이 아니다. 아파트에서 동물을 키우
는 이야기는 현대인의 조건이 만들어 낸
불가피한 상황이다.

『햇빛마을 아파트 동물원』으로 '공동 주
거 공간이며 마당이 없는 아파트라는 조
건에서 동물을 키우는 행위는 바람직한가?' '동물원이라는 공간에 대
해 어떻게 생각하는가?' '인간의 즐거움을 위해 동물을 가두어 키워야
하는 상황을 어떻게 볼 것인가?' 등등 여러 가지 이야기를 나누어 볼 수
있다.

"동물이 장난감이야? 그럼 그 거미는 뭐야? 산 거미가 네 변덕 때문에 죽
어야 해?"

"미안해. 하지만 난 그땐 다르게 생각했었어. 어차피 걔네들은 사람들이
돈을 주고 사고팔려고 만든 거잖아. 사람들에게 소비되기 위해 태어났으니
까 내가 아니어도 쉽게 죽게 되어 있다고. 사육장에서 태어나 플라스틱병에
담겨 팔려 다니다가 사육 통 안에서 죽잖아! 절대로, 단 한 번도 자연에서 살
아 보지 못하고 죽는다고. 그렇다면 아주 잠깐이지만 자연에서 자유롭게 살
아 보는 것도 나쁘지 않을 거라고 생각했어. 비록 겨울이 되기 전까지이긴
하지만. 그래서 풀어 준 거야." (108면)

작품에서 주인공의 질문에 반박하는 기소연의 모순 섞인 대답이야말로 현대인이 동물을 대하는 현주소가 아닐까? 인간의 장난감이 되기 위해 생명을 얻은 동물들, 그들은 자유 없이 키워지지만 인간은 그들을 사랑한다고 믿는다. 이 동화는 21세기 한국인의 다수가 살아가는 공동 주택이라는 공간이 동물이 사는 풍경뿐 아니라 인간과 동물이 동행하는 여정까지도 바꾸어 놓았음을 보여 준다.

'동물원'과 '아파트'는 모두 근대 사회에서 만들어진 공간인데, 사람이 사는 아파트와 동물이 사는 동물원은 어딘가 참 많이 닮았다. 두 공간이 합체된 '아파트 동물원'이라니, 더욱 문제적이지 않은가?

• 판타지의 시공간: 1차 세계형 판타지의 증가

아동문학에서 판타지는 사실 동화보다 훨씬 많이 출간되기에 판타지의 시공간도 중요하다. 판타지의 시공간은 인간이 합리성과 이성을 뛰어넘을 때 만나는 세계다. 독자는 판타지 속 시공간에 사는 인물의 모습을 통해 자아를 확장할 수 있다.

판타지에서는 시공간을 두 차원으로 구별한다. 우리가 사는 현실의 시공간은 1차 세계이고, 판타지의 시공간은 2차 세계다. 이에 따라 현실과 판타지를 오가는 교통형 판타지, 1차 세계에서 판타지가 일어나는 1차 세계형 판타지, 그리고 2차 세계만 존재하는 2차 세계형 판타지로 나눈다.

서양 판타지의 고전 『나니아 연대기』(C. S. 루이스, 시공주니어 2005)나 『끝없는 이야기』(미하엘 엔데, 비룡소 2003)는 교통형 판타지다. 1차 세계에서 평범했던 아이는 판타지 세계의 부름을 받고 모종의 통로를 통과하여 판타지 세계로 간다. 그리고 그곳에서 모험을 겪고 내면의 힘을 얻어 다시 1차 세계로 돌아온다. 판타지 세계에 다녀온 후 아이는 판타지 세계에서 겪었던 경험을 품고 변화한다. 판타지의 시공간은 주인공이 새로운 나를 발견하는 공간이며 독자는 이 경험을 공유한다.

『도깨비폰을 개통하시겠습니까?』(박하익, 창비 2018) 같은 최근 동화는 교통형 판타지처럼 1차 세계와 2차 세계가 뚜렷하게 구분되지 않는다. 이 작품에서 주인공이 판타지로 가는 통로는 공간이 아니라 바로 '도깨비폰'이라는 물건이다. 가장 중요한 판타지 공간은 도깨비들이 사는 마을이지만 사실상 도깨비폰이 작동하는 곳은 어디든 판타지 공간이라고 할 수 있다. 현대판 도깨비방망이라고 할 수 있는 휴대폰을 모티프로 도깨비폰을 개통한 후 도깨비 마을을 왕래하는 이야기는 휴대폰 만능 세상이 된 사회를 반영하는 듯 보이면서도 개성 있는 판타지를 엮어 상상력을 높인다.

최근 우리나라 동화에서는 1차 세계와 2차 세계를 충분히 형상화할 수 있는 넉넉한 분량의 교통형 판타지보다 1차 세계형 판타지가 더 많이 창작되고 있다. 왜 1차 세계형 판타지가 늘어났을까? 그만큼 1차 세계에서 만나는 판타지가 낯설지 않기 때문일 것이다. 또한 교통형 판타지처럼 두 차원의 세계를 만들려면 아무래도 동화가 묵직한 분량이어야 하는데 그런 동화를 아이들이 읽기 힘들어한다는 현실적인 이유도 있을 것이다.

1차 세계형 판타지에서도 우리는 판타지의 맛을 느낄 수 있다. 1차 세계형 판타지의 뿌리는 거칠게 말해서 옛이야기인데, 옛이야기에서는 현실과 판타지가 구분되지 않는다. 그러나 옛이야기와 달리 1차 세계형 판타지는 근대적 인식을 토대로 삼는 현실 세계와 그것을 넘어서는 판타지 세계가 중첩되어 있다. 판타지는 이성이 중심이 된 사회에서 인간이 상실한 무언가를 소환하고 상징화한다. 작품 속 인물은 자연과 떨어져 왜소화된 현대인을 넘어서기 위해 고양이와 대화를 하고, 사자를 타고 학교에 간다. 때로는 인어, 뱀파이어, 용인(龍人), 익인(翼人) 등 인간의 몸에 힘과 지혜를 상징하는 동물을 결합시키기도 한다. 우리는 1차 세계형 판타지를 통해서도 이성을 넘어선 자리로 떠나는 주인공의 모험을 응원할 수 있다.

• SF 판타지의 시공간

SF 판타지의 SF는 본래 Science Fiction, 즉 과학 소설이라는 뜻이다. SF는 과학적 사실이나 이론에 방점을 둔 과학 소설부터 판타지와의 경계가 불분명한 작품까지 다양한 스펙트럼으로 존재한다. 하지만 아동문학에서 SF의 과학적 상상력은 판타지와 분리되기 힘든 경우도 많아 SF 판타지라는 명칭도 무방하다고 본다.

우리가 아는 익숙한 판타지 외에 현실의 시공간을 새롭게 해석할 수 있는 장르가 바로 SF 판타지다. 독자가 살고 있는 시간에서 가장 먼 과거로 갈 수 있는 장르가 역사 동화라면 가장 먼 미래로 갈 수 있는 장르는 SF 판타지다. 보통 판타지는 상상을 기초로 만들어지기에 시간에 대한 무게 중심이 덜하지만 과학적 개연성이 상상의 기초가 되는 SF 판타지는 시간의 흐름이나 순서도 중요하다. 가령 SF 판타지에서 자주 등장하는 '타임 슬립'도 가능성으로 보자면 판타지에 가깝지만 시간 과학의 개연성이라는 논리를 작품 서사에 활용한다.

SF 판타지는 과학의 발전과 더불어 최근 아동문학에서도 급격히 늘어나고 있다. 『담임 선생님은 AI』(이경화, 창비 2018)의 시공간은 근미래의 초등학교 교실이다. 학급에 인간 교사 대신 인공 지능 교사가 담임으로 부임하면서 여러 가지 상황이 벌어진다. 이전의 많은 SF 판타지가 인공지능이나 로봇을 결국 인간이 되고 싶은, 인간의 마음을 가지고 싶어 하는 존재로 그렸다면, 이 작품 속 AI는 철저히 매뉴얼을 따르는 존재다.

기존의 인간 중심주의에서 살짝 벗어났기
에 인간과 AI라는 두 존재를 비교하기가
수월해졌다. 독자들은 이 작품을 읽으며 AI
선생님 같은 존재가 도입되면 현재 교실에
서 벌어지는 선생님과 학생들 간의 크고
작은 갈등이 해결될 수 있을까 상상해 볼
수 있다.

『담임 선생님은 AI』

이렇듯 SF 판타지는 과학적 개연성을 전
제로 하지만 작품 속 시공간과 독자의 시
공간을 대비하여 자신이 서 있는 자리를
돌아보게 한다. 어린이들에게 익숙한 학교라도 상황이 달라지면 학생
을 가르치는 선생님도, 교실의 모습도 변화한다. 그런 풍경을 상상해 보
는 것은 현재의 자신을 둘러싼 환경이 고정적이지 않음을 깨닫는 순간
이기도 하다. 영원한 것, 변하지 않는 것은 없으며 시공간에 따라 삶의
양식도, 인간의 생각도, '나'라는 존재도 달라질 수 있다. 이야기의 시공
간을 바꾸어 보는 상상을 통해 독자는 인간이 존재하는 '좌표'의 상대
성을 성찰할 수 있다.

문학에서 시점이나 시공간 분석은 작품을 창작할 때만 필요한 것이 아
니라 작품을 읽을 때도 중요하다. 이야기의 의미를 확장해 나가는 열쇠
가 되고 작품의 주제를 성찰하는 토대를 제공하기 때문이다. 아는 만큼
보이는 재미있는 동화 읽기의 매력에 어린이들과 함께 빠져 보시기를!

가슴으로 동시 읽기

1. 시의 소리와 뜻

문학을 창조하는 것이 한 세계의 발견이자 발명이라면 작가가 창조해 낸 문학을 읽는 행위도 하나의 발견이라 할 수 있다. '작품을 보는 눈썰미가 있다.'라든가 '감식안이 있다.'라고 할 때 모두 '눈'과 관련된 말을 쓰는 것만 보아도 그렇다. 작품 안에서 뭔가 발견해 내는 것이 바로 문학 읽기다. 노골적인 드러냄보다 은근한 감춤을 본질로 하는 시의 경우, 작품 읽기란 작가가 의식적으로 혹은 무의식적으로 감추어 놓은 숨은 그림을 찾아가는 행위에 다름 아니다. 이리저리 실타래처럼 퍼져 있는 말의 숲을 통과하며 작품 속에 얽힌 맥락을 짜 맞추어 하나의 온전한 세계를 구성하는 일이야말로 시를 읽는 독자의 몫이다. 시는 시인의 손끝에서 완성되는 것이 아니라 시를 읽는 독자에 의해서 비로소 완성된다.

▌ **김제곤** 아동문학평론가, 초등학교 교사. 『아동문학의 현실과 꿈』 『윤석중 연구』를 냈다.

소곰토리 지웃거리며 돌아오는가

열두 고개 타박타박 당나귀는 돌아오는가

방울소리 방울소리 말방울소리 방울소리

—— 이용악 「두메산골」 전문

이용악 시인이 남긴 「두메산골」 연작시 네 편 가운데 맨 마지막 작품
이다. 이 작품은 본디 시로 발표되고 시집에 수록된 작품이나, 1999년
에 엮인 겨레아동문학선집 『귀뚜라미와 나와』(보리)에 동시로도 수록되
었다. 시적 정서나 표현 면에서 동시로 읽혀도 사실상 크게 무리가 없는
작품이란 생각이 든다. 이 시를 우리는 어떻게 읽어야 할까?

시인 폴 발레리(Paul Valery)는 산문을 '도보'에, 시는 '무용'에 비유할
수 있다고 말한 적이 있다. 좋은 시는 춤 동작을 연상케 하는 율동감을
지니고 있다. 위 시에서 또한 그런 율동감이 느껴진다. 우선 그 느낌을
살려 이 시를 소리 내어 읽어 보자. "소곰토리∨지웃거리며∨돌아오는
가∨∨열두 고개∨타박타박∨당나귀는∨돌아오는가∨∨방울소리∨방울
소리∨말방울소리∨방울소리"로 끊어 읽는 것이 좋을 듯하다. 첫 행은
3음보로, 뒤 2행은 4음보로 끊어 읽을 때, 시가 지닌 음악성이 가장 살아
나는 것을 느낄 수 있다. 시가 품고 있는 뜻을 헤아리기에 앞서 우리는
시가 담고 있는 음률이 시를 얼마나 빛나게 하는지를 느껴야 한다. 의자
에서 일어나 직접 한 발 한 발 스텝을 밟듯 시를 읽어 보는 것도 좋을 것
이다. '소리'는 시를 이루는 일부에 불과하지만, 시의 품격이나 시적 분

『귀뚜라미와 나와』

위기를 조성하는 데 막중한 소임을 한다.

물론 「두메산골」은 소리가 전부는 아니다. 가장 이상적인 시는 소리와 뜻이 하나로 어우러진 시라는 말이 있다. 이 시가 품고 있는 내용 속으로 들어가 보자. 우선 본문에서 두 개의 낯선 낱말이 걸린다. '소곰토리'와 '지웃거리며'란 말이다. 시에서의 낯선 시어는 최대한 정확하게 의미를 파악하는 것이 우선이다. 하지만 그 의미를 확인하기 전에 각자의 생각을 궁굴려 그 의미를 추측해 보는 것도 하나의 재미다. '소곰토리'의 '소곰'은 '소금'의 사투리이고, 뒤의 '토리'는 뭉치나 더미를 나타낸다. 즉 소금토리는 '소금 짐'을 의미한다. '지웃거리다'는 무슨 말일까? 소금토리의 뜻을 알고 나면 문장 앞뒤 맥락을 통해 그 뜻 또한 짐작할 수 있다. '지웃거리며'라는 말은 둘째 행 '당나귀'에도 걸린다. 당나귀가 지웃거리며 돌아오는 것이다. 당나귀는 소금 짐을 싣고 있다. 결국 '지웃거리며'라는 말은 소금 짐을 실은 당나귀가 앞으로 전진하기 위해 좌우 앞, 뒷다리를 번갈아 옮길 때마다 등에 실린 소금 짐의 무게로 인해 왼쪽, 오른쪽으로 몸이 기우뚱거리는 모습을 나타내는 말이라는 것을 알 수 있다.

이렇듯 시어 두 개의 의미를 파악하고 나면 이 시에 나오는 시어 가운데 더는 어려운 것이 없다. 그러나 시어의 의미를 다 안다고 해서 시 전부가 오롯이 읽히는 것은 아니다. 이 시의 중심을 파악하려면 시의 핵심이 되는, '시의 눈'이 무엇인가를 정확히 포착해야 한다. 이번에는 이 시에서 눈동자 역할을 하는 핵심적인 시어가 무엇일까 생각해 보자.

내가 보기에 이 시에서 가장 중요한 시어는 바로 '돌아오는가'다. 이 시어야말로 시인이 말하고자 하는 바를 온전히 함축하고 있는 핵심어다. '돌아옵니다' '돌아오누나' 같은 말을 써도 되는 것을 시인은 왜 하필 '돌아오는가'라는 의문형 어미를 썼을까? 나로서는 이 질문에 대한 답을 마련하는 것이 이 시를 읽는 묘미라고 생각한다.

의문형일 때와 의문형이 아닐 때의 차이를 생각해 보자. 그것의 차이는 바로 청각과 시각이라는 두 감각의 차이에서 온다. 이 시에서 시적 화자가 눈으로 확인할 수 있는, 지척에 있는 당나귀를 보았다면 굳이 '돌아오는가'라는 의문형을 취하지 않았을 것이다. 당나귀를 몰고 오는 대상이 아직 열두 고개 저 너머에서 오고 있기에 그런 의문형을 쓴 것이다. 그렇다면 시인은 왜 가까이에서 눈으로 본 것을 그리려 하지 않고 하필 귀를 통해 먼 데 있는 것을 그리고 있을까? 그렇게 그리는 것이 시적 주체와 당나귀를 몰고 오는 대상과의 관계를 더 절실하게 나타낼 수 있다고 보았기 때문이다. 시적 화자가 당나귀를 몰고 오는 존재에 아무런 관심이 없었다면 열두 고개 밖이 아니라 코앞을 지나친다 해도 무심한 반응을 보였을 것이다. 누군가를 애타게 기다렸기에 멀리서 희미하게 들려오는 소리에까지 예민하게 귀를 기울이게 된 것이다. 말하자면 '돌아오는가'라는 시어는 이 시에 등장하는 시적 화자의 간절한 마음의 깊이를 보여 주는 가장 적실한 시어라 할 수 있다.

시를 여기까지 읽었다면 이번에는 시인의 개인사를 넘겨다보도록 하자. 이 또한 시를 좀 더 깊이 이해하는 데 도움이 된다. 이용악 시인만큼 간고한 어린 시절을 보낸 이도 드물다. 그는 함경북도 경성이라는 두메산골 첩첩산중의 고장에서 어린 시절을 보냈다. 그의 할아버지는 금을 얻기 위해 일찍부터 몸소 달구지에 소금을 싣고 러시아 영토를 넘나들었으며, 이런 생활은 아버지 대에도 계속되었다. 이 과정에서 그의 아버지는 러시아에서 객사한 것으로 전해진다.[1] 시인의 개인사를 결부지어 보면 시 「두메산골」에 드러난 화자의 마음이 더욱 절절하게 다가온다. 먼 길을 떠난 아버지의 귀가를 손꼽아 기다리던 어린 시절 시인의 눈망울이 눈앞에 어른거리지 않는가.

좋은 시는 어떤 시를 말할까? 뭐니 해도 형식과 내용이 잘 조화를 이루는 시가 아닐까. 시인이 말하고자 하는 뜻은 좋은데 그것을 담아내는 형식이 조악하거나, 말은 유려한데 그것에 담긴 내용이 공허하다면 좋은 시라 부르기는 어려울 것이다. 오랫동안 시간의 무게를 견디며 살아남아 애송되는 시는 대부분 '뜻(내용)'과 '소리(형식)'가 조화롭게 어우러진 시다. 그런 시 속에 숨겨진 숨은 그림을 차근차근 찾아보는 것은 시의 독자가 누릴 수 있는 행복이다.

2. 추체험과 공감 능력

일제 말에 씌어져 분단 이후까지 널리 읽혔던 동시가 하나 있다.

물 한 모금 입에 물고
하늘 한 번 쳐다보고
또 한 모금 입에 물고
구름 한 번 쳐다보고

—강소천 「닭」 전문(1933)

---

1) 윤영천 「민족시의 전진과 좌절」, 『서정적 진실과 시의 힘』, 창비 2002, 81면.

얼마 전 아이들에게 이 작품을 무심코 건네었다가 '닭이 물을 먹다가 왜 하늘을 쳐다보는가?'라는 질문을 받고 당황한 적이 있다. 이 시가 "우리 마음속에 끝없는 것(영원감)을 느끼게 하는"[2] 시인지는 잘 알 수 없지만, 닭이 물 먹는 모습을 재미있게 포착한 시라고 생각했던 나에게 아이들이 보인 반응은 다소 충격이었다. 그런 질문을 한 까닭은 그들 대부분이 살아 있는 닭을 한 번도 보지 못한 때문이었다. 한 교실 안의 특정한 아이들이 보인 반응이기는 하지만, 이는 시를 대할 때 아이들의 체험이 얼마나 중요한가를 인식할 수 있는 사례로 여겨진다. 모든 시에 다 적용되는 것은 아니지만 독자의 체험이 시에 대한 공감의 태도를 결정짓는 하나의 요소라는 것은 의심할 여지가 없다.

2007년을 기점으로 지난 10년 동안 우리 동시에는 많은 변화가 있었다. 특히 시적 능력을 구비한 새로운 시인들의 참여로 참신한 상상력과 언어로 쓰인 시들이 등장했다. 그 가운데는 '지금 여기' 어린이의 삶을 진솔하게 다룸으로써 공감을 확보한 시들이 적지 않다.

학원 가는 것도 잊고 실컷 놀았다
줄줄 흐르는 땀을 닦으며 집에 가려니
엄마 얼굴 어떻게 보나 걱정이 앞섰다

"재밌게 놀았어?"
엄마 목소리에 웃음이 묻어 있다

---

2) 박목월 『동시교실』, 아데네사 1957, 149~50면.

엄마 입에서 나온 말 맞나?

엄마는 정말 빵긋 웃었다

입가에 잔주름이 예뻤다

하얀 목이 그렇게 길어 보일 수가 없었다

꿈속에서였다
— 안진영 「엄마 얼굴」 전문(『맨날맨날 착하기는 힘들어』, 문학동네 2013)

기다리던 체육 시간에

축구공 꺼내서 나가려는데

갑자기 비가 내리기 시작한다.

우린 축구공을 안고

교실 창문에 달라붙어

운동장을 바라본다.

한 발짝도 못 나오게

쇠창살이 되어

내리꽂히는 빗줄기.

체육 시간에 비가 내리면

교실은 감옥이 된다.
— 문현식 「감옥」 전문(『팝콘 교실』, 창비 2015)

이런 시들은 앞서 소개한 강소천의 작품에 견준다면 어린이의 공감을 자아낼 여지가 충분하다. 이 시들을 놓고 각자의 경험에 비추어 느낌을 말해 보는 것도 흥미로운 시 읽기 과정이 될 것이라 생각한다. 그렇게 서로의 느낌을 나누다 보면 시라는 것이 거창한 무엇이 아니라 우리 삶과 직결된 이야기를 품은 글이라는 사실을 자연스레 깨닫는다.

그러나 독자의 체험을 앞세워서 그 테두리 안에 있는 시만을 맛보게 하는 것 또한 문제가 있으리라. 독자의 체험만을 시를 고르는 기준으로 삼는다면 앞에서 살펴본 이용악의 「두메산골」은 그 목록에 낄 수조차 없을 것이기 때문이다. 지금 여기 아이들의 삶을 직접적으로 다루고 있는 시가 아니더라도 '추체험'을 통해 시적 화자의 마음에 공감하는 길을 찾는 것이 바람직하다. 시 읽기란 자신이 몰랐던 타자의 마음에 자신의 마음을 살포시 포개어 보는 행위가 아닐까. 시를 통해 타자에 대한 공감 능력을 기르는 일은 문학 공부를 떠나서 삶의 귀한 공부이기도 하다.

혼자서 떠 헤매는
고추잠자리,
어디서 서리 찬 밤
잠을 잤느냐?

빨갛게 익어버린
구기자 열매,
한 개만 따 먹고서
동무 찾아라.

　　　　　　 ─ 권태응 「고추잠자리」 전문(『권태응 전집』, 창비 2018)

『맨날맨날 착하기는 힘들어』　　　『팝콘 교실』　　　　　『권태응 전집』

　　이 시는 해방기 동요 시인 권태응의 작품이다. "서리 찬 밤/잠을 잤느냐?"라는 표현으로 보아 시간적 배경이 늦가을 아침임을 알 수 있다. 제법 쌀쌀한 기운이 느껴지는 가을 아침에 고추잠자리 한 마리가 구기자나무 주변에서 외로이 날고 있다. 아이로 짐작되는 시적 화자는 그 고추잠자리에게 "구기자 열매,/한 개만 따 먹고서/동무 찾아라." 하고 주문한다. 생태적 사실로 치면 고추잠자리가 '구기자 열매'를 따 먹을 일은 없다고 한다. 구기자나무 근처에 고추잠자리들이 날아다니는 까닭은 나무 주변의 작은 곤충을 잡아먹기 위해서다. 고추잠자리가 "혼자서 떠헤매는" 것도 동무를 잃어버려서가 아니라 어쩌다 제 무리보다 늦게 세상에 나온 때문일 것이다. 하지만 그런 사실은 크게 중요하지 않다. 어쩌면 이 동시가 가진 매력은 그런 사실과 어긋나는 진술에서 발생하고 있다고 해도 과언이 아니기 때문이다.

　　이런 발상은 가령 하얀 연기가 하늘로 올라가 구름이 된다고 믿는 아이의 생각을 방불케 한다. 고추잠자리의 외양과 구기자의 색깔에서 연상되는 붉은색의 이미지만으로도 두 사물의 연관성이 하나의 시적 진실로 통용될 수 있는 세계, 그것을 시인은 그려 내고 있는 것이다. 2연의 "한 개만 따 먹고서"라는 표현 또한 예사로운 대목이 아니다. 이 또한 아이다운 눈높이를 고려한 세심한 진술이라 할 수 있다. "한 개만 따 먹고서/동무 찾아라."라는 말 속에는 시적 화자로 등장한 아이의 쓸쓸한 현재 처지와 진심 어린 마음 씀씀이가 드러난다.

독자의 처지에서 이 시에 등장하는 아이의 심정을 가만히 헤아려 보면 그가 고추잠자리의 처지를 빌어 혹시 자신의 이야기를 하고 싶어 한 것은 아닐까를 생각하게 된다. '동병상련'이라는 말도 있지만, 시적 화자는 쓸쓸한 고추잠자리의 처지에서 어쩌면 외로운 자신의 슬픔을 보고 있는지도 모르는 것이다. 이렇듯 문학 작품을 읽는다는 것은 시적 화자의 처지에 깊이 공감하는 마음을 갖는 행위라 할 수 있다. 시가 시인에게서가 아니라 독자에게서 비로소 완성된다는 의미를 여기서 다시 확인하게 된다.

3. 감추어 말하기, 바꾸어 말하기

그래도 시는 여전히 어렵다고 말하는 분들이 있을 것 같다. 시를 읽는 것은 이야기 읽기에 견주어 훨씬 까다롭다고 말할 분들도 있을 것이다. 시를 다른 장르에 견주어서 더 까다롭고 난해하다고 여기는 까닭이 무엇일까? 그 원인이야 여러 가지가 있겠지만, 나는 무엇보다 시가 가지고 있는 '담화(말하기) 방식'이 독특하기 때문이 아닐까 생각한다. 시는 '드러내기'보다는 '감추면서' 말하고, '있는 그대로 말하기'보다 '바꾸어' 말하는 것을 특징으로 삼기에 그 실체에 접근하는 과정이 녹록치 않은 것이다.

시의 담론은 그것이 말하고자 하는 것을 '다 말하지 않기 때문에' 특별히 시적 담론이며 말하고자 하는 바를 엉뚱한 것으로 '뒤바꾸어 말하기 때문에' 특별히 시적 담론이다. 이 감추기와 바꾸기, 생략과 응축, 위장과 간접화의 기술을 배제한다면 시의 존재는 결정적으로 훼손된다. (도정일 「에로스의 독법과 포용의 시학」, 『시인은 숲으로 가지 못한다』, 문학동네 2016, 164면.)

시가 가지는 장르적 특징을 간결하고 명확하게 정리해 놓은 이 글은 시란 '있는 그대로를 곧이곧대로 다 말해서는' 성립할 수 없는 장르임을 드러낸다. 말하자면 시는 일상적 담화를 벗어난 특유의 표현과 미적 구조로써 그 의미를 전달한다. 그런데 우리들은 시를 대할 때 시적 담화로 대하려 하지 않고 자꾸 일상적인 말법으로 대하려는 경향이 있다. 우리가 시를 까다롭고 난해한 장르라 치부하게 된 까닭이 어쩌면 거기에 있을지 모른다.

감추면서 말하고 바꾸어 말하는 것을 본질로 하는 시의 말법을 인정한다면 시 읽기를 무조건 어렵다고 탓할 수는 없으리라. 오히려 그런 말법 때문에 역설적으로 시는 그 어떤 장르보다 매력적인 장르가 될 수 있다. 즉 시를 읽는다는 것은 시의 독특한 말하기 — 감추기와 바꾸기, 생략과 응축, 위장과 간접화 — 방식을 근거로 그 말의 이면에 숨겨 놓은 시적 진실을 탐색해 가는 과정인 것이다.

파도에 묶인 크고 작은 배들

고래가 신는 큰 신발에서부터 멸치의 앙증맞은 신발까지

바다에 사는 물고기들이 신는 신발들

바닷속에서 맨발로 살던 물고기들은 투덜투덜

신발이 싫겠지만 뭍으로 올라오기 위해선 어쩔 수 없습니다

이빨 사나운 상어도 고등어도 신발을 신어야 합니다

내가 사는 15층 아파트 옥상에서 내려다보면

파도에 부서진 대문이 삐걱거리는 묵호항

크고 작은 물고기들을 위한 파란 대문 신발 가게에는

오징어 신발이 가장 많습니다

— 김륭 「파란 대문 신발 가게」 전문
(『프라이팬을 타고 가는 도둑고양이』, 문학동네 2009)

이 시에 드러나는 표면적인 언어를 차례대로 따라 읽어 보자. 우선 제목부터. 시의 제목은 '파란 대문 신발 가게'다. 제목이 표방하는 그대로를 보자면 이 시는 신발 파는 가게를 그리는 시처럼 생각된다. 그런데 첫 행부터가 심상치 않다. 그 제목과 어울리지 않게 엉뚱하다. 뜬금없이 "파도에 묶인 크고 작은 배들"이 등장한다. 이어 "고래가 신는 큰 신발에서부터 멸치의 앙증맞은 신발까지/바다에 사는 물고기들이 신는 신발들"이라는 진술이 이어진다. '물고기가 신는 신발'은 '배'라는 의미일까? 아닌 게 아니라 배는 멀리서 내려다보면 신발의 형상과 같아 보이기도 한다. 그렇지만 "고래가 신는 큰 신발에서부터 멸치의 앙증맞은 신발까지"라는 진술이나 "바닷속에서 맨발로 살던 물고기들은 투덜투덜//신발이 싫겠지만 뭍으로 올라오기 위해선 어쩔 수 없습니다//이빨 사나운 상어도 고등어도 신발을 신어야 합니다" 같은 진술을 보면, 신

『프라이팬을 타고 가는 도둑고양이』

발이 다만 배를 의미하는지 확신이 서지 않는다. 물고기들에게 '맨발'이 있다는 말과 그들이 "뭍으로 올라오기 위해선 어쩔 수 없"이 신발을 신어야 한다고 진술하고 있는 대목에서 신발은 배 아닌 다른 것을 의미하는 것 같기도 하기 때문이다. 시인의 이런 진술은 말할 것도 없이 일상적인 담화 수준을 벗어나 있다. 만약 일상의 대화에서 '물고기가 신는 신발' 운운한다면 그는 손가락질을 당하기 십상일 것이다.

그렇다면 시인은 도대체 무엇을 그려 보이기 위해 이런 시적 진술을 택한 것일까? 시인이 그런 엉뚱한 진술 속에 감추어 둔 시 이면의 속뜻은 무엇일까? 얼핏 보면 이 시는 '15층 아파트 옥상'에서 내려다보이는 '묵호항'의 정경을 그린 시처럼 보인다. 과연 시인이 보여 주고 싶던 것은 "파도에 묶인 크고 작은 배들"이 정박한 항구의 풍경일까?

「파란 대문 신발 가게」에는 우선 앞서 살핀 「두메산골」이나 「고추잠자리」에서처럼 시적 화자의 처지가 앞으로 도드라지지 않는다. 시적 화자는 시의 주인공이 아니라 말 그대로 일종의 내레이터에 불과한 존재다. 주인공은 누구일까? 바로 '물고기들'이다. 이 시에서 가장 핵심이 되는 장면은 "신발이 싫겠지만 뭍으로 올라오기 위해선 어쩔 수 없"다는 그 대목이 아닐까 한다. 우리는 이 대목을 일상의 담화가 아닌 시적 담화로 받아들이고 해석할 필요가 있다.

물고기는 바닷속을 헤엄쳐 다니며 살아가게끔 되어 있는 존재다. 그런데 그들이 뭍으로 올라오기 위해 신발을 신어야 한다고 한다. 왜 헤엄

처 다니는 존재들이 있지도 않은 발에 신발을 신어야 할까. 물고기에게 신발은 물에서 육지로 올라오기 위한 수단이다. 그럼 물고기가 육지로 올라온다는 것은 무엇을 의미하는가. 그것은 다름 아니라 물고기의 '죽음'을 의미한다. 지상에 사는 우리는 누군가가 죽으면 '하늘로 올라간다.'라는 말을 하곤 한다. 일종의 비유다. 바다에 살던 물고기가 뭍으로 올라온다는 말 역시 그와 동일하게 죽음을 비유하는 말로 해석할 수 있지 않을까. 뭍으로 올라오기 위해 "투덜투덜" "어쩔 수 없이" 신발을 신어야 한다는 대목은 그러니까 물고기가 생을 마감하는 순간을 '감추고 바꾸어' 말하기 위해 동원한 대목이라 할 수 있을 것이다. 이 시는 마치 15층 옥상에서 내려다보이는 묵호항의 정경을 심상하게 그린 시 같지만, 물속을 헤엄쳐 다니다 육지로 잡혀 올라온 "크고 작은 물고기"들에 대한 '애도'의 시로도 읽히는 것이다.

이 시를 쓴 김륭은 2007년 이후 동시단에 나타난 신예다. 위 시가 수록된 그의 첫 동시집 『프라이팬을 타고 가는 도둑고양이』의 수록작을 보면 여러 작품들에서 그런 말법이 동원된 것을 볼 수 있다. 가령 표제작 「프라이팬을 타고 가는 도둑고양이」는 제목에서 떠오르는 인상과 다르게 길고양이의 죽음이라는 상당히 비극적인 소재를 다루고 있다. 그런 소재를 다루고 있음에도 겉으로 드러난 시적 어조는 담담하고 어쩌면 발랄하기조차 하다. 그런데 그것은 슬픈 것을 슬프다고 말하는 것보다 더 깊은 여운을 준다. 이는 감추기와 바꾸기, 위장과 간접화 기술을 동원하여 표면적으로 드러난 어조와 속으로 '감추어진' 말의 온도를 다르게 함으로써 얻는 시적 효과라 할 수 있다.

최근에 발표되는 동시들 가운데에는 김륭의 시처럼 시적 담화를 강화하여 쓰인 작품들이 있다. 이 작품들을 무조건 난해하다고 외면할 것이 아니라 표면적인 언어 이면에 감추어진 속뜻을 찾아 탐색을 시도해 보는 것도 필요한 일이라 본다.

　지금까지 시를 만나는 세 가지 방법을 구체적인 작품을 들어 설명해 보았다. 그것을 다시 정리하자면 첫째, 좋은 시는 뜻(내용)과 소리(형식)가 조화로운 결합을 이루고 있으므로 시를 이루는 그 두 요소를 두루두루 살피고 느껴야 한다. 둘째, 시를 깊이 읽으려면 추체험과 공감 능력을 발휘해야 한다. 마지막으로 시가 지닌 독특한 담화 방식에 대한 이해가 필요하다. 궁극적으로 염두에 둘 것은 시는 머리로 읽는 것이 아니라 가슴으로 읽는 무엇이어야 한다는 것이다. 아이들과 마음으로 소통하는 시 읽기를 하기 위해서는 평소 동시에 관심을 갖고 찾아보는 습관이 필요하다. 교사 스스로 감동을 받은 시는 꾸준히 스크랩해서 자신만의 선집으로 정리해 두는 것도 유용하다. 교실에서 아이들과 마음으로 시를 나눌 때는 어디까지나 교사는 답을 가르쳐 주는 사람이기보다 질문을 던지는 사람이었으면 한다. 아이들의 답을 들을 때 역시 교사는 포용의 태도를 가져야 한다. 교사의 그런 태도가 전제될 때, 시 읽는 시간이 더한층 생기 있고 의미 있는 시간이 되리라 생각한다.

학교에서 온작품 읽기

초등학교 교사

최은경 · 이충일 · 강승숙 · 탁동철

저학년, 중학년의 즐거운 동화 읽기

『목기린 씨, 타세요!』

1. 친밀함과 즐거움이 있는 책 읽기

'온작품 읽기'는 한 편의 작품을 온전히 읽는다는 뜻이다. 그렇다면 제대로 된 온작품 읽기를 하려면 무엇이 필요할까? 이제 막 글자를 익히고 책 읽기와 문학에 입문하는 저학년에게는 어떤 작품이 좋을까?

온작품 읽기를 위해서는 우선 읽기를 즐기는 독자, 재미와 감동이 있는 작품, 그리고 작품과 독자를 연결하는 교사가 있어야 한다. 특히 좋은 수업 방법과 작품 선별의 눈을 가진 교사의 역할이 무엇보다 중요하다. 하지만 아동문학을 실제 수업에 적용해 본 경험이 적은 교사에게는 책을 선정하는 일부터가 난감하다. 어린이의 발달 정도와 독서력, 독서 환경 등에 따라 고려할 점이 많기 때문이다. 처음에는 어렵더라도 비평적 관점에서 좋은 평가를 받은 작품을 활용하거나 현장의 실천 경험과

▌ **최은경** 초등학교 교사. 『동화로 여는 국어 수업, 동화로 크는 아이들』『지구인이 되는 중입니다』
▌ 를 냈다.

사례가 담긴 온작품 읽기 실천서를 참고하여 자신만의 수업을 만들어 가면 좋겠다.

저학년 어린이는 논리보다 직관력이 발달하여 대상의 특징이나 느낌을 잘 찾아내고 언어적 상상력도 풍부하다. 그래서 자신의 느낌을 그림이나 몸짓, 언어로 표현하는 데 거침이 없다. 또 글말보다는 입말을 주로 하는 시기로, 말하고 듣는 활동을 좋아한다. 그래서 이야기를 들려주거나 책을 읽어 주는 활동이 중요하다.

교사가 책을 읽어 줄 때에는 단순히 실감 나게 읽는 데 그쳐서는 안 된다. 어린이들이 텍스트와 상호 작용할 수 있도록 간단한 질문을 하거나 이야기를 나누며 생각을 확장시켜 주어야 한다. 그 과정에서 어린이는 예상치 못한 궁금증이 생기고 상상 속에서 즐거움과 재미를 느낄 수 있다.

저학년 어린이는 하나의 작품을 온전히 읽고 이야기를 나누며 책 자체에 흥미를 느낀다. 그리고 자신의 생각과 느낌을 자유롭게 표현하는 활동을 통해 즐거운 책 읽기 경험을 이어 갈 수 있다.

2. 저학년 온작품 읽기 수업에서 중요한 점

• 글과 그림을 보고 들으며 즐거움 느끼기

저학년은 주제가 친숙하고 이야기가 너무 길지 않으며 흥미를 충족할 수 있는 작품을 선호한다. 특히 이미 알고 있는 어휘가 80% 이상은 되어야 크게 힘들이지 않고 읽을 수 있다. 그리고 글과 함께 그림이 주는 즐거움도 느낄 수 있는 책이면 좋다. 이런 작품은 읽고 이야기를 나누는 것만으로도 재미와 감동을 느낄 수 있다. 이은정의 『목기린 씨, 타세요!』(윤정주 그림, 창비 2014)가 바로 그런 책이다. 이 작품은 그림이 글만큼 이야기를 끌어가는 그림 동화의 성격이 강하다. 표지부터 본문이 시작되는 6면까지는 이야기가 시작되기 전이지만 배경이 되는 다양한 그림들이 나와 독자의 시선을 사로잡는다. 글과 그림의 상호 보완적 관계를 눈여겨보며 창의적인 방법으로 읽을 때 재미와 감동은 배가된다.

• 인물의 마음을 생각하고 공감하기

마을버스를 타게 해 달라고 여러 번 편지를 보냈지만 답장을 받을 수 없었던 목기린 씨, 그런 목기린 씨의 처지를 외면했던 고슴도치 관장, 목기린 씨의 고통을 가장 잘 이해하는 아기 돼지 꾸리 등 등장인물들의 처지를 살펴보고 왜 그런 행동을 하였는지 마음을 느껴 보면 좋겠다.

주인공 목기린 씨는 마을뿐 아니라 다니는 직장에서도 동료들과 소통하지 못하는 처지다. 직장에서 "아무도 목기린 씨를 끼워 주지 않았" 던 이유와 그를 외면했던 승객들의 기분을 추리해 보자. '내가 마을 주민이라면 어떻게 했을까?' 질문하며 인물의 관계를 이해하고 공감할 수 있을 것이다.

• 처음 만난 낱말과 내용 이해하기

저학년에서는 한글을 깨치고 글의 내용을 이해하는 기초적인 읽기 능력을 갖추는 것이 중요하다. 글자라는 약속된 기호가 있음을 알고 스스로 글자를 읽으려는 태도를 길러 읽기에 흥미를 가지도록 하는 것도 수업의 주안점이 되어야 한다. 『목기린씨, 타세요!』에서 어린이들이 모르는 낱말을 찾아 그 뜻을 알아보고 낱말이 실린 문장을 읽어 보자. 이 활동은 작품의 내용을 이해하는 데에도 도움이 된다. 새롭게 알게 된 낱말이 쓰인 문장을 읽으며 맥락을 이해할 수 있도록 넉넉히 기다려 주는 시간이 필요하다.

• 현실과 연결하기

목기린 씨를 위해 안전한 버스를 그려 보자. 그러면서 어린이들의 삶과 연계하여 자신이 느낀 차이나 차별을 이야기하고 공감하는 시간을 가질 수 있다. 그리고 일상에서 느끼는 불편한 점을 알아보고 해결할 수 있는 방법을 찾아 자신의 생각을 드러내는 글쓰기를 해 보자. 어린이는 이런 경험을 통해 공동체의 변화를 이끄는 능동적인 시민으로 자란다.

3.『목기린 씨, 타세요!』1학년 수업 이야기

• 글과 그림을 함께 읽고 상상하기

저학년 온작품 읽기 수업에서는 어린이가 작품에 흥미를 느끼고 등장인물이나 사건을 상상하며 자신의 생각이나 느낌, 경험을 자유롭게 표현할 수 있어야 한다. 특히 책의 그림을 잘 활용하면 책 읽기가 더 쉽고 재미있어진다.

1학년 독서 시간이다.『목기린 씨, 타세요!』스물네 권을 가지고 교실로 갔다. 아이들은 내 손에 들린 책이 궁금한지 연신 질문을 쏟아 냈다. 먼저 칠판 한가운데에 목기린 씨를 그리고 그 아래 책을 가지런히 놓았다. 목기린 씨가 우리 교실에 들어서는 순간이다. 칠판에 글 작가와 그림 작가의 이름을 쓰고 출판사와 출판 연도도 알아보았다. 본문을 읽기 전 앞표지와 제목에 대한 이야기를 나누며 책 내용을 상상해 보았다.

교 사 표지를 볼까요. 무엇을 알 수
있나요?

어린이 제목이 『목기린 씨, 타세요!』고
기린이 나와요.

어린이 꼬마 돼지도 있어요. 유치원에
다녀요. 노란 가방 메고 있으니까.

교 사 그렇군요. 목기린 씨가 우리 교
실에 오면 어떨까요?

어린이 목이 엄청 길어서 불편해요.

어린이 이상해요. 허리를 숙이고 다녀
야 해요.

교 사 그럼 "타세요!"는 누가 하는 말일까요?

어린이 기사 아저씨, 버스나 택시 기사님이죠.

교 사 그렇죠. 그럼 표지에 있는 이곳은 어디일까요?

어린이 버스 정류장요. '9'라고 되어 있잖아요.

이제 뒤표지를 볼 차례다.

교 사 뒤표지에 무슨 그림이 있나 살펴볼까요?

어린이 '마을 회관'이라고 적혀 있어요. 고슴도치가 '휴……' 하고
있어요.

뒤표지의 글은 읽지 않았다. 내용과 주제를 짧게 소개하지만 이런 글
이 오히려 독자의 생각을 고정시킬 수 있기 때문이다. 속표지 이후 연달
아 버스에 탄 동물들이 목기린 씨를 모른 척하는 장면과 가방을 들고 먼

『목기린 씨, 타세요!』

길을 허우적허우적 걸어가는 목기린 씨의 모습이 나와 이야기를 더 궁금하게 한다.

교　사　자, 선생님이 먼저 읽을 거예요. 궁금하거나 이상한 점이 있으면 손을 들고 이야기해 주세요. 낙서하면서 들어도 좋아요.

표지에서 상황을 알아보고 어떤 이야기인지 상상도 해 보았으니 이제 본격적인 이야기 읽기로 들어가도 될 듯하다.

> 화목 마을 마을 회관에 편지가 도착했어요.
> "또 목기린 씨로군!" (6면)

첫 문장을 읽고 나니 듣고 있던 아이들이 그림 속 고슴도치 관장처럼 "휴……." 하고 깊은 한숨을 내쉰다. 그래서 나도 아이들처럼 한숨을 쉬고 읽어 나갔다. 고슴도치 관장의 답답한 마음이 느껴졌다. 그다음 장면에는 목기린 씨가 고슴도치 관장에게 보낸 편지 세 통이 실려 있다. 목기린 씨가 보낸 편지들을 다 읽고 난 후 목기린 씨가 하고 싶은 말이 무엇인지 찾아보았다. 여덟 정거장을 걸어 다녀서 다리가 너무 아프고 꿈에서까지 다리를 허우적댄다는 것, 그러니 자기도 버스를 탈 수 있도록 마을버스 천장을 높여 달라는 것이다.

어린이　선생님, 여덟 정거장이면 얼마나 멀어요?
교　사　음, 선생님 집에서 학교까지 다섯 정거장이고요. 걸어서 오면 40분쯤 걸려요. 여덟 정거장이면 한 시간쯤 걸어야 해요.
어린이　우아, 한 시간이나요?

교　사　네, 왔다 갔다 두 시간이에요.

어린이　목기린 씨 너무 힘들겠다. 우리 집은 20분 걸리는데 덥고 힘들어요. 짜증 나요.

아이들은 이렇게 목기린 씨의 마음을 느껴 본다. 다음은 마을버스를 소개하는 장면이다. 그림 속 말풍선까지 하나하나 읽으니 마을버스를 직접 탄 느낌이 들었다. 이제부터는 두 명이 자원해서 책을 들고 한 면씩 읽었다. 여름이가 이렇게 읽었다. "고슴도치 관장이 관장 선거 때 한 약속이거든요." 그러더니 "마을버스를 만들겠습니다. 마을버스를 만들겠습니다." 하고 큰소리를 쳤다. 진짜 관장님처럼.

버스 천장에 창문을 내고 긴 손잡이를 만든 '목기린 씨, 타세요!' 버스를 처음으로 타는 장면에서는 버스를 타기 위해 온몸으로 애쓰는 목기린 씨를 보며 아이들도 응원을 보냈다. 하지만 버스는 출발하자마자 교통사고가 나고 목기린 씨는 병원에 입원하게 된다. 주인공의 처지를 생각하며 이야기를 나누었다.

어린이　목기린 씨 많이 아팠겠다.

어린이　맞아. 나도 넘어져서 다리에 깁스했을 때 진짜 답답했어.

교　사　어떻게 하면 좋을까요?

어린이　병원에서 잘 치료해야 돼요.

어린이　마을 주민들이 도와줘야 해요.

교통사고 이후 마을 회관에서 주민 회의가 열린다. 이 장면을 읽을 때는 등장인물마다 한 명씩 역할을 정했다. 고슴도치 관장, 두더지, 원숭이, 토끼, 꾸리, 꾸리네 아빠, 고릴라 기사까지 일곱 명이 나와서 왁자지

껄 서로 의견을 주고받는 장면이다. 여러 명이 읽으니 시끄럽고 도통 무슨 소리인 줄도 모르겠는데 아이들은 즐거워했다. 칠판에 등장하는 인물을 모두 적고 무슨 이야기를 했는지 정리해 보았다.

교　사　화목 마을 주민들은 어떤 이야기를 하였나요?

어린이　고릴라 기사가 목기린 씨 덕분에 큰 사고를 피할 수 있었다고 말했어요. 고릴라 기사도 변했어요.

어린이　꾸리네 아빠도 목기린 씨 덕분에 꾸리가 다치지 않았다고 고마워했어요.

교　사　그러니까 모두들 불편해하던 목기린 씨 편을 들게 되었군요.

어린이　네, 모두들 목기린 씨에게 고마워하고 있어요.

교　사　내가 화목 마을 주민이라면 어떻게 했을까 생각해 보세요.

어린이　모르는 척하지 않을 거야.

어린이　목기린 씨랑 같이 걸어갈 거야.

어린이　목기린 씨, 우리 아빠한테 오토바이 배우라고 하면 돼.

아이들은 교사의 질문에 대답하며 목기린 씨를 불편하게 생각했던 주민들이 어떻게 변했는지 이해하게 되었다. 그리고 '내가 마을 주민이라면 어떻게 할까?'라는 질문에 가슴 뭉클한 대답을 들려주었다. '같이 걸어갈 거야.'라고 말하는 아이들의 대답이 지금도 잊히지 않는다.

마을 주민들의 의견을 모아 새로운 마을버스가 완성된다. 목기린 씨와 꾸리, 고슴도치 관장과 주민들이 처음으로 함께 버스를 타는 마지막 장면에서는 모두가 "목기린 씨, 타세요!" 하며 환호했다.

이번에는 책에서 다시 읽고 싶은 장면을 골라 한 명씩 역할을 정해 읽어 보았다. 목기린 씨가 쓴 편지 세 통, 꾸리와 목기린 씨가 병원에 입원해 있던 장면, 마지막으로 고슴도치 관장이 보낸 편지 이렇게 세 장면이었다. 목기린 씨는 여섯 명의 아이들이 나누어 읽었는데 참 재미있었다. 아이들이 저마다 다른 목소리와 추임새로 목기린 씨의 힘들고 어려운 이야기를 실감 나게 읽었다.

"건우 목기린이 제일 웃기게 읽었어요. 진짜 풍덩 빠지는 것처럼 읽어요."

그러자 건우가 자리에서 일어나더니 다시 풍덩 하고 자빠져서는 이렇게 말했다.

"제발 버스 태워 주세유."

• 인물의 마음 생각하고 공감하기

동화를 읽는 중간중간 등장인물의 이름을 칠판에 적어 둔다. 이렇게 하면 다 읽고 나서 인물과 사건을 이해하는 데 도움이 된다. 등장인물에게 궁금한 점을 물어보기로 했다. 첫 번째 인물은 고슴도치 관장이다.

교　사　고슴도치 관장은 왜 목기린 씨의 편지에 답장을 하지 않았나요?

어린이　관장도 힘들어요. 버스를 바꿔야 하니까.

어린이　맞아요. 지금 버스가 딱 좋은데 자꾸 자기도 태워 달라고 하면 갑자기 바꾸기 힘들어요.

교　사　그럼 목기린 씨는 계속 걸어 다녀야 하나요?

어린이　아뇨, 목기린 씨도 힘들긴 해요.

어린이　나도 학교 올 때 아빠가 차 안 태워 주면 추운데 걸어와요. 기분이 엄청 나빠지고 힘들어요.

책에서 고슴도치 관장은 목기린 씨를 걱정하면서도 마을버스를 바꾸기는 힘들다고 말한다. 아이들 중에서도 잘 다니던 버스를 목기린 씨 한 명 때문에 바꾸는 건 너무 불편하다는 의견이 있었다. 목기린 씨가 버스를 타고 싶다는 욕구를 드러내자 상황이 곤란해진 것이다.

자기의 욕망을 드러내는 목기린 씨는 문제적 인물이다. 문제적 인물이 명쾌한 구조의 이야기를 성큼성큼 이끌어 독자의 관심과 기대가 끝까지 지속될 수 있다.

다음으로 우리 반의 목기린 씨와 꾸리를 뽑았다. 키 큰 용이가 목기린 씨에, 귀여운 현이가 꾸리에 뽑혔다. 교사가 대표로 용이와 현이에게 질문을 했다.

교　사　목기린 씨가 하는 일은 무엇인가요?

용　이　건물을 짓고 고치는 일을 해요. 키가 커서 천장을 올리는 일이오.

교　사　목기린 씨, 버스가 그냥 지나갔을 때 어떤 기분이 들었나요?

용　이　기분 나쁘고 속상해요. 마을버스를 못 타니까요.

교　사　목기린 씨는 버스 천장 설계도를 왜 그리게 되었을까요?

용　이　아, 꾸리가 그려 보라고 해서 그렸어요.

교　사　꾸리는 어떻게 그런 생각을 했나요?

현　이　목기린 씨랑 꾸리는 친구잖아요. 맛있는 것도 나눠 먹고. 그러니까 친구를 돕는 거죠.

교　사　꾸리가 참 좋은 생각을 했군요.

현　이　새로 만든 버스가 더 크고 멋있어요.

교　사　어떤 점이 더 좋았나요?

현　이　목기린 씨랑 다른 동물들도 탈 수 있게 됐어요. 봐요, 박쥐랑

목기린 씨가 되어 편지 읽기

우리 반 목기린 씨와 꾸리

악어도 탔잖아요.

　용　이　설계도 보고 버스를 고쳤어요. 다른 주민도 안전하게 탈 수 있게!

아이들도 궁금한 점을 묻고 답을 하는 시간을 가졌다. 이야기를 나누며 등장인물의 처지를 더 자세히 알고 공감할 수 있었다.

・처음 만난 낱말과 내용의 이해

새로운 낱말의 뜻은 놀이처럼 알아볼 수 있다. 먼저 칠판에 아이들이 뜻을 몰랐던 책 속 단어를 적었다.

> 딴청, 감격스럽다, 환호했어요, 천장 전문가, 설계도

그리고 낱말이 들어 있는 장면을 찾아보았다. 낱말이 쓰인 문장을 함께 읽고 칠판에 쓴 후 다시 읽어 보았다.

> —헛기침을 하며 **딴청**을 피우기도 했지요.
> —꾸리가 목기린 씨의 다리를 껴안고 **환호했어요.**
> —목기린 씨는 울어 버리고 싶을 만큼 **감격스러웠답니다.**
> —목기린 씨는 **천장 전문가**잖아요.
> —목기린 씨는 머릿속으로 **설계도**를 그리기 시작했어요.

아이들은 장면과 낱말을 함께 놓고 내용을 천천히 이해했다. 새로 알

게 된 낱말은 가족들에게 뜻을 알려 주고 낱말을 넣어 문장 만들기 놀이를 하도록 했다. 다음 날 알림장에 이런 편지가 적혀 있었다.

아이와 '환호하다' '감격스럽다'라는 말을 함께 공부했습니다. '우리가 살면서 이런 낱말들을 말해 본 적이 있었나?' 하는 생각이 들었습니다. 특히 '감격스럽다'라는 말을 넣어 문장을 만들 때, "사랑이가 태어나던 날을 생각하니 지금도 감격스럽다."라고 했더니 아이가 "나도 엄마를 만나서 감격스러워요." 하고 이야기했습니다. 가슴이 뭉클했습니다.

사랑이 엄마 드림

• 자신이 상상한 목기린 씨 버스 그리기

등장인물의 마음을 이해한 아이들은 버스 그리기와 만들기에 열심히 참여했다. 책에 나온 버스도 살펴보고 갖가지 아이디어를 담아 자신들만의 목기린 씨 버스를 상상했다. 아이들이 그린 목기린 씨 버스는 꽃길을 달려간다. 마을 사람들 모두 유쾌하고 행복한 표정이다.

1학년 온작품 읽기 수업에서는 독서의 즐거움을 느끼는 것이 가장 중요하다. 스스로 책을 읽을 때 느끼는 뿌듯함은 목기린 씨가 처음 버스를 타고 느낀 감격과 비슷할 것이다. 책 한 권을 함께 읽고 느낌을 나누면 우리 반만의 특별한 경험이 쌓인다. 아이들이 책을 실감 나게 읽는 목소리를 들으면 무척 즐겁다. '준이 목소리가 저렇게 좋은지 몰랐어요.' '준이는 책을 참 잘 읽어서 멋있어요.' 이렇게 친구의 장점을 발견할 수도 있다.

<안산초 1학년 신나는 그림책 읽기>

(상호)가 만들고 싶은 <목기린 씨, 타세요!> 버스

상호가 그린 '목기린 씨, 타세요!' 버스

<안산초 1학년 신나는 그림책 읽기>

(주희)가 만들고 싶은 <목기린 씨, 타세요!> 버스

주희가 그린 '목기린 씨, 타세요!' 버스

4. 『목기린 씨, 타세요!』 4학년 수업 이야기

• 주요 장면으로 줄거리 이해하기

중학년 온작품 읽기 수업에서는 아이들이 작품의 세계를 포괄적으로 이해하고 자신의 감상을 능동적으로 표현할 수 있어야 한다. 그러기 위해서는 이야기의 핵심 요소인 인물, 사건, 배경을 알아야 한다. 따라서 수업에서는 인물과 사건, 사건과 배경의 관계를 파악하는 데 중점을 두게 된다. 구체적으로 육하원칙을 적용하면 '누가, 언제, 어디서, 무엇을, 어떻게, 왜' 했는지 알 수 있다. 즉 읽기 전략이 필요하다. 전략적인 읽기를 통해 책에서 생략된 내용을 추리하거나 이어질 내용을 예측할 수 있다. 이 과정에서 작품을 즐기는 태도도 기를 수 있을 것이다.

먼저 『목기린 씨, 타세요!』의 뒤표지에 실린 글을 읽고, '차이'와 '차별'의 뜻을 사전에서 찾아보았다. '차이'는 '서로 같지 아니하고 다름 또는 그런 정도나 상태'를 말했다. '차별'은 '둘 이상의 대상을 각각 등급이나 수준 따위의 차이를 두어서 구별하는 것'이었다. 차이 때문에 차별을 해서는 안 된다는 큰 전제에 동의하고 작품을 읽기 시작했다.

책 읽기는 돌아가며 한 쪽씩 읽을 수도 있고, 역할을 정해서 읽을 수도 있다. 이때 '낭독 의자'를 활용하면 분위기가 집중된다. 실물 화상기로 삽화를 크게 보여 주는 것도 이해를 돕는 방법이다. 『목기린 씨, 타세요!』는 비교적 얇은 단행본이라 두 시간 정도면 읽을 수 있다.

책을 다 읽고 나서는 주요 장면을 뽑아 줄거리를 정리해 보았다. 먼저 책의 그림을 크게 복사하여 칠판에 붙였다. 그리고 그중에서 가장 중요한 네 장면을 뽑았다. 네 장면을 놓고 '자세히 말하기'와 '요약하여 말하기'를 한 후 네 사람씩 모둠을 만들었다. 모둠원들이 각각의 장면을 설명하는 문장을 붙임 종이에 쓴 다음, 아래쪽에 그 장면에 대한 자신의

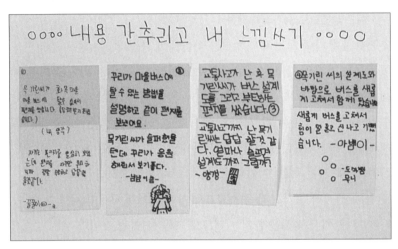

내용 간추리고 내 느낌 쓰기

줄거리 이어서 말하기

느낌이나 생각을 써서 붙였다. 줄거리와 느낌을 쓴 붙임 종이는 서로 다른 색을 써서 쉽게 구별할 수 있도록 하였다.

아이들은 느낌 적기를 할 때 인터넷에서 댓글을 달 때처럼 이름이 아니라 별명으로 하면 더 재미있겠다는 의견을 냈다. 아이들은 어떤 상황에서도 재미가 우선이다. 네 명이 쓴 것을 쭉 연결해서 읽으면 한 편의 독서 감상문이 된다.

① 목기린 씨는 화목 마을 마을버스에 탈 수 없어서 편지를 썼습니다. 답장은 받지 못했습니다. (자기는 편지를 열심히 보냈는데 편지를 자꾸만 무시하니까 정말 속상하고 답답했을 것 같다. ― 꿀꿀이)

② 꾸리가 마을버스에 탈 수 있는 방법을 설명하고 같이 편지를 보냈어요. (목기린 씨가 슬퍼했을 텐데 꾸리가 응원해 줘서 보기 좋다. ― 냠냠이)

③ 교통사고가 난 후 목기린 씨가 버스 설계도를 그리고 부탁하는 편지를 썼습니다. (교통사고까지 난 목기린 씨는 답답할 것 같다. 얼마나 슬프면 설계도까지 그릴까? ― 양갱)

④ 목기린 씨의 설계도와 주민들의 생각을 바탕으로 버스를 새롭게 고쳐서 함께 탔습니다. (새롭게 버스를 고쳐서 힘이 덜 들고 신나고 기뻤습니다. ― 아뱀이)

함께 만든 감상문

목기린 씨는 화목 마을 마을버스에 탈 수 없어서 편지를 썼습니다. 답장은 받지 못했습니다. 자기는 편지를 열심히 보냈는데 자꾸만 무시당하니까 정말 속상하고 답답했을 것 같습니다. 꾸리는 목기린 씨가 마을버스에 탈 수 있는 방법을 설명하고 같이 편지를 보냈습니다. 목기린 씨가 슬퍼했을 텐데 꾸리가 응원해 줘서 보기 좋았습니다. 교통사고가 난 후 목기린 씨가 버스 설계도를 그리고 부탁하는 편지를 썼습니다. 교통사고까지 난 목기린 씨는 정말 답답할 것 같습니다. '얼마나 슬프면 설계도까지 그릴까?' 하고 생각했습니다. 목기린 씨의 설계도와 주민들의 생각을 바탕으로 버스를 새롭게 고쳐서 함께 탔습니다. 새롭게 버스를 고쳐서 목기린 씨는 힘이 덜 들고 신나고 기뻤습니다.

• 삶과 연결하는 책 읽기

온작품 읽기는 아이들의 삶과 연결할 때 가장 큰 의미가 있다. 아이들이 살아가는 현실과 책이 어떤 관계를 맺고 있는지 알 수 있기 때문이다. 아이들과 수업에서 느낀 점이나 새롭게 알게 된 점을 이야기하면서 '내가 목기린 씨라면 어떻게 할까?'를 생각해 보았다.

교 사 여러분이 목기린 씨라면 어떻게 했을까요?

어린이 제가 목기린 씨라면 답장을 못 받을 때마다 속상했을 거예요. 키가 큰 건 잘못이 아니잖아요.

어린이 제가 목기린 씨라면 마을 회관에 직접 찾아가 볼 거예요.

어린이 그 방법도 괜찮을 것 같아요. 마을 주민들에게 불편한 점을 알려 주는 거죠.

교 사 여러분의 이야기를 들어 보니 자신의 생각을 이야기하고 표현하는 방법을 익히는 것이 중요하다는 생각이 들어요. 그럼 오늘 수업에서 느낀 점을 이야기해 볼까요?

어린이 불편한 건 불편하다고 말해야 해요.

어린이　마을버스를 계속 고쳐 나간다고 했는데 어떻게 고칠지 궁금해요. 제가 자동차에 관심이 많거든요.

어린이　목기린 씨처럼 어려운 사람들을 도와주면 좋겠어요.

교　사　어떻게 도와줄 수 있을까요?

어린이　목기린 씨처럼 편지를 보내거나 인터넷 카페에 글을 써서 알려요.

교　사　그래요. 목기린 씨도 답답하니까 처음엔 편지를 썼어요. 이런 글을 무엇이라고 할까요?

어린이　제안서나 건의문요.

교　사　맞아요. 우리도 제안하는 글쓰기를 배우고 직접 써 볼까요?

아이들이 일상에서 느끼는 불편한 점은 미세 먼지 때문에 밖에 나가서 놀 수 없다는 것이었다. 그래서 과학 수업과 연계하여 미세 먼지의 원인을 찾고 불편한 점을 해결할 수 있는 방법을 찾아보기로 하였다.

수업은 두 가지 활동으로 이루어졌다. 먼저 도서관에서 미세 먼지와 관련된 그림책, 지식책, 이야기책을 찾아 모둠별로 함께 읽었다. 그리고 책 내용을 소개한 다음 미세 먼지 문제를 해결할 수 있는 방법을 토의하고 발표하는 시간을 가졌다. 주제와 관련해서 읽은 책은『링링은 황사를 싫어해』(고정욱 글, 박재현 그림, 미래아이 2009),『죽음의 먼지가 내려와요』(김수희 글, 이경국 그림, 미래아이 2015),『오늘 미세 먼지 매우 나쁨』(양혜원 글, 소복이 그림, 스콜라 2016),『먼지가 지구 한 바퀴를 돌아요』(윤순창 글, 소복이 그림, 웅진주니어 2012),『공포의 먼지 폭풍』(돈 브라운 지음, 두레아이들 2016),『공기는 안 괜찮아』(고여주 글, 미르 그림, 상상의집 2016) 여섯 권이다.

책 소개를 할 때는 모둠에서 가장 인상 깊게 읽은 부분을 골라서 발표하였다.『죽음의 먼지가 내려와요』는 실화를 바탕으로 한 내용이라 그런지 아이들의 질문이 많았다.

어린이　중국 장쑤성에 사는 메이링과 주인공 이야기입니다. 메이링은 폐암에 걸렸습니다. 범인은 바로 자동차 매연, 공장의 굴뚝, 석탄 난로입니다. 미세 먼지를 만들어 내요.

어린이　질문 있어요. 메이링은 운동장에서 뛰어노는 것밖에 없는데 왜 죽게 되었나요?

어린이　어른들은 그래도 괜찮은데 어린이는 약하니까요.

어린이　그럼 어린이부터 안전하게 보호해야 되잖아요.

어린이　중국에서 있었던 일인데 어떻게 해요?

어린이　글쎄요.

교　사　책 소개를 실감 나게 해서 질문도 많네요. 중국에서 있었던 일이지만 꼭 중국만의 책임일까 생각해 봐요. 우리가 쓰고 있는 제품 중에 중국에서 만든 것이 있지요?

어린이　예, 많아요.

교　사　그래요. 우리 생활도 중국의 환경과 관계가 있어요. 그래서 지금은 중국 정부뿐 아니라 우리나라에서도 미세 먼지를 막기 위해 중국에 나무 심기를 하지요. 좋은 질문과 이야기를 해 주어서 고마워요.

모둠마다 책 소개를 한 다음에는 '미세 먼지 줄이는 방법'을 토론했다. 모둠별로 가정, 사회, 기업 중 한 가지 입장을 취하여 토론한 다음 의견을 칠판에 적었다. 그리고 각자 제안하고 싶은 내용을 글로 썼다. 국어 교과서에서는 제안하는 글을 '문제 상황' '제안하는 내용' '제안하는 까닭' 세 부분으로 나누어 쓰라고 안내한다. 하지만 이 수업에서는 책을 읽고 느낀 점과 수업을 통해 알게 된 과학적 사실, 제안하고 싶은

모둠별 함께 읽기

모둠별 의견 정리하기

내용을 이어서 쓰도록 했다. 이렇게 하면 아이들이 통합적으로 사고하여 자신의 경험과 느낌을 담은 글을 쓸 수 있다.

『죽음의 먼지가 내려와요』를 읽었다. 사람은 푸른 하늘을 보고 예쁜 별을 봐야 된다. 미세 먼지 때문에 불편한 마스크를 쓰기는 싫다. 미세 먼지가 어떻게 만들어지는가를 배웠는데 중국에서 오는 미세 먼지가 전부가 아니라는 것을 알았다. 되도록 미세 먼지를 만들지 않도록 하고 없어지게 노력할 거다. 메이링이 미세 먼지 때문에 여덟 살에 세상을 떠난 게 안타까웠다. **나는 이 생각이 날 때마다 실천할 거다.** 미세 먼지를 줄이는 방법으로 가정에서 할 수 있는 일 세 가지를 제안하고 싶다. 우선 에어컨 청소를 한다. 그리고 청소기 대신 빗자루를 사용한다. 그리고 되도록 가까운 거리는 자전거를 타고 다닌다. (김○○)

『공기는 안 괜찮아』를 읽고, 오염된 공기와 스모그에 대해 알게 되었다. 지구 공기는 스스로 깨끗해지려는 힘이 있다. 이걸 넘어서면 오염이 된다고 한다. 요즘 미세 먼지 때문에 답답하게 마스크를 쓰고 다닐 때 정말 힘들었다. 전에는 엄마가 전기를 아끼라고 했을 때 '나 하나쯤이야!' 이랬는데 **이제는 '나 하나라도!'라는 생각이 든다.** 우리도 전기를 되도록 아껴 써서 미세 먼지가 줄어들게 노력하자. (박○○)

이번 수업으로 온작품 읽기의 의미를 찾을 수 있었다. 우선 『목기린 씨, 타세요!』 속 인물의 불편함에서 출발하여 '미세 먼지 줄이기'라는 삶의 문제까지 생각해 보는 계기가 되었다. 미세 먼지에 대해 이야기를 나누며 다른 사람이 아닌 나 자신의 삶에서 변화시킬 지점을 찾아 함께

하자고 제안했다. 동화에서 시작하여 그림책, 지식책, 이야기책 등 다양한 책을 찾아 읽고 배울 수 있었다.

이처럼 온작품 읽기는 독서나 국어 수업뿐 아니라 모든 과목과 연계할 수 있다. 온전한 작품을 굳이 책에 국한할 필요는 없다. 아이들이 미세 먼지를 줄이기 위해 찾아 본 것은 책이지만 그 외에도 다큐멘터리 영상과 뉴스, 사진 등을 보고 '왜 어린이가 미세 먼지에 더 취약한지' '어떤 마스크를 써야 하는지'에 대한 정보를 나누기도 하고, '미세 먼지가 많은 날 놀 수 있게 학교 강당이나 다목적실을 개방해야 한다.'라는 의견을 내기도 했다.

이 과정에서 아이들은 불편한 점을 개선하기 위해 자신의 생각을 말과 글로 표현할 수 있는 힘을 길러야 한다는 것도 알게 되었다. 그런 의미로 보자면 『목기린 씨, 타세요!』는 더할 나위 없이 좋은 작품이다. 우리 아이들이 화목 마을 주민들처럼 '다름'에 대한 감수성을 지닌 어른이 되면 어떨까 상상해 본다. 생각만 해도 뿌듯하다.

5. 수업을 마치며

어린이 입장에서 동화 읽기는 행복한 일일까? 어린이가 사는 세상에는 게임과 텔레비전, 만화, 친구들과 놀기 등 책 읽기보다 더 재미있는 것들이 널려 있다. 그런데 왜 굳이 온작품 읽기를 하는 걸까? 어떻게 해야 온작품 읽기가 행복하고 가치 있는 일이 될지 어린이 입장에서 숙고해 보아야 한다. 함께 작품을 읽고 등장인물에게 공감하면서 작품을 이해하는 과정에서 어린이들은 자신의 생각을 키워 갈 것이다. 작품에 대해 이야기를 나누며 재미와 감동을 경험하는 것. 그것이 바로 온작품 읽기의 매력이라고 하겠다.

• 함께 보면 좋은 작품

『용돈 좀 올려 주세요』(아마노 유키치 글, 오츠키 아카네 그림, 창비 2009)

『젓가락 달인』(유타루 글, 김윤주 그림, 바람의아이들 2014)

『지구가 100명의 마을이라면』(데이비드 스미스 글, 셸라 암스트롱 그림, 푸른 숲 2011)

『텔레비전 보여 주세요』(노명우 글, 송선범 그림, 웅진주니어 2011)

『푸른 눈, 갈색 눈』(윌리엄 피터스 지음, 김희경 옮김, 한겨레출판 2012)

EBS 「지식 채널 e」 '나를 닮은 인형'

고학년의 성장하는 동화 읽기

『기호 3번 안석뽕』

1. 안석뽕에겐 뭔가 특별한 게 있다

심리학자들은 성장을 계단에 비유하곤 한다. 벽돌처럼 하나하나 쌓아 올라가는 게 아니라, 어느 순간 껑충 도약하는 게 성장이라는 것이다. 어제까지 넘어지던 아이가 어느 날 아침 갑자기 걷듯이 말이다. 여기에서 중요한 점은 계단을 오르기 전까지 실패와 도전이 계속되어야 한다는 것. 하여 성장은 불가불 통증을 동반할 수밖에 없다는 것이다.

아동문학과 성장의 관계도 마찬가지다. 시기에 걸맞은 성장 과제와 진통은 좋은 작품이 갖춰야 할 필수 조건이다. 특히 초등학교 고학년에 접어든 어린이라면 슬슬 자기중심적 사고에서 사회적 주체로 나아가기 위한 준비가 필요하다. '더불어 살기'라는 도덕적인 수준을 넘어 '연대와 실천'이라는 사회적 메시지를 담은 이야기, 실패할 수는 있어도 불가

■ 이충일 초등학교 교사, 아동문학평론가. 『해방 후 아동문학의 지형과 담론』을 냈다.

능한 일은 없다는 참된 희망을 주는 동화, 평범한 일상에 질문을 제기함으로써 진통을 유발하는 작품. 이런 책을 만날 때가 된 것이다.

진형민의 『기호 3번 안석뽕』(한지선 그림, 창비 2013)은 이러한 신념에 화답할 수 있는 작품이다. 무엇보다 이 작품을 높이 사는 이유는 분방한 상상력에 단단한 현실 인식이 자리한다는 점이다. 재미와 의미가 공생한다는 게 어디 말처럼 쉬운가. 사회적 메시지가 농밀할수록 재미가 희석되거나, 평론가에게 받은 박수가 독자의 외면으로 이어지는 사례를 수없이 봐 왔던 터다. 한데 『기호 3번 안석뽕』은 망치로 못을 박듯 세게 내려치기보다 골이 유연한 나사로 능청스럽게 파고드는 듯한 스타일을 구사한다. 나사의 골을 슬슬 지나다 보면, 어느새 민주 시민의 권리와 책임이라는 주제 의식에 자연스럽게 가닿는다. 현실에 대한 밀착력으로 보더라도 나사의 힘은 확실히 세다.

이 작품의 특별함은 인물이 만들어 낸 힘이기도 하다. 유머를 놓지 않으면서도 삶을 폭넓게 이해하려는 시도가 생동감 넘치는 인물들을 통해 발현되고 있기 때문이다. 주인공 안석진(안석뽕)과 그의 선거 운동원인 조지호(조조), 김을하(기무라)는 21세기 꾸러기가 어떻게 진화했는지를 여실히 보여 준다. 비범하지도 아주 의롭지도 않은 인물이지만, 궁금한 것은 따져 묻고 느낀 것은 솔직하게 발언할 줄 안다. '기호 3번 안석뽕'을 뽑은 것에 후회가 없는 까닭이다.

2. 석뽕이와의 첫 만남 첫 느낌

"안석뽕? 무슨 짬뽕 이름 같네."
"야! 그 얘기하니까 짬뽕 먹고 싶잖아."

"안석뽕? 어머니가 불 꺼 놓고 떡 썰고 막 그랬던 사람 아니야?"

"그 사람은 한석봉이지!"

"뭘, 그게 그거지!"

책 제목을 들은 아이들은 주인공의 이름에 관심을 보였다. 떡집 아들이라서 붙은 별명이라고 했더니 떡 이야기를 꺼냈던 아이가 목에 힘을 준다. 이내 별명에 얽힌 경험담을 늘어놓더니만 담임의 어릴 적 별명까지 추측해 가며 시시덕거린다. 이유야 어찌됐건 일단 '안석뽕'이란 이름이 독자들의 관심을 끄는 데는 성공한 셈이다.

"선생님, 저 태어나서 책을 처음부터 끝까지 읽은 게 이번이 처음이에요."

며칠 뒤, 짬뽕이 먹고 싶다던 아이가 한 말이다. 마치 소원하던 짬뽕 한 그릇을 맛있게 먹고 난 듯한 표정이다. 첫 책 읽기가 좀 늦었기로서니 뭐가 대수랴. 외려 나는 첫 책이 『기호 3번 안석뽕』이란 게 더 반가웠다. 아이는 안석뽕을 보면서 지난번 학급 회장 선거에서 떨어진 자신의 모습이 떠올랐다고 했다. 다음 회장 선거에 재도전하려는 마음도 그렇고, 장난꾸러기 같은 모습도 비슷하다고 했다. (실제 작품에서 다음 후보로 언급된 아이는 안석뽕이 아니라 조조이다. 이 사실을 말해 주었지만, 그래도 결국에는 안석뽕이 또 나가게 될 거라며 자기 생각에는 변함이 없단다.) 그리고 뭔가 멋있어 보였는데 그 이유는 잘 모르겠단다. 아이와 나는 비슷한 느낌을 공유하고 있는 게 분명했다. 이번 수업을 통해 '그 이유'를 당당히 말할 수 있다면 더할 나위가 없을 것이다. 그럼 이제 시끄러운 4학년 1반 수업으로 들어가 보자.

3. 창이 환한 교실, 살아 있는 수업 속으로

• 내 마음을 훔친 장면

책을 다 읽고 나서 첫 수업이다. 각자 '내 마음을 훔친 장면'을 골라 보았다. 이 활동은 이야기의 줄거리를 복기하는 과정이기도 하다. 단순히 사건 순서에 따라 줄거리를 재생하는 것이 아닌, 의미 있는 지점을 활성화하는 방식인 것이다.

"선생님, 꼭 하나만 골라야 돼요? 두 개면 안 돼요? 한 개만 고르기 어려운데."

이 활동을 할 때면 매번 나오는 질문이다. 그때마다 나의 대답은 이렇다. 우선 여러 개를 쓰고 그중 한 개를 골라 보라고. 그리고 이따가 자기 생각을 발표할 때 왜 이 장면을 고를 수밖에 없었는지, 그 이유를 이야기하면 된다고.

장면 선정이 끝난 후에는 모둠원끼리 돌아가면서 이야기를 나눈다. 같은 장면이 여럿이어도 상관없다. 그 장면을 고른 이유까지 똑같은 것은 아니니까. 모둠 수다가 끝나고 나면 전체 수다가 이어진다. 각자가 고른 장면을 써서 칠판에 붙이면 어떤 장면이 가장 많은 선택을 받았는지 한 번에 알 수 있다. 다음은 우리 반에서 꼽은 '내 마음을 훔친 장면, 베스트 3'이다.

① 백발마녀 백보리가 화장실이 너무 깨끗하다며 엉엉 우는 장면.
② 안석뿡, 기무라, 조조가 군밤 타령을 부르면서 선거 운동을 하는 장면.
③ 안석뿡이 전교 회장 후보 연설을 하는 장면.

『기호 3번 안석뽕』은 안석진의 좌충우돌 회장 선거 출마기와 재래시장과 대형 마트의 갈등을 씨줄과 날줄로 엮은 작품이다. 아이들이 꼽은 인상적인 장면에는 두 줄기의 맥락이 고스란히 담겨 있다. 대형 마트와 싸우기 위해 바퀴벌레 군단을 풀어놓았던 백보리가 정작 마트 화장실이 너무 깨끗하다며 우는 장면이 가장 많은 지지를 받았다. 이유를 물었더니 뭔가 슬프면서도 웃기다고 했다. 아무리 노력해도 안 되는 일이 있다는 게 슬펐고, '화장실이 겁나 깨끗해서' 운다는 게 웃기다고 했다. 한마디로 희비극이 교차하는 '웃픈' 장면인 게다. 군밤 타령을 부르며 선거 운동을 하는 장면은 짧은 분량임에도 불구하고 두 번째로 많은 선택을 받았다. 우리 학교 선거 운동도 이렇게 신나면 좋겠다고 했다. 안석뽕의 마지막 연설 장면에서는 "개자식이 되지 않겠다."라는 말이 재미있었고, 당당하게 말하는 모습이 멋있어 보인다고 했다. 이 외에도 백보리가 피마트에 바퀴벌레를 풀어놓는 장면, 마지막에 다 같이 발차기를 하는 장면 등이 인상적인 장면으로 꼽혔다.

이로써 앞으로 풀어 갈 실타래가 손에 잡히는 듯하다. 우선 전교 회장 선거 이야기부터 톺아보자.

• 안석뽕과 고경태의 공약을 검증하라!

"고경태와 방민규 공약은 우리 학교 거랑 많이 비슷한 거 같아요."

"네 가지가 없는 학교? 1학기 때 누구 공약 아니었나?"

"공부 잘하고, 왕따도 없는 학교를 만든다는데 좋은 거 아니에요?"

기호 1번 고경태, 기호 2번 방민규, 기호 3번 안석뽕의 공약에 대한 느낌은 대략 이러했다. 이 중에서 우리는 기호 1번 고경태와 기호 3번 안석뽕의 공약을 심층적으로 검증해 보기로 했다. 사실 공약을 보는 관점은 해마다 아이들의 성향에 따라 조금씩 다르다. 안석뽕 쪽으로 확 기우

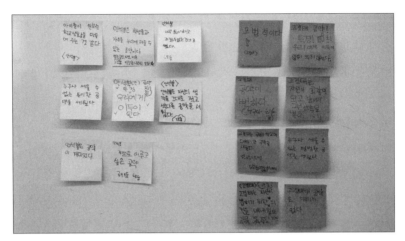
안석뽕과 고경태의 공약 비교하기

는 해가 있는가 하면, 고경태가 만만치 않은 지지를 받는 때도 있다. 이번 4학년 1반 아이들의 성향은 한마디로 '석뽕 경향파'라 해도 무방할 듯하다.

―안석뽕 공약: 아이들이 원하는 것을 담고 있다. 누구나 세울 수 없는 특이한 공약이다. 색다르고 재미있다. 지킬 수 없는 공약이다.
―고경태의 공약: 모범적이다. 누구나 생각할 수 있게 뻔하다. 재미가 없다. 아이들에게 이득이 없다. 자신이 뽑히기 위한 공약이다.

아이들의 말마따나 고경태의 공약은 자신들의 바람이라기보다는 학교나 선생님이 좋아할 만한 내용들이다. 한데 문제는 고경태의 공약이 우리에게 익숙하다는 데 있다. 학생 자신들을 대변하는 안석뽕의 공약이 외려 특이하다고 느껴질 정도가 아닌가. 하지만 안석뿡의 공약이 모두 좋다는 건 아니다. '지킬 수 없는 공약'이라고 지적한 부분도 되새겨 봐야 할 대목이다. 모름지기 공약은 실현할 수 있어야 하기 때문이다.

내친김에 우리가 원하는 공약을 만들어 보기로 했다. 모둠별로 3~4가지 공약을 만들어 칠판에 썼다. 그리고 각자 좋은 공약이라고 생각하는 것에 스티커를 한 장씩 붙였다. 분명 아이들은 실현 가능성을 염두에 둔 모습이었다. 최종적으로 선정된 공약 세 가지를 소개하면 다음과 같다.

① 현장 체험 학습 장소를 결정할 때 학생들의 의견을 적극적으로 건의하겠다.

② 한 학기에 한 번씩 벼룩시장 행사를 열겠다. (수익금을 어디에 쓸지는 학생들이 다수결로 결정.)

③ 어린이날이나 스승의 날 등 학교 행사를 전교 어린이회가 나서서 하겠다.

기상천외한 공약들이 순위에서 밀린 것은 다소 아쉽지만, 이만하면 기존에 비해 한 발짝 나아간 공약이 아닌가 싶다. 사실 아이들이나 나나 이렇게까지 전교 회장 선거 공약을 꼼꼼히 들여다본 적은 거의 없었다. "공약을 잘 보고 판단하세요." 하면, "네!" 하고 지나가는 정도였다. 그런 의미에서 안석뿡이 거봉 선생을 찾아간 발걸음은 특별할 수밖에 없다. 비록 떠밀려 나간 선거지만 누구도 궁금해하지 않았던, '공약이란 무엇인가.'라는 질문을 던졌기 때문이다. 이것으로 그 녀석이 멋있는 이유 한 가지는 확실해진 셈이다.

• 열한 살, 시장 선거에 출마하다

공약까지 만들고 보니 실제로 모의 선거를 해 보면 어떨까 하는 욕심이 들었다. 마침 4학년 2학기 사회 교과서에 민주주의와 선거에 관한 단원이 나오니까 이것과 연결해 모의 시장 선거를 진행하면 되겠다 싶었다. 민주주의는 머리로만 하는 게 아니니까.

먼저 당을 만드는 일부터 시작했다. 복지에 앞장서는 복지개선당, 공부를 잘하게 도와주는 똑똑당, 행복한 사회를 만드는 은하당, 안전한 사회 만들기에 앞장서는 지킴당, 어린이와 청소년의 문제를 대변하는 어린이청소년당, 환경 문제에 관심이 많은 푸른당, 어린이의 건강을 위하는 튼튼당. 이 중에서 튼튼당은 당원을 확보하지 못해 문을 닫았고 나머지 여섯 개의 당이 출범했다. 당 이름 앞에는 무엇을 하는 정당인지를 알 수 있도록 구호를 넣기로 했다. 창당식은 이 구호를 다 함께 외치는 것으로 대신했다.

이제 선거에 출마할 후보를 뽑을 차례다. 후보 선출 방식을 두고 아이들에게 생각을 물었다.

"당을 처음 만든 사람이 해야죠!"

"당 구호 만든 사람으로 하면 어때요?"

"그냥 하고 싶은 사람끼리 다수결로 정해요!"

결국 후보는 경선을 통해 결정하기로 했다. 단독 출마한 두 당을 제외하고 나머지 당은 경선을 치렀다. 공약 검증이 어느 때보다 중요하게 다뤄졌다. 이렇게 당 후보까지 결정하니 이번에는 시장 선거에서 약속할 공약을 두고 의견이 엇갈렸다. 누구는 후보 경선 때 공약을 그대로 쓰자고 했고, 또 누구는 새로 만들어야 한다고 했다. 한 걸음 한 걸음 나갈 때마다 토론의 연속인 셈이다. 선거를 준비하는 과정이니만큼 민주적인 절차가 필요했고, 토론과 협의는 선택이 아닌 필수였다.

결국 선거 공약은 당원들이 토의해서 새롭게 만들기로 했다. 다만 안석뽕 무리가 그러했듯, 아이들이 원하는 것이 무엇인지를 조사하는 활동은 꼭 집어넣기로 했다. "국 맛을 알려면 숟가락을 들어서 직접 입에 넣어 봐야" 안다고 하지 않았나. 일주일 동안 당마다 유권자가 원하는 바를 조사하면서 중간 놀이 시간을 이용해 틈틈이 공약을 만들어 나갔다. 그런데 이때 다시, 선거의 공정성에 문제를 제기하는 목소리가 접수됐다. 각 당마다 인원이 다르기 때문에 선거가 불공정할 수밖에 없다는 의견이었다. 그 순간 아차 싶었다. 공약이나 절차에 골몰하는 사이 선거 방식에 대한 고민이 부족했던 것이다. 이 문제는 다른 반도 마찬가지였다. 다 함께 머리를 맞댄 결과 투표권을 다른 반 아이들에게 주는 것으로 의견을 모았다. 다른 반 아이들을 초대해서 공약 발표회를 열고 그 아이들이 직접 투표를 하기로 했다.

며칠 뒤에 열린 공약 설명회의 분위기는 뜨거웠다. 마치 안석뽕, 기무라, 조조의 넘치는 흥과 파뜩파뜩한 기운이 그대로 옮겨진 듯했다. 공약

모의 시장 선거 공약 설명회

발표가 시작되자 후보와 유권자 사이에 날카로운 질문과 응답이 오고 갔다. 열혈 당원들이 중간 중간 야유를 보내는 바람에 잠시 격앙된 분위기가 연출되기도 했다. 그야말로 시끌벅적한 민주주의의 장이 아닌가. 우리가 익히 경험했던 전교 임원 선거 공약 설명회와는 비교할 수 없는 분위기다. 누가 뽑혔는지는 크게 중요하지 않다. 민주 시민이 되어 가는 과정, 그 자체가 유의미한 거니까.

• 우리의 삶을 바꾸는 책 읽기

"진형민 작가님 언제 와요?"

날짜를 알려 줬는데도 자꾸만 묻는다. 작가가 남자인 줄 아는 아이는 잘생겼는지를 묻기도 한다. 안석뿡, 기무라, 조조가 실제 인물인지, 왜 백보리는 하필 바퀴벌레를 선택했는지 등등 아이들은 궁금한 게 많은 모양이다. 사실 작가와의 대화는 선행 수업이 어떻게 이루어졌는지에 따라 그 결과가 달라질 수밖에 없다. 무엇보다 아이들이 하고 싶은 말이 많아야 한다. 아니나 다를까 진형민 작가와의 만남은 80분으로는 부족할 지경이었다. 아이들은 하고 싶은 말, 궁금했던 말을 시원스럽게 쏟아 냈고, 작가는 자신이 쓴 작품을 인권 문제와 연결해서 재미있게 들려주었다.

이 정도면 온작품 읽기 수업의 마무리로 딱 좋다 싶으면서도 뭔가 빠진 듯했다. 『기호 3번 안석뿡』은 학교 안팎이 시끄러운 이야기인데 우리는 한쪽만 시끄럽다 말았으니 못내 아쉬웠던 것이다. 그래서 문덕시장 아이들과 주민들이 그랬던 것처럼, 우리 마을의 문제를 살펴보면 어떨까 싶었다. 이 작품은 시민의 사회 참여를 위한 수업으로도 제격이기 때문이다.

참고로 우리 마을 동탄은 경기도 화성에 있는 신도시로 아파트, 학교, 공원 등이 많은 곳이다. 재래시장보다 대형 마트가 익숙한 것은 당연하

'우리 마을 교통안전 캠페인' 모습

다. 그렇다면 우리 마을의 문제는 무엇일까. 아이들은 환경과 교통 문제에 민감한 반응을 보였다. 학교 바로 옆에 큰 공원이 있다 보니, 놀러 온 사람들이 버리고 간 쓰레기가 골칫거리 중 하나였다. 봉사 활동으로 학교 주변을 청소해 본 터라 아이들도 그 심각성을 잘 알고 있었다. 또한 우리 마을은 전국에서 30, 40대가 가장 많은 도시 중 하나다. 자연스럽게 외식업이 발달했고 배달도 많은 편이다. 아이들의 말을 들어 보니 배달 오토바이 때문에 위험한 상황에 노출되는 경우가 많은 듯했다. 특히 일부 오토바이가 인도를 침범하는 문제는 하루빨리 개선될 필요가 있었다.

'우리 마을 교통안전 캠페인'은 이렇게 탄생했다. 문구를 정하고 피켓과 어깨띠까지 만들었다. 구호는 뭐라고 외칠지, 이동할 때 대형은 어떻게 할지도 아이들이 정했다. 나의 역할은 캠페인이 무엇인지 개념을 잡아 주고, 길을 안내하는 정도면 충분했다.

동탄의 한 공원 주변은 4학년 1반 아이들의 외침으로 시끄러웠다. 지나가는 주민들은 신기한 듯 바라보았고, 몇몇 사람은 수고한다며 박수를 쳐 주기도 했다. 아이들은 어느 때보다 행복해 보였다. 그날 아이들이 쓴 일지에는 재미, 통쾌, 뿌듯함, 자랑스러움 같은 낱말들이 자주 등장했다. 뿌듯하고 자랑스럽기는 나도 마찬가지였다.

"처음엔 좀 창피했는데 나중엔 너무 재미있었어요."

"소리를 막 질렀더니 속이 후련해요."

"우리 마을을 위해 뭔가 한 거 같아서 뿌듯했어요."

그로부터 열흘 후, 우리는 경기도 의회를 방문했다. 학기 초부터 계획한 현장 체험 학습이었다. 처음에는 사회 교과서에 도 의회가 나오니까 가 봐야겠다 정도였는데, 캠페인을 거치면서 목적이 한층 명확해졌다. 도 의회는 지역의 살림뿐 아니라 주민의 고민을 귀담아들어야 하는 곳

경기도 의회에서 제안서를 낭독하는 모습

이니만큼, 우리 마을의 문제를 전달할 수 있는 최적의 장소였다.

경기도 의회 측의 배려로 정규 체험 학습 프로그램 외에 별도의 시간을 부여받았다. 우리 마을 문제에 관해 토론하고 제안하는 글을 발표하는 시간이었다. 함께 간 다른 반들도 각기 다른 문제와 해결책을 제시하였다. 제안서는 도의회 현장 체험 학습 담당자에게 전달했다.

"선생님, 진짜 우리가 쓴 제안서를 의원님들이 읽어 볼까요?"

"도 의회에서 발표까지 했는데, 이러다 우리 인터넷에 뜨는 거 아니에요?"

나는 그냥 씩 웃고 말았다. 확실한 건 안석뿡, 기무라, 조조가 멋진 이유를 더 이상 찾지 않아도 된다는 것이다. 우리가 했던 모든 일들이 그 확실한 이유가 될 테니까.

• 기승전 '책'

『기호 3번, 안석뽕』마지막 수업, 이제는 곰이 필요한 시간이다. "거봉 선생이 그랬던 것처럼 입이 무거운 곰 두 마리를 불러다" 곰곰이 생각을 해 봐야 할 때인 것이다. 곰 두 마리 사이에는 의당 책이 놓여야 한다. 일련의 체험과 활동은 다시 책으로 귀결되어야 하기 때문이다. 가끔 아이들은 책을 잊은 채 활동만 기억한다. 이번처럼 인상 깊은 체험이 있고 난 후에는 더더욱 그렇다.

그래서 우리는 『기호 3번 안석뽕』을 다시 꺼내 읽었다. 물론 정독은 아니다. 훑어 읽거나 건너뛰며 읽어도 상관없지만, 무게의 추가 달린 뒷부분만큼은 천천히 읽기로 했다. 다시 읽으며 새롭게 다가오는 장면이나 자기 마음에 차오른 생각에 대해 이야기를 나누었다. 그리고 작품 속 인물에게 편지를 써 보았다.

> 석뽕아, 아니 석뽕이 형. 나는 형이 선거에 다시 나갔으면 좋겠어. 조조 형은 책임감이 좀 없는 거 같아. 자꾸 여자들 핑계 대면서 형한테 떠밀고 있잖아. 조조 형은 잔머리만 있어서 안 될 거 같아. (최○람)

> 나는 사실 공약 비교할 때 고경태 네가 좀 얄미웠어. 당선되려고 선생님들한테 아부하는 거 같기도 하고. 근데 석뽕이 얘길 들어 보니까 네가 진심으로 회장 자리를 원했다는 걸 알았어. 막 미워했던 거 미안해. (최○수)

차기 후보로 누구를 지지하는지 물었더니 역시 안석뽕이 가장 많은 표를 받았다. 한 아이에 따르면 "이번 선거에서 부족했던 점을 깨달았던 아이가 바로 안석뽕이기 때문"이란다. 특정 후보를 지지하는 데 이보다 더 적절한 이유가 있을까 싶다. 한편 여자아이들 쪽에서는 백보리의 인기가 높았다. 다른 후보들이 죄다 남자인 것도 한몫을 했다. 게다가 "딱 봐도 벌써 생각이 있어 보이"는 백보리의 면모를 아이들도 높이 평가하는 듯했다. 안석뽕과 백보리를 지지하는 이유를 듣자 하니 둘 중 누가 되더라도 전혀 문제될 것이 없어 보였다. 중요한 것은 아이들이 후보를 보는 안목이 생겼다는 점이다.

고경태에 대한 재평가도 반가웠다. 사실 공약 검증 시간만 하더라도 고경태는 거의 악한 인물 취급을 받았다. 안석뽕의 자기반성이 아니었더라면 계속 그랬을지도 모른다. 안석뽕은 당당하지 못했던 자신을 되돌아보고, 경쟁자를 인정하며 한 단계 성장한다. 안석뽕의 성장이 미덥게 다가오는 까닭이다. 지금 생각하면 이 대목에서 독자 자신을 돌아보는 시간을 갖지 못한 게 아쉬움으로 남는다.

이 외에도 문덕시장을 인터넷으로 검색해 보고는 기무라의 순댓국집에 가 보고 싶다는 아이도 있었다. (사실 아이가 찾은 문덕시장은 문덕에 있는 오천시장인 것으로 확인되었다.) 덕분에 우린 인근에 있는 오산 오색시장과 그곳의 맛집에 관해서 이야기를 나눌 수 있었다. 6학년이라면 재래시장과 대형 마트의 갈등 문제를 다뤄 보는 것도 흥미진진할 듯하다. 또한 백보리와 안석뽕이 사귀어 볼 것을 권하는 편지가 두 통이나 있어 놀라웠다. 둘이 비슷한 점이 많다는 게 이유였는데 그러고 보니 틀린 말은 아니다. 개념을 장착한 꾸러기라는 점에서 둘은 꼭 닮지 않았나. 이 책과 함께 더 많은 개념 꾸러기가 탄생하길 기대해 본다.

4. 어른도 성장이 필요하다

2016년 촛불 광장에 나왔던 청소년들이 떠오른다. "민주주의여, 만세!"를 외친 대구 고등학생의 자유 발언을 시작으로 지역 각지에서 발언을 자청하던 석뿔이들의 등장은 그야말로 신선한 충격이었다. 수능이 끝난 날의 해방감을 유보하고 훼손된 민주주의 현장으로 달려온 수험생들도 감동을 주기에 충분했다. 확 트인 광장에 나와 '하야하라!' 주문을 외우고, '닥쳐!'를 외치던 모습이 아직도 눈에 선하다. 다양한 세대와 계층이 다채롭게 분광하는 축제의 장, 그중에서도 더 이상 '가만있지 않는' 청소년의 등장은 2016년의 또 다른 혁명이 아니었을까 싶다.

그런데 한편으로는 민망하고 부끄러운 마음이 드는 게 사실이다. 딱히 해 준 것도 없는 자식이 감사하다며 넙죽 큰절을 하는 기분이랄까. 기성세대는 그들에게 자유와 평등, 사회적 연대와 같은 진정한 민주주의의 가치를 제대로 가르친 적이 없다. 각자도생하며 자본주의에서 살아남으라고 주문해 왔는데, 아이들은 자발적 연대와 실천으로 어른들을 머쓱하게 만들어 놓지 않았나.

물론 기성세대도 변명의 여지는 있다. 학교에서 민주 시민 교육을 제대로 받아 본 적이 없기 때문이다. 반공 교육, 국민 윤리 교육 등 순종하는 국민을 길러 내는, 이른바 신민 교육(臣民 敎育) 세대가 아닌가. 그렇기에 민주주의는 기성세대에게 더욱 절실한 성장 과제가 아닐 수 없다. 적어도 이 문제에서만큼은 어른도 사춘기인 셈이다.

"쟤는 왜 저렇게 공부를 못하는지, 얘는 뭣 때문에 자꾸 말썽을 피우는지, 그리고 우! 바퀴벌레 사건은 도대체 왜 일어났는지, 그 이유를 모르고서는 절대로 문제를 해결할 수 없으니까요."

그러고 보면 이번 수업의 가장 큰 수혜자는 교사인 내가 아니었나 싶다. 또 하나의 계단을 올라선 기분이다. 그것은 스스럼없이 질문하고, 호기롭게 거리로 나섰던 4학년 1반 석뿡이들 덕분에 가능한 일이었다. 가르치면서 두 번 배운다고 했던가. 이 책을 읽으며 교사들이 함께 성장할 수 있길 바란다.

• 덧붙이는 말

이 수업은 결코 나 혼자만의 결과물이 아니다. 집단 지성의 힘이 무엇인지를 보여 준 멋진 동료들, 윤영미·김명희·송인혜·이동근·황현진 선생님에게 감사의 마음을 전한다.

• 함께 보면 좋은 작품

『나하고 친구 할래?』(선안나 글, 이형진 그림, 상상스쿨 2015)

『내가 진짜 기자야』(김해우 지음, 바람의아이들 2015)

『목기린 씨, 타세요!』(이은정 글, 윤정주 그림, 창비 2014)

『소리 질러, 운동장』(진형민 글, 이한솔 그림, 창비 2015)

『신고해도 되나요?』(이정아 글, 윤지회 그림, 문학동네 2014)

『재판을 신청합니다』(이명랑 글, 이강훈 그림, 시공주니어 2013)

『차일드 폴』(이병승 지음, 푸른책들 2011)

『초콜릿 전쟁』(오이시 마코토 글, 기타다 다쿠시 그림, 책내음 2012)

공감하는 그림책 읽기

『엄마 마중』

1. 우리 정서를 담은 그림책

마음에 드는 그림책을 만나면 가슴이 두근거린다. 교실 책상 어름에 또는 집 거실에 그림책을 진열해 놓고 한참 들여다본다. 이런 두근거림을 어린이들과 나누고 싶어서 그림책을 읽어 주곤 했던 것 같다.

나는 어린이에게 읽어 줄 책을 연령이나 인권, 다문화, 동물 보호, 평화 같은 주제를 들어 고르지 않으려고 한다. 성취 기준도 크게 고려하지 않는다. 마음에 드는 책을 골라 놓고 성취 기준의 어떤 부분을 구현할 수 있을지 생각하는 정도다. 작품을 고르는 잣대가 많을수록 좋은 작품이 손에서 빠져나갔던 경험 때문이다.

온작품 읽기가 시작되었다. 선생님들이 책을 골라 의논해 가며 어린이들에게 읽어 주기도 하고 성공적인 사례를 낸 작품을 다루기도 할 것

강승숙 초등학교 교사. 『행복한 교실』 『선생님, 우리 그림책 읽어요』 『얘들아, 학교 가자!』 『사랑 먼저 놀 거야!』 등을 냈다.

공감하는 그림책 읽기 145

이다. 어떻게든 좋지만 어린이가 책 한 권을 읽으면서 부모에게 책 이야기를 들려주고 서점에 달려가 책을 사는 일이 많이 생겨나면 좋겠다.

어린이들에게 읽어 줄 책을 고르고 나면 내 자신이 먼저 책 읽는 시간을 갖는다. 덕분에 뜻밖의 즐거움을 얻거나 새로운 발견을 하기도 한다. 그 가운데 손꼽는 그림책이 바로 『엄마 마중』(보림 2013)이다. 『조선아동문학집』(조선일보사출판부, 1938)에 실린 이태준의 동화로 만들었다. 동화는 마치 그림책을 위해 쓴 듯하다. 화가 김동성은 우리 빛깔을 잘 내어 아름다운 그림책을 만들었다. 잊을 수 없는 아가 캐릭터를 창조했다.

『엄마 마중』을 읽을 때면 유년기로 돌아가곤 한다. 아가가 집에서 나와 전차 정류장으로 나갈 때면 나도 여름날 해거름에 엄마 손을 꼭 잡고 복숭아밭 고개를 넘어간다. 아가가 전차 정류장에 '낑' 올라설 때 나는 엄마 손을 붙잡고 찻길 가장자리에 서 있다. 나는 기둥을 잡고 돌거나 쭈그려 앉아 있는 아가의 마음을 다 알 것만 같다. 아가가 걸어가는 공간은 비어 있지만 나는 그 빈 공간에 무엇이 있는지 다 안다. 동네 우물이 있고 무당집이 있고 요꼬(니트 옷을 짜는 기계를 당시는 그렇게 불렀다.) 짜는 변숙이네 집이 있다. 아무것도 보여 주지 않는 듯한 흰 여백은 많은 것을 담고 있다.

『엄마 마중』은 잊혀지고 있는 순한 정서, 오랜 기다림, 정겨움과 마주하게 한다. 인간의 근원에 자리하는 존재인 어머니가 있고 그 어머니를 기다리는 아가가 있다. 헤아릴 수 없는 기억과 감정이 풀려나올 수밖에 없다. 그래서 지극히 단순해 보이는 이야기가 모든 이의 마음을 두드린다. 이 느낌을 어린이와 나누고 싶다. 어린이의 부모에게 전하고 싶다.

2. 수업을 할 때 중요한 점

• 시대 배경에 대한 이해

1930년대는 가난하고 힘겨운 시절이다. 사람들은 어떻게 살림을 꾸렸을까? 땔감으로 무엇을 썼으며 무명옷으로 어떻게 겨울을 났을까? 전차는 언제부터 언제까지 다녔고 어디를 거쳐 갔는가? 난방이란 개념조차 희미했던 시대, 추위 속에 서 있는 인물과 마음을 깊이 느끼도록 배경을 이해하는 시간을 가지면 좋겠다.

• 인물에 대해 생각하기

—아가: 전차 정류장의 손님이 다 떠나고 어두워지도록 꼼짝없이 엄마를 기다리며 서 있다. 아가의 마음에 대해 이야기 나눈 뒤 그 마음을 느껴 본다.

—세 번째 차장: 다른 차장과 달리 아가 곁으로 다가와 다정하게 말을 건넨다. 이태준의 어린이 존중 사상이 반영된 귀한 장면이다. 세 번째 차장의 마음이 아가에게 고스란히 전해지고 그 마음에 힘입어 아가는 엄마를 꿋꿋하게 기다린다. 여기서 세 번째 차장은 어떤 사람일까 생각해 본다.

• 몸짓, 음악, 시, 미술 표현으로 그림책 깊이 감상하기

—시 노래 부르기: 이원수 시에 붙인 노래 「어디만큼 오시나」(백창우 작곡)를 감상하고 부른다. 이 그림책과 잘 어울린다.

—마지막 문장을 다시 읽으며 인물의 마음 느끼기: "아가는 바람이 불어도 꼼짝 안 하고, 전차가 와도 다시는 묻지도 않고, 코만 새빨개서 가만히 서 있습니다." 이 문장을 교사가 외워 읊으면 좋겠다. 교사가 이

문장을 천천히 읽을 때 어린이들은 인물의 마음과 작품의 시공간을 더 풍부하게 느낄 것이다.

　―아가를 위한 선물 주기: 아가에게 주고 싶은 선물을 몸짓으로 표현하거나 신문지로 만들어 본 뒤 감상하는 시간을 가지면 좋겠다. 어린이들은 선물을 주는 과정에서 인물에 대해 다시 한번 생각하고 느낄 것이다.

3. 어린이와 교사, 학부모를 품는 다정한 그림책 수업

해마다 어린이들에게 『엄마 마중』을 읽어 준다. 시기는 주로 학부모 공개 수업날이다. 올해는 공개 수업에 앞서 『엄마 마중』의 시대 배경을 이해하는 시간을 가졌다. 4학년 어린이들과 배경 이해 활동을 하는데 두 시간 가까이 걸렸다. 활동을 마친 뒤 공개 수업하는 날, 『엄마 마중』을 읽기로 했다.

• 작품의 배경을 이해하는 활동

교　사　며칠 뒤 부모님을 모시고 하는 공개 수업이 있지요. 이날 부모님과 여러분에게 오래전 동화로 만든 그림책을 보여 주려고 해요.

어린이　100년쯤 됐어요?

교　사　거기까지는 아니고 1930년대예요.

어린이　일제 강점기네요.

역사에 관심이 많은 어린이들이 알고 있는 사실을 다투어 이야기했다. 1930년대 서울 풍경을 담은 사진 몇 점을 보여 주었다. 읽어 줄 책의 배경이 되는 풍경이라고 설명했다.

어린이 흑백이라 아주 옛날 같아요. 조선 시대인가?

교 사 그렇게 보일 거예요. 이때는 대부분 가난했어요. 사람들은 주로 어떤 일을 했을까요?

어린이 장사요.

어린이 공장이나 회사에 다녔어요!

일하고 싶어도 일거리가 없던 시절이다. 어른들은 막벌이나, 푸성귀 장사, 채석장에서 돌 깨는 일, 고물 줍기, 솥땜장이 같은 일을 했다고 들려주었다. 자연스럽게 옷과 신발, 땔감 이야기도 꺼냈다. 실은 나도 이 시절 형편을 잘 알지 못한다. 이번에 『엄마 마중』을 다시 읽으면서 더 알아보았다. 이때는 난방을 제대로 못 하고 겨울을 나는 사람들이 많았다고 한다. 가난한 이들은 온돌이 없는 토막집에 사는 경우가 많았다. 난방을 하려야 할 수도 없는 처지였다. 주인공 아가가 입은 무명옷을 가지고 어린이들과 이야기를 나누었다.

교 사 겨울에 아주 추울 때 어떤 옷 입어요?

어린이 롱패딩요! 진짜 따듯해요.

교 사 그 패딩 속엔 뭐를 넣지요?

어린이 오리나 거위털요.

교 사 아주 따스하지요. 그런데 1960년대까지만 해도 겨울에 따스한 옷을 제대로 입지 못했어요. 옷 한 벌 가지고 꿰매고 덧대고 해서 입었지요. 화학 섬유가 나오기 전까지는 그랬어요.

어린이 아…….

① 사진 속 동네 표현하기

책상을 뒤로 밀고 교실 한가운데 모여 앉았다. 사진에 나온 옛날 동네에서 어떤 소리들이 들렸을지 짐작하며 이야기를 나누었다. 사진에는 그림책 면지에 나오는 양옥집과 판잣집이 있었다. 토막집은 미처 생각하지 못하여 이때 사진을 보여 주지 못했다.

모둠별로 의논할 시간을 주었다. 몸짓과 함께 한마디씩 표현하기로 했다. 골목에서 나는 소리도 좋고 집 안에서 들려오는 소리도 좋다고 했다. 한 모둠씩 나와서 정지 장면으로 표현했다.

"엿 사려!"

"진구야, 나와서 제기 차고 놀자!"

"방이 왜 이리 춥냐?"

"또 고무줄 끊고 도망간다!"

어린이들은 자신이 아는 범위에서 장면을 상상해 재미있게 표현했다. 엄마가 가마솥 밥을 푸고 아이가 밥 먹으러 달려오는 장면이 인기였다.

② 전차 표현해 보기

전차 사진을 보여 주고, 전차가 1899년에 개통되어 1969년에 사라졌다는 얘기를 들려주었다. 마침 전차 내부 사진도 있어 보여 주었다. 교통수단이 변변치 않던 시대에 전차가 끌었던 인기, 차츰 느린 속도와 잦은 고장, 자동차의 등장으로 운행을 멈추게 된 이야기도 덧붙였다.

전차에 대한 설명을 마치고 반을 크게 두 모둠으로 나누었다. 10여 분 시간을 주고 정지 장면으로 전차를 표현해 보게 했다. 어린이들은 신이 난 듯 모여서 의논을 하더니 전차를 만들었다. 표현이 흥미로웠다. "땡땡 종로역입니다. 내리세요!" 하거나 "치익!" 하면서 문이 열리고 손님이 오르내리는 장면까지 표현했다.

몸으로 전차 표현하기 활동

③ 전차를 기다리는 사람들 표현하기

정거장에서 전차를 기다리는 사람들을 표현해 보았다. 아가와 정거장에 서 있던 사람들이다. 아기 업은 아주머니, 지팡이를 쥔 할아버지, 대여섯 살쯤 되는 남자 어린이, 보따리를 머리에 인 아주머니를 표현하기로 했다. 혹시 이야기를 나눈다면 어떤 이야기를 나누었을지 생각해 보라고 했다.

어린이들은 5분여 만에 발표 준비를 끝냈다. 어떤 모둠에서는 아주머니가 등에 업고 있는 아기가 춥겠다면서 포대기를 바짝 올려 주는 몸짓을 했다. 어린이들은 "아!" 하며 감탄했다. 어린아이한테는 할아버지가 "춥겠구나, 조금만 기다려라!" 하면서 다정한 말을 건네기도 했다. 활동을 마치고 소감을 나눈 뒤 느낌을 글로 썼다.

— 골목 풍경을 표현한 것이 모둠마다 다르고 창의적이다. 장면이 저마다 달라서 놀랍다. 전차를 표현하는 방법도 매우 달랐다. 전차나 골목 풍경을 직접 표현해 보니 옛날로 돌아간 거 같고 기억에도 오래 남을 것 같다.

— 이 체험을 해 보니 내 자신이 1930년대 사람이 된 것 같다. 골목에서 밥을 먹으러 집으로 달려가는 아이 역할을 했다. 전차를 기다리는 사람들은 추운 겨울에 느린 전차가 오는 것을 기다리느라 정말 춥고 힘들었을 것이다. 80년이 넘는 시간이 흘러 우리나라가 이렇게 발전한 게 신기하다.

— 선생님이 1930년대를 배경으로 한 책을 읽어 주신다고 했는데 배경을 미리 사진으로 보고 연극을 해 봐서 그런지 책을 빨리 읽고 싶은 느낌이 든다. 어떤 책일까? 계속 고민 또 고민하였다.

• 학부모 공개 수업하는 날, 『엄마 마중』을 읽다

교실 안에는 이원수의 시에 가락을 붙인 노래 「어디만큼 오시나」가 잔잔하게 흐른다. 부모들은 교실 뒤쪽에 마련된 의자에 앉아 있고 어린이들은 교실 앞쪽에 가까이 모여 있다. 어린이들 앞에는 초록색 천을 씌운 의자가 있고 그 위에 인형이 놓여 있다. 바로 『엄마 마중』에 등장하는 주인공 아가다. 그림책을 들고 인형이 놓인 의자 곁에 앉았다. 음악이 멈추었다. 교실은 더없이 차분했고 그림책을 읽기 위한 준비가 다 되었다.

『엄마 마중』을 읽기 시작했다. 공개 수업하는 날 이 그림책을 읽는 까닭이 있다. 부모에게 그림책으로 우리 어린이들이 얼마나 풍부한 감정을 느끼고 이야기를 나눌 수 있는지 보여 주고 싶어서다. 어린이와 같은 마음이 되어 그림책 한 권이 선사하는 풍부한 이야기에 젖어 들기를 바라는 마음도 크다.

온작품 읽기는 어린이가 책을 즐기면서 진정한 독자로 자라게 만드는 데 그 뜻이 있다고 생각한다. 그러기 위해 가장 절실한 일이 책 읽어 주기다. 선생님의 책 읽어 주기는 그 자체만으로 수업의 기술이나 방법을 넘는 힘을 발휘한다고 믿는다. 그리고 또 하나, 부모의 응원이 필요하다. 그림책은 어린이와 부모를 잇는 작은 다리가 될 것이다.

『엄마 마중』 표지를 보여 주었다. 어린이들이 깜짝 놀란다.

어린이 어! 교실에 있던 그 인형이 주인공이었어!
어린이 너무 귀여워요! 그 인형 선생님이 만들었어요?

어린이들은 선생님이 어떤 그림책을 읽어 줄지 몹시 기다렸다. 그런데 그림책 표지에 나오는 인물이 교실에 늘 있었던 인형이라니! 인형은 출판사에서 책과 함께 판매하는 것이다. 우연히 서점에서 아가 인형을 보았는데 귀여워서 사지 않을 수 없었다. 책을 읽어 주고 나면 어린이들은 자꾸 인형을 끌어안는다.

교 사 제목과 표지 그림을 보니 어때요?
어린이 엄마를 기다리는 이야기 같아요.
교 사 마중의 뜻을 알고 있어요?
어린이 기다리는 거요.
교 사 그래요. 오는 사람을 맞이하러 나가는 걸 말해요.

면지를 보여 주었다.

그림책 전시 모습

어린이   따뜻해요.

어린이   흙 같아요.

어린이   표지에 나오는 아이의 옷하고 색이 비슷해요.

교 사   선생님은 어릴 때 놀던 겨울 논바닥이며 동네 마당이 떠올라요.

어린이   논에서도 놀았어요?

첫 장면을 펼쳤다. 어린이들이 "아!" 하며 감탄한다. 사진을 보고 소리와 몸짓으로 표현했던 풍경이 나오니 반가움이 더 큰 듯하다.

어린이   뭔가 평화로운 거 같아요.

어린이   아주 가난한 동네는 아닌가 봐요.

화면 왼쪽 구석에서 인물이 등장한다. 주인공 아가다. "아유, 귀여워" "어딜 가지?" "책 제목이 『엄마 마중』이니까 엄마 마중 가는 거 같은데……." 저마다 한마디씩 한다.

추워서 코가 새빨간 아가가 아장아장 전차 정류장으로 걸어 나왔습니다. 그리고 '끙' 하고 안전지대에 올라섰습니다.

어린이   안전지대에 올라가는 거 보니까 어린 거 같아요. 다섯 살쯤?
어린이   처음 온 거 같지가 않아요. 늘 해 본 것 같은데요.

다음 장면, 글이 없다.

어린이   기다리기 지루한가 봐요.
어린이   선생님, 오른쪽에요. 나무가 너무 커요! 전차는 작아 보이는데.

이내 전차가 왔습니다. 아가는 갸웃하고 차장더러 물었습니다. "우리 엄마 안 오?"

어린이   어린애들은 사람들이 다 자기네 엄마 아는 줄 알아!
어린이   맞아!
어린이   '이내'가 뭐예요?
교 사   어떤 뜻인 거 같아요?
어린이   곧, 그런 뜻 같은데…….
교 사   맞아요.

"너희 엄마를 내가 아니?" 하고 차장은 '땡땡' 하면서 지나갔습니다.

어린이 아가가 좀 불쌍해요. 전차 뒤를 보고 있는 게.

우리 반에는 어머니가 먼 나라에 사는 어린이가 있다. 나중에 그 어린이와 그림책을 다시 보았다. 어린이는 수업 시간 때 꺼내지 못했던 말을 했다. 자기 같으면 달리기를 잘하니까 막 뛰어가서 차장 아저씨한테 엄마 좀 찾아 달라고 더 부탁할 거 같다고 했다. 아가가 더 이상 말을 못하고 전차 꽁지만 바라보고 있는 게 몹시 안타까웠던 모양이다.

장면이 바뀌었다. 사람들은 여전히 전차를 기다린다. 인물들은 모두 바뀌었고 아가만 그대로 있다.

어린이 저렇게 뭘 잡고 뱅뱅 도는 것은 정말 지루하다는 거예요!
어린이 오른쪽 그림은 무슨 수족관 같아요!
어린이 바다 같다! 신화에 나오는.
어린이 저는 아가 마음 같아요. 외로운 거 같아요.

앞장에서는 전차가 오는 공간에 나무와 다리가 보였는데 이제 화면이 비현실적 공간으로 바뀌었다. 그 공간은 어서 전차가 엄마를 태우고 오기를 간절하게 바라는 아가의 마음일지도 모른다.

또 전차가 왔다. 두 번째 차장도 첫 번째 차장과 다를 바 없다. 아가의 물음에 무심하다. 장면은 바뀌고 이제 전차를 기다리는 아가는 쪼그려 앉아 있다. 시간이 흐르고 세 번째 전차가 왔다. 이제 전차가 오는 배경은 초록색에서 노란색으로 바뀌었다. 새들이 날아간다.

그 다음 전차가 또 왔습니다. 아가는 또 갸웃하고 차장더러 물었습니다.
"우리 엄마 안 오?"

어린이 선생님, 세 번째니까 뭔가 좋은 일이 생길 거 같아요.
어린이 그럴 거 같아요. 옛날이야기 같은 거 보면 3이라는 숫자가 의미가 있잖아요.
교　사 아가에게 좋은 일이 있으면 좋겠네요!

"오! 엄마를 기다리는 아가구나." 하고 이번 차장은 내려와서,
"다칠라, 너희 엄마 오시도록 한군데만 가만히 섰거라, 응?" 하고 갔습니다.

어린이 아가가 차장을 보는 모습이 귀여워요!
어린이 차장 아저씨가 친절해요.
어린이 아가를 걱정해 주는 거 같아요.

이제 아가는 전차 정거장에 혼자 서 있다. 주변은 어둑하다.

어린이 자전거 타고 가는 사람도 있고 걸어가는 사람도 있는데 전차 정거장에는 아가밖에 없어요.
어린이 아가 혼자 있는데 왜 아무도 안 오는 거예요.
어린이 추울 거 같아요.
어린이 식당이 많아요. 아가가 먹고 싶겠다.
어린이 사람들이 겨울인데도 옷을 얇게 입은 거 같아요.

어둑한 전차 정류장, 사람들은 사라지고 주변 풍경이 어둠 속에서 오롯이 드러난다. 이 장면에서는 지금까지 보이지 않던 상점들과 지나가는 사람들이 보인다. 따뜻한 김이 날 듯한 종로식당과 진미국숫집이 있다. 아가는 서 있는데 사람들은 어디론가 바삐 간다. 혼자 서 있는 아가가 더 외롭고 작아 보인다.

우리는 아가가 서 있는 시공간을 더 느끼기 위해 1월인지, 2월인지 생각해 보았다. 몇 시쯤 되었을지도 가늠해 보았다. 어린이들은 겨울에는 일찍 어두워진다며 네 시나 다섯 시쯤 되었을 거라고 점쳤다. 아가가 전차 정류장에서 기다린 시간도 따져 보았다. 세 시쯤 나왔다면 두어 시간 가까이 기다렸을지도 모른다.

이제 마지막 문장이 남았다. 아주 천천히 읽었다.

코만 새빨개서 가만히 서 있습니다.

작게, 멀리서만 보여 주던 아가를 근경으로, 아주 가까이 보여 준다. 이 장면은 좀처럼 잊히지 않는다. 어린이들은 하고 싶은 말이 많다. 그래서 이야기가 끝나는 이 장면에서 한참 멈춘다. 화가가 해석하여 그린 다음 장면을 곧바로 보여 주지 않는다.

몇 년 전 어떤 송별식 자리에서 교사들에게 이 그림책을 읽어 준 적이 있다. 선생님 한 명은 너무 슬프다며 눈시울을 붉혔다. 선생님은 아득한 유년 시절로 돌아간 듯 젖은 목소리로 말을 이었다. 추운 날 늦도록 놀다 집에 가니 동생이 집 밖에 나와 있었다. 동생은 그림책 속 아가처럼 주먹을 꽉 쥐고 눈을 맞으면서 꼼짝없이 서 있었다. 주먹 쥔 손에는 눈이 소복하게 쌓였다. 그 이야기를 하면서 선생님은 기어이 눈물을 흘렸다. 그 이야기를 들으면서 혼자 꿋꿋하게 서 있는 아가의 단단한 마음이 새롭게 다가왔었다.

어린이 끝이에요?

어린이 너무 불쌍해요!

어린이 처음부터 다, 전부 다 불쌍해요!

어린이 손이 정말 빨개요.

어린이 장갑 끼워 주고 패딩 입혀요!

어린이 힘들어도 엄마를 기다리는 걸 보니까 아가 마음속에 엄마만
있는 거 같아요.

교 사 그래요, 그런데 아가가 이렇게 꿋꿋하게 엄마를 기다리는데
큰 힘을 준 사람이 있지요?

어린이 네, 세 번째 차장요.

아가에게 힘을 준 세 번째 차장이 지금 저 뒤에 와 있다고 했다. 어린
이들은 두리번거리며 교실 뒤쪽을 봤다. 어머니들 사이에 아버지 서너
분이 보였다. 그 가운데 한 명을 모셨다. 즉흥적으로 이루어진 일이었지
만 아버지는 서슴없이 나와 마련된 의자에 앉았다.

교 사 전차를 운행하느라 바쁘실 텐데 여러분을 위해 잠시 이 자리
에 와 주셨어요. 고맙습니다. 이제 세 번째 차장님께 궁금한 거 있으면
질문하도록 해요.

어린이 다른 차장은 모른다고 지나갔는데 왜 차장님은 아가 있는 데
까지 내려와서 친절하게 이야기했어요?

차 장 응, 그건…… 나도 집에 아가 같은 아이가 있어요. 추운데 엄
마를 기다리는 아가를 보니 집에 있는 아이 생각이 났어요.

교실에 차분하면서도 부드러운 분위기가 흘렀다.

어린이 그런데 왜 한자리에 가만히 있으라고 하셨어요?
차 장 괜히 왔다 갔다 하다 보면 엄마랑 길이 엇갈릴 수도 있고 또 위험할 수도 있어서.

우리는 좋은 답을 들려준 아버지에게 고마움을 전했다. 이어서 주인 공 아가의 마음을 함께 느끼는 시간을 가졌다.

교 사 아가는 지금 어떤 마음으로 서 있을까요?
어린이 춥지만 세 번째 차장 말을 믿고 엄마를 기다려요!
어린이 손도 시리고 발도 시릴 거 같아요.
교 사 그래요, 여러분은 아가의 마음을 정말 잘 이해하고 있네요. 우리 다 같이 아가가 되어 추운 겨울 전차 정류장으로 가요. 가서 아가 의 마음을 느껴 보기로 해요.

어린이들은 모두 일어나서 칠판 쪽을 향해 섰다. 그리고 먼 곳을 바라 보는 듯한 얼굴을 했다. 우리는 1930년대 겨울 전차 정류장으로 가서 아 가를 만날 준비를 했다. 나는 천천히 교실을 거닐면서 이미 외우고 있는 문장을 읊었다.

아가는 바람이 불어도 꼼짝 안 하고,
전차가 와도 다시는 묻지도 않고,
코만 새빨개서 가만히 서 있습니다.

어린이들은 추위를 견디며 엄마를 기다리는 아가의 마음이 되어 책 속 시간, 1930년대의 그 겨울 아가 곁으로 가고 있는 듯했다.

우리는 몸짓으로 표현해서 엄마를 기다리는 아가에게 선물을 주기로 했다. 수업 시작할 때 흘러나오던 노래 「어디만큼 오시나」가 다시 잔잔하게 흐른다.

몇 해 전 3학년 어린이들과 수업할 때였다. 마지막 모둠이 발표를 했다. 그 모둠에는 반에서 가장 키가 작고 몸집이 가녀린 여자아이가 있었다. 모둠에서 그 어린이를 아가로 정했다. 어떤 어린이는 목도리를, 어떤 어린이는 코코아차를 선물로 주었다. 그런데 마지막 선물 줄 차례가 된 어린이가 갑자기 아가 역할을 맡은 그 어린이를 일으켰다. 그러고는 손을 잡고 교실 뒤편으로 가더니 어떤 어머니 앞에 섰다. 그 순간 어린이와 부모님 모두 감탄을 하며 깊은 감동에 젖었다. 마지막 어린이는 선물로 아가에게 진짜 엄마를 선물한 것이다. 부모 가운데 몇 명은 눈시울을 붉혔다. 그 누구도 생각하지 못한 일이었다.

발표 시간이 되었다. 모둠에서 아가를 맡은 어린이는 의자에 앉고 다른 친구들은 아가가 된 친구에게 선물을 주었다. 핫팩을 주고 점퍼를 벗어 주었다. 무릎 담요를 덮어 주고 모자를 벗어 씌워 주거나 털신을 신겨 주었다. 풀빵이 나오고 군고구마도 나왔다. 따끈한 코코아차를 따라 주는 어린이도 있었다. 연습하지 않은 터라 몸짓이 조금 서툴렀지만 도리어 그 서투름이 묘한 감동을 주는 활동이다.

부모들은 잔잔한 웃음을 띠며 그 장면을 바라보았다. 활동 소감을 나누고 수업을 마쳤다. 수업을 마치고 인사를 나누는데 어머니 한 명이 다가와 말했다.

"이상하게 수업 내내 자꾸 눈물이 나는 거예요."

또 한 명은 아이가 다 컸다고 글 많은 책만 읽으라고 했는데 이제는 어릴 때 읽었던 그림책을 아이랑 다시 읽어야겠다고 했다.

부모님 수업 참관록

—그림책 한 권에 아이들이 푹 빠져서 주인공도 되어 보고 등장인물도 되어 보네요. 생각해 보지 못했던 것을 떠올릴 수 있게 해 주어 너무 인상적이었습니다.

—독서 수업이라 선생님이 읽어 주면 아이들이 소감을 발표하는 수업일 거라 생각했습니다. 그런데 다양한 방식으로 아이들이 재미나게 수업에 참여하는 모습이 인상 깊었습니다.

—뭐든지 빠르고 다들 바쁘게 지내는 사회에서 4학년 3반은 기다림과 남을 배려하는 마음을 배우는 거 같아 마음이 따뜻하고 감사한 마음이 들었습니다.

—코끝을 시큰하게 합니다. 요즘 맞벌이 부부도 많아서 사실 아이가 집에 홀로 있는 시간이 많습니다. 반겨 주는 이가 없는 집에 왔을 때 홀로 외롭고 얼마나 힘들었을지 느껴지네요.

수업 다음 날 아침, 한 어린이가 다가왔다. 뭔가 상기된 듯한 얼굴로 전날 수업 이야기를 꺼냈다.

"어머니가 이상하게도 발표하지 않고 거의 몸짓으로만 표현했는데도 말보다 더 큰 감동이 느껴졌대요."

• 원작 동화 『엄마 마중』 다시 읽기

공개 수업을 마치고 어린이들과 감상을 정리하는 수업을 진행했다. 동화집 『엄마 마중』(방정환 외, 보리 1999) 속 원작 동화를 천천히 읽으면서 마음에 다가오는 낱말과 문장에 줄을 긋고 느낌이나 궁금한 것을 써 보라고 했다. 이 활동은 읽은 작품에 대해 다시 한번 깊이 생각하도록 한다. 발표를 할 때 수줍어서 목소리를 내지 못하는 어린이에게도 이 활동은 의미가 있다.

우리는 세 번째 차장에 대해서 이야기를 더 나누었다. 아가는 왜 세 번째 차장의 말을 들었는지, 아가의 마음에 힘을 준 것은 무엇이었는지 생각해 보는 건 이 작품과 인물을 이해하는 데 중요하다.

아가가 세 번째 차장의 말을 들은 까닭

— 옛날에 들었던 그리운 아빠 목소리 같아서 아가가 차장 말을 들었던 것 같다. 또 세 번째 차장이 걱정해 주는 마음이 아가 마음에 닿았던 것 같다.

— 세 번째 차장 덕분에 아가가 희망이 생겨서 엄마를 기다릴 수 있었던 것 같다.

— 차장이 한 말은 아이가 듣고 싶었던 말이었다. 세 번째 차장의 말은 핫팩처럼 따뜻했다!

정리하는 활동으로 '세 번째 차장은 ( )이다.' 활동을 했다. 세 번째 차장에 초점을 둔 것은 어느 워크숍에서 만난 교사 때문이다. 40대 초반인 그 교사는 『엄마 마중』 그림책을 읽어 주자 울음을 삼키며 자신의 청소년 시절 이야기를 꺼냈다.

어린이의 감상평

"제 청소년 시절에는 주변에 세 번째 차장 같은 분이 단 한 사람도 없었어요. 친척, 가족 모두 집 나간 어머니를 욕했어요. 그게 너무 슬펐어요."

이 이야기를 듣고 세 번째 차장에 대해 깊이 생각하게 되었다. 돌아가신 아버지를, 다른 나라로 떠난 어머니를 기다리는 어린이, 부모님의 다툼이나 어려워진 집안 형편으로 힘들어하는 어린이들도 『엄마 마중』의 아가처럼 추위를 느끼고 있을지 모른다. 그 어린이를 위해 교사인 내가 세 번째 차장이 되어야 한다고 생각한다.

세 번째 차장은 (　　　)이다.

　　— 세 번째 차장은 (**담요**)입니다. 아가에게 따뜻하게 말을 해서 담요
입니다.

　　— 두 번째 차장까지는 그냥 엄마를 모른다고만 해서 아가 마음은 어둡
고 캄캄했는데 세 번째 차장은 아가한테 (**햇빛**) 같았습니다.

　　— 세 번째 차장은 (**목도리**)입니다. 차장의 마음이 목도리처럼 추워하
는 아가를 따뜻하게 감싸기 때문입니다. 아가는 분명 마음씨 따뜻한 차장
이 멋지고 믿음직해서 기다린 것입니다.

• 책을 읽고 난 뒤 마음에 남는 느낌 나누기

『엄마 마중』을 읽고 어떤 때는 몸짓으로 감상을 표현하지만 신문지
를 가지고 느낌이나 생각을 표현할 때도 있다. 신문지는 잘 구겨져서 모
양을 잡기에 좋다. 색종이나 도화지보다 잘해야 된다는 부담을 덜 주는
재료라서 어린이들은 마음껏 구기고 찢고 접는다.

활동을 할 때는 가위를 쓰지 않도록 한다. 손으로 접거나 구기거나 찢
어서 표현하도록 이끈다. 보통 신문지 반 장을 나누어 주는데 남는 거
없이 다 쓰게 한다. 딱풀이나 테이프로 붙이고 싶은 데가 있으면 붙여
본다. 아가만을 위한 선물을 만들어도 좋고 아가와 세 번째 차장 그리고
엄마 가운데 마음에 드는 인물을 골라 선물을 주어도 괜찮다. 어떤 어린
이는 아가와 엄마를 위한 선물을 만들기도 했다.

신문지로 선물을 만들고 나면 붙임 종이에 그 선물을 주고 싶은 까닭
을 적어 선물에 붙인다. 준비가 다 되면 책상을 가장자리로 밀어 놓고
교실 한가운데에 동그랗게 모여 앉는다. 천이 있으면 가운데에 펼쳐 놓
고 선물을 늘어놓는다. 천이 없다면 흰색 전지 두 장 정도를 붙이면 된

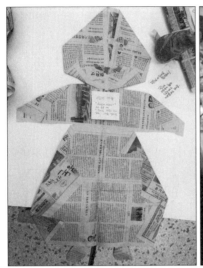

아가에게 주는 선물 만들기(교사 워크숍에서 찍은 사진)

다. 이렇게 해 놓고 선생님부터 인상 깊은 선물을 하나 고른다. 그러면 선물을 만든 어린이가 일어서서 친구들에게 그 선물을 만든 까닭을 설명한다. 설명이 끝난 어린이는 또 다른 작품을 고른다. 이렇게 릴레이식으로 선물 소개 시간을 갖는다.

• 시간이 지난 뒤 다시 들여다본 『엄마 마중』

『엄마 마중』을 읽은 지 두 달이 지났다. 아가 인형은 교실 한쪽에 늘 자리하고 있고 어린이들은 종종 인형을 가지고 논다. 12월 어느 날, 국어 활동 교과서 뒤쪽에 있는 문장 쓰기를 했다. 한 문장을 써도 정성껏, 마음을 다해 쓰자고 했다. 어린이들은 신중하게 한 자 한 자 천천히 써 내려갔다. 문득 『엄마 마중』의 마지막 문장을 쓰고 싶은 생각이 들었다.

칠판에 "코만 새빨개서 서 있습니다." 하고 천천히 써 내려갔다. 어린

이들은 선생님이 글씨를 잘 쓴다며 칭찬했다. 아가도 그려 달라고 해서 그렸다. 어린이들은 마지막 문장을 쓰고 아가도 따라 그렸다. 칠판에 쓴 문장과 아가 그림이 좋다며 사진으로 찍고 싶다고 하는 어린이도 있었다. 이미 읽은 그림책을 한동안 잊고 있다가 이렇게 되새기니 추억을 나누는 기분이 들었다.

어린이들은 쉬는 시간에 나와서 그림책을 들춰 보기도 하고 인형을 만지작거리기도 했다. 칠판 그림은 지우기 아까워서 며칠 놔두었다. 이렇게 우리는 두 달여 만에 『엄마 마중』을 다시 만났다.

『엄마 마중』은 읽을 때마다 새로운 사연과 따뜻한 마음을 만나게 해 준다. 어린이들은 엄마를 기다렸던 일을 떠올린다. 부모님이 먼 세상으로 떠난 어린이는 올 수 없는 부모님을 생각하면서 씩씩한 아가를 응원한다. 어른들은 저마다 가슴속에 고이 잠든 쓸쓸한 사연을 떠올린다. 일

다니느라 아가를 혼자 기다리게 한 시간들을 떠올리며 눈물을 흘린다. 유년 시절 늦도록 돌아오지 않던 어머니의 마음을 이제야 깨달으며 눈시울을 붉힌다.

간절한 마음이, 꿋꿋이 무언가를 기다리는 마음이 필요한 시절이다. 『엄마 마중』으로 그 풍부한 정서와 이야기를 나누면 좋겠다.

• 함께 보면 좋은 작품

『시리동동 거미동동』(권윤덕 지음, 창비 2003)

『엄마 생각』(이종미 지음, 보림 2018)

『이상한 엄마』(백희나 지음, 책읽는곰 2016)

『작은 배추』(구도 나오코 글, 호테하마 다카시 그림, 길벗어린이 2015)

「어디 만큼 오시나」(백창우 작곡, 굴렁쇠아이들 노래 『이원수 시에 붙인 노래들』, 보림 2002)

동시, 자유롭게 읽고 느끼기

　책장에 꽂혀 있던 시집들을 끄집어내 칠판 앞에 우르르 쌓았다. 아이들은 칠판에 나이 많은 이들의 이름을 썼다.

　'김륭, 임길택, 유강희, 권정생, 김환영, 안진영……'

　걸상 밟고 올라서서 쓰고, 발돋움하고 쓰고. 이미 외운 이름들을 써 보다가 나중에는 쌓아 놓은 책을 흘깃거리며 더 쓴다.

　'박성우, 김개미, 남호섭, 성명진, 유강희, 주미경, 정유경, 최종득……'

　"유강희는 있는데 또 썼어." 하며 빼기도 하고, "너네 왜 이 사람은 안 썼어?" 하며 '송진권'을 넣기도 하고.

　지금 하려는 놀이는 '찍신' 놀이다. 이게 학기 초에는 '전국 시인 이름 맞히기 대회'였는데 어느 틈에 '찍기 신'으로 놀이 이름이 바뀌더니 지금은 '찍신'이다. 사람이나 말이나 복잡하거나 늘어지는 것은 단순한 것한테 밀리게 되어 있다.

▌**탁동철**　초등학교 교사, '글과그림' 동인. 『얘들아 모여라 동시가 왔다』 『하느님의 입김』 『아이는
▌혼자 울러 갔다』 등을 냈고, 어린이 시집 『까만 손』을 엮었다.

쌓아 놓은 시집들을 파란색 보자기로 가렸다. 아이들은 자기 책상 위에 종이 놓고 손에 연필 쥐고 눈 반짝 귀 쫑긋 잘 찍을 준비를 했다.

첫 번째 문제. 보자기로 덮어 놓은 시집들 중에 아무거나 집어 들고 아무 데나 펴서 읽었다.

시골 버스 정류장

할아버지는 술 먹다가
차 놓치고
할머니는 기다리다
기다리다 오줌 누러 간 새
차 놓치고
또 한 시간
기다려야 하는
점방 앞
버스 정류장

"이 시를 쓴 사람은 누구?"
아이들이 종이에 이름을 적었다. 민성이가 연필 쥔 손을 머리 위로 치켜들고 부들부들 떤다.
"오, 찍기 신! 찍기 신한테 신탁을 받아야 할 텐데. 찍기 신 부화알!"
높이 들었던 연필을 책상에 쿡 내리찍으며 말한다.
"김환영!"
김환영이 들었으면 마시던 소주잔을 덜컥 놓쳤겠다.

재진이가 "근거!"라고 외치며 다른 답을 말한다.

"정완영이요."

"왜?"

"정완영은 아주 작은 걸 봐요."

현빈이도 "근거!"를 외쳤다.

"김용택! 김용택은 시골, 이런 걸 잘 써요."

누가 맞혔을까. 사람을 맞히면 10점, 못 맞히면 0점, 책 제목만 맞히면 5점, 못 맞혀도 근거가 그럴듯하면 2점. 그리고 찍기 신한테 계시를 받아서 맞히면 원래 점수에다 보너스 1점, 찍기 신을 불렀는데 못 맞히면 뒤로 −1점.

이오덕이 나왔고 임길택이 나왔고 유강희도 나왔다. 내가 답을 말할 차례.

"정답은……."

아이들이 책상 두드리는 소리.

두구두구두구…….

"남호섭!"

아후우 토해 내는 숨이 교실에 가득하다. 찍기 신도 별수 없고, 따져 보기도 별수 없다. 10점 얻은 사람은 하나도 없고, 현재 점수는 이렇다. 작은 걸 보니까 정완영이라고 한 재진이 2점, 시골 시라고 한 현빈이 2점, 옛날 시라는 유민이 2점, 생각이 안 난다는 예성이 0점, 찍신을 외치고 틀려 버린 민성이 −1점.

다음 문제로 넘어간다. 아무 책이나 집어 들고 아무 데나 휘리릭 척 펴서 읽었다.

안개는 커다란 어항 같다
사람들이 그 안에 갇힌 채 눈만 껌벅껌벅거린다

좀 전에 찍기 신을 불렀던 민성이가 요번에는 찍신 대신 눈알을 굴리며 곰곰이 따져 본다.

"임복순요. 제가 본 임복순 시에는 약한 비유가 나와요. 어항 안에서 사람이 뻐금거리는 소리 같은 비유."

현빈이는 김은영을 여자로 알고 있는지 "김은영요. 여자가 쓴 시 같아서. 시가 부드러우면서도 좋아요." 한다.

유민이가 아주 자신 있는 얼굴로 "박방희! 『지렁이 일기 예보』 읽었어요. 짧지만 느낌 있는 시들이 많아."

재진이가 고개를 저었다.

"나도 『지렁이 일기 예보』에서 봤어. 근데 박방희가 아니라 유강희야. 거기에는 날씨 관련된 시가 많아."

내가 답을 발표했다.

"정답은…… 유강희!"

답을 맞힌 재진이가 펄쩍 뛰며 엉덩이 실룩실룩 앞으로 나왔다. 나는 들어가서 재진이 자리에 앉았다. 답 맞힌 사람이 그다음 문제 내기. 재진이가 아무 시집이나 잡아 빼서 아무 데나 펼쳤다. 아이들과 나는 숨죽이고 귀 기울였다.

저녁밥 먹자마자
전기 요금 많이 나온다고
전등불 끄는 우리 마을.

전등불 꺼졌는데
이집 저집 번쩍거리는 것은
텔레비전 불빛입니다.

전등불 끄고 텔레비전 보면
눈 나빠진다 눈 나빠진다 하면서도
전기 요금 아까워서
전등불 끄고 텔레비전 보는 우리 마을

밤이 되면
집집마다 사람 소리 들리지 않고
산짐승 울음소리만
애타게 들립니다.

　재진이가 읽어 주는 시를 눈 감고 들었다. 가로등 없던 시절의 우리 마을 밤 풍경이 펼쳐졌다. 어둠 속에서 파르스름하게 텔레비전 불빛만 깜빡깜빡. 내 눈으로 읽을 때보다 시의 장면이 훨씬 더 잘 떠오른다. 그런데 누구 시인지는 막막하다. 산골 마을이면 임길택인가? 장동이? 서정홍 같기도 하고. 사실 누가 썼는지 뭐 중요하겠나. 이름 맞히는 핑계

「시골 버스 정류장」
(『벌에 쏘였다』, 창비 2012)

「안개」
(『지렁이 일기예보』, 비룡소 2013)

「산골 마을」
(『우리 집 밥상』, 창비 2003)

로 시란 것과 만나고 잠깐만이라도 그 안에 머물러 보고, 이런 게 진짜 목적이지.

"임길택은 약간 가난한 거 쓰잖아요. 이 시도 느낌이 가난한 쪽이야."

이러면서 임길택이라는 아이가 있고, 이 시처럼 뭔가 처음엔 약하게 밋밋한데 뒤로 가면 재밌다며 이상교라는 아이가 있다.

누가 썼을까. 두구두구두구두둑…….

"정답은…… 서! 정! 홍!"

나도 모르게 "이야호!" 소리가 나왔다. 나에게 찍신이 내리다니. 그럼 다음 이 시간에 또.

찍신 덕분에 교실 책장에 꽂아 둔 시집을 펼쳐 보는 아이가 더러 있다. 개 머리통을 자주 쓰다듬는 사람이 개를 잘 알고, 장화 신고 망태 메고 산에 다니는 사람이 몸에 좋은 약초인지 못 먹는 버섯인지 구별할 줄 아는 것처럼, 시라는 것도 좋아지고 익숙해지고 보는 눈이란 게 생기려면 자주 만나야겠지. 좋은 놈, 나쁜 놈, 아무렇게나 생긴 놈 따지는 건 나중 문제고.

우리 반 당번 중에 '시'가 있다. '교실 쓸기' 당번은 교실을 쓸고, '닭'은 닭 모이를 주고, '개'는 개밥을 주고, '배추'는 밭에 가서 배추벌레 잡고, '시'는 칠판에 시 한 편 옮겨 적으면 된다.

당번은 주마다 바뀌고 계절마다 바뀐다. 여름까지는 개 당번, 배추 당번이 없었다. 2학기에 새로 생겨난 일자리다. 배추 당번은 텃밭에 배추를 심는 바람에, 개 당번은 학교 뒷산에서 내려온 붉은색 야생 개를 붙잡는 바람에 생겨났다.

소문으로만 듣던 산개를 내 눈으로 본 건 한참 지나서였다. 아이들 사이에 온갖 말들이 돌았다. 이빨이 날카롭다, 사람한테 덤볐다, 밤중에 뒤를 따라왔다, 떼로 몰려다닌다 하며. 경찰관도 소방대원도 붙잡지 못했다. 우리 반 용민이가 공책에 쓴 시.

산개

산개가 타닥타닥
학교를 내려다본다
우우웅 왈왈
나도 산을 보며 개처럼 짖는다
우우웅 왈왈
개
무서운 개
치타같이 뛰는 개
잡아야 된다 잡아야 된다
영차 영차

아이들이 나섰다. 개가 내려오는 산 밑에 구덩이를 팠다. 한 달 가까이 파낸 구덩이에 드럼통을 묻고, 드럼통 바닥에 그물 깔고, 솔잎으로 함정 위를 덮고 먹이를 놓아두었다. 고양이가 두 번 빠졌다. 개는 안 빠졌다. 작전을 바꿨다. 드럼통 함정을 파내고 입구가 넓은 고무통 함정을 묻었다. 프라이팬에 삼겹살을 구워 산 쪽으로 부채질하며 개를 유인했다. 소용없었다. 개가 얼마나 발밑을 조심하는 동물인지 알 것 같았다.

산개는 변함없이 타닥타닥 돌아다니는데 오히려 개 잡겠다는 아이들 마음이 변했다. 두려움이 애정으로. 우리에게 잡히기 전에 굶어 죽으면 어쩌나, 감기 걸리면 어쩌나 걱정하는 마음이 생기더니 어느새 떠돌이 산개와 흠뻑 정이 들고 말았다. 나중에는 "꼭 구출해 주세요." "TV 동물농장 광팬이에요." 이러며 방송국에 편지를 보냈고, 방송국 개 전문가들과 함께 방학 내내 쫓아다녀서 한 달 만에 붙잡기는 했다.

학급에서 하는 일 중에 닭 당번 일이 많은데, 개 당번은 더 바쁘다. 산책시키고 물 떠 오고 먹이 주고 똥 치우고. 그렇지만 아직까지는 서로 맡겠다고 다투는 일거리다. '시'도 서로 맡겠다고 나서는 일거리 중 하나다. 교실 책장 시집 중에 하나를 골라 칠판에 시 한 편을 옮겨 적고, 적어 놓은 시 옆에는 그림도 그럴듯하게 그려 놓는 게 시 당번의 일이다.

칠판에 적은 시는 다음 날 아침에 읽는다. 아무 불만 없다. 잔소리로 여는 아침보다야 시로 여는 아침이 나을 테니까. 시 읽는다며 수업 시간을 날려 버릴 수도 있고, 교과 시간표를 흐물흐물 허물어 버릴 수도 있고.

1년 내내 꼭 짜인 시간표는 답답하다. 봄이 와도 국어 사회 음악 도덕, 잎이 떨어져도 국어 사회 음악 도덕은 철이 없는 시간표다. 철 없는 교실, 철 없는 학교다. 벚꽃 환하게 피어난 봄날에는 꽃이 환한 시간표가 있어야 하고, 고개 숙인 해바라기 뒷머리에 잠자리가 내려앉은 날은 고개 숙인 해바라기 시간으로 채워야 한다. 임길택의 「나 혼자 자라겠어요」(『나 혼자 자라겠어요』, 창비 2007)를 읽은 날은 나 혼자 자라는 국어, 나혼자 자라는 사회, 나 혼자 자라는 음악과 도덕. 함민복의 시 「반성」(『날아라, 교실』, 백창우 외 52인, 사계절 2015)을 읽은 날이라면 손 씻고 노래하는음악, 손 씻고 사람을 대하는 도덕이면 된다. 김륭 시 「손톱」(『삐뽀삐뽀 눈물이 달려온다』, 문학동네 2012)을 읽은 날은?

손톱을 깎는데
톡, 왼손 검지 손톱 하나
달아났다

어디로 갔을까?

나만 보면 할머니라고 놀리는
엄지 얼굴 할퀴러 갔을까
그러면 안 되는데,

두리번두리번 낮달처럼
눈 게슴츠레 뜨고

달아난 손톱
잡으러 간다

─「손톱」 전문

『삐뽀삐뽀 눈물이 달려온다』

시를 쓴 아이가 먼저 읽고, 그다음에는 한 연씩 돌아가며 읽었다. 읽은 반응은 까칠하다. 아이가 어른을 칭찬하는 건 원래 말이 안 되는 거니까, 참 좋다는 반응은 거의 없다.

"시시해."

"시가 되는 게 없어."

"뒤에서부터 세 줄은 눈 가늘게 뜨고 손톱 찾으러 가는 게 사실이니까 시가 돼. 그 앞에는 상상인데, 지어낸 것 같아."

"믿음이 안 가. 잘라진 손톱이 엄지 얼굴 할퀴러 가지 않을 거라는 걸 뻔히 알면서."

"톡, 왼손 검지 손톱 하나, 여기는 좋은데."

한마디씩 보태는 말과 말이 쌓이면 전문 평론가 못지않다. 민주주의는 힘이 세니까 시를 쓴 김륭도 함부로 못 따질 거다. 어쨌든 시를 읽었으니 뭔 일을 꾸며 볼까. 자기 경험 이야기하기, 리듬 가락 붙여 노래 부르기, 몸짓, 연극, 시에 나오는 사물과 만나 보기…… 뭐든 좋겠지.

짜장면은 입가에 온통 묻히고 먹고 돈가스는 폭폭 썰어 먹듯, 시를 읽는 것과 이야기책을 읽는 건 달라야지. 그림책은 처음 몇 장 동안 아이들이 비스듬히 듣는 둥 마는 둥 해도, 책장이 네 장 다섯 장 넘어가면 자기도 모르게 빠져들게 되어 있다. 하지만 시는 몇 장 넘겨 볼 것도 없다. 아이들이 김륭의 시 「손톱」 읽는 걸 재 보니까 19초 걸린다. 비스듬히 누웠던 고개를 바로 세우기도 전에 글 한 편이 끝나 버리는 것이다. 시라고 생긴 것이 눈꺼풀에만 살짝 머물다 사라진다. 시가 눈꺼풀이 아니라 코밑에 목 밑에 가슴속까지 닿으려면, 더 내려가서 무릎 종아리로 흘러내려 양말까지 적시려면 그만큼의 시간이 필요하다.

「손톱」으로 무엇을 하며 머무를까. 무엇으로 코밑에 목 밑에 가슴까지 닿을 만큼의 시간을 벌어 볼까. 놀이로 가 본다.

"술래가 눈 게슴츠레 뜨고 손톱 잡으러 가는 놀이. 꼭 양손 두 엄지로만 잡아야 돼."

"술래가 있어. 그 사람이 김룡이라는 사람이야. 손톱은 도망가기. 만약 손톱을 잡으면 같이 술래. 중요한 역할 하나는 손톱깎이……."

시시한 시라며 눈꺼풀에서 금방 떨쳐 버리려던 아이들 태도가 바뀌었다. 게슴츠레 칠판 글자를 보던 눈들이 고개 바짝 당겨 들여다보는 눈이 되었다. 놀이를 만들고 설명하는 눈이 반짝 빛난다. 아이들 설명대로 움직여 본 뒤 놀이 방법과 규칙을 종이에 적어서 칠판에 붙였다.

──재진 놀이

1. 술래가 눈 가리고 앉아서 달칵달칵 손톱을 깎아.

2. 손톱을 깎을 때 다른 아이들은 하나씩 손톱이 되어서 어디로 숨어.

3. 손톱이 다 숨으면 술래는 눈을 게슴츠레 뜨고 손톱을 찾으러 가.

4. 숨어 있는 손톱들은 10초마다 달칵달칵 소리를 내.

──현빈 놀이

1. 술래가 둘이다. 손톱깎이랑 김룡, 나머지는 손가락. 김룡은 눈을 가린다.

2. 손톱깎이가 손가락을 잡으면 "어디를 깎아 줄까?" 하며 아무 데나 누른다. 잡힌 사람은 손톱이 되어서 두 발 모아 톡톡 튀어 달아나기.

3. 김룡은 돌아다니다가 손톱이 지나가는 소리가 나면 뿅망치로 머리통을 때린다. 그럼 손톱은 죽기.

　4. 김룡이 손톱이 아니라 손톱깎이를 때리면 손톱은 다시 살아나서 손가락이 되기.

　놀이를 하면서 규칙이 바뀌고 또 바뀐다. 자꾸 바뀌다가 시와는 아예 다른 놀이가 되기도 한다. 어쨌든 숨을 헉헉 쉬며 신났다. 제멋대로 해석하고 규칙 만들고 세상에 없는 세계를 창조해 내는 기쁨이 있는 것이다.

　그림책 한 권 읽는 시간만큼 시 속에 머무는 놀이를 하고 나면 원래의 시가 좀 달라 보이기도 한다. 「손톱」은?

　"놀이는 재밌지만 시는 별로야."

　"낮달처럼 눈 게슴츠레 뜨고, 여기가 비유는 괜찮아."

　"왜 눈을 게슴츠레 뜨는지 여전히 모르겠어. 난 눈 번쩍 떠야 더 잘 보이는데."

　"낮달과 게슴츠레 뜬 눈과 손톱을 억지로 엮으려고 한 것 같은데."

　"어른들은 명함 같은 거 볼 때 이렇게 게슴츠레 봐."

　"난 잘 안 보이면 냄새 맡아. 손톱 냄새."

　「손톱」은 놀이 전과 놀이 후가 달라진 게 없다. 아이들이 별로 안 좋다는데 어쩌겠나. 김룡이 들으면 서운하겠지만 잠깐 머물러 본 걸로 「손톱」은 여기서 끝.

　물론 이 시가 안 좋다는 건 아니다. 올해 만난 아이들이 하필 9월 12일이라는 날짜에 읽은 느낌이 그렇다는 것이다. 다른 날에 읽거나 다른 아이들이 읽었으면 아주 다르게 "난 이 시 좋아. 나도 손톱 깎을 때 내 손톱이 미운 애 얼굴 할퀴러 갔으면 좋겠다고 생각한 적 있어." 이런

반응이 나올 수도 있는 것이다. 시가 좋다 나쁘다를 교사가 판단할 필요
가 뭐 있겠나. 좋으면 좋아서 좋고, 안 좋으면 안 좋아서 좋다. 안 좋은
게 있어야 씹고 노는 맛도 있지.

오래 끌고 나가고 싶은 시도 있다. 아이들 비난이 없는 시, 10월 5일
아침에 칠판에 적힌 시.

택시 할아버지

임길택

대머리 신원 개인택시 할아버지는
차를 몰고 내려가다가도
과자 먹고 있는 송이를 보면
차를 세워 그 과자 한 개
뺏어 먹고 가지요.

옆에 타고 있는 이웃 마을 아저씨
바쁘다는 말 대신 웃고 말지요.

차야 시동만 걸면 가지만
아이들은 아무 데서나 만날 수 없다고
할아버지 변명을 하지요.

── 전문(『할아버지 요강』, 보리 1995)

「할아버지 요강」

김룡 시 「손톱」을 강력 비판하던 아이들이 나도 이런 일 있어 하며 자기 경험을 풀어 낸다.

"혜주 언니가 저녁에 버스 타고 집에 가야 하는데, 내가 먼저 가는 거 보고 간다고 버스를 그냥 보냈어요."

"정현이도 택시 할아버지랑 비슷해요. 밤에 놀다가 어두워졌는데 같이 걸어가 주었어요."

이걸로 뭐든 해 보자.

"뭘 할까……."

방금 말한 것을 뮤지컬로 만들어 보라 했다. 아이들이 버럭 따졌다.

"그걸 어떻게 만들라고요!"

나도 모른다. 본 적도 없고 해 본 적도 없고.

"몰라. 하여튼 그냥 해 봐."

아무도 모르니까 맞다 틀리다도 없고, 그냥 되는 대로 뭐든 하고 그게 답이라고 우기지 뭐. 그게 '뮤지컬'이 아니라 하면 '뮤직헐'이라고 해도 되고. 답이 어디 있나. 답이 있다고 생각하는 사람, 따라 배우겠다는 사람은 평생 배우고 죽을 때까지 배워도 자기 것은 없을 거라고 본다.

내가 모르고 할 줄 아는 게 없으니 얼마나 다행이냐. 내가 잘 아는 선생, 능력 있는 선생이었으면 아이들은 나한테 꼬박꼬박 배워야 했겠지. 가르치고 배우며 점점 시시해질 테고, 이래야 된다 저렇게 해라 잔소리 들으며 시들 테고. 우리 아이들은 무능한 담임을 만나서 참 다행이고 복이 많은 것 같다.

연습 시간은 3분. 리허설 1분. 연극하다가 중간에 노래와 춤 넣고, 다시 연극하다가 정지. 그리고 짜잔, 진짜 공연.

뮤직헐「헤주 언니」

점방 앞 버스 정류장. 어두워지고 달이 떴다.

"잘 가."

"너도 잘 가."

둘이 손짓하며 돌아선다. 달이 다리를 굽혔다 편다. "달 달 무슨 달." 노래하며 이쪽에서 저쪽으로 간다. 옆에 아저씨는 핸드폰 하고, 아줌마는 아기 손을 잡고 버스를 기다린다. 버스가 온다. 다 같이 정지. 노래와 율동 시작. 한 사람은 팔 앞으로 내밀어 운전하며 노래, 나머지 사람들은 팔 앞으로 내밀고 무릎 굽혀 앉다가 일어서며 한 발 앞으로 나서기를 되풀이하며 노래.

"버스가 온다. 버스가 온다. 버스가 온다. 얼른 타야지."

달이 다리를 굽혔다 폈다 움찔움찔. "버스가 온다. 버스가 온다. 버스가 온다. 얼른 타야지." 하며 자리를 바꾼다. 아저씨, 아줌마, 아기는 버스 타고 사라진다. 달빛 비치는 버스 정류장에 둘만 남는다.

"나 안 가. 나, 네가 버스 타는 거 보고 갈래."

"언니……."

둘이 마주 보다가 정지. 인사. 끝.

다른 모둠 아이들도 이런 식으로 「택시 할아버지」와 비슷한 사람 이

야기로 뮤직헐을 만들어 공연하고, 공연한 것을 시로 썼다.

혜주 언니

6학년 혜주 언니랑 시내에서 맘껏 놀다가
헤어질 시간이 되었다.
나는 아빠를 기다리고
혜주 언니는 9번 버스 타고 가면 된다.
"어? 언니, 저기 9번 버스 온다!"
언니가 고개를 젓는다.
"나, 저 버스 안 타."
이게 무슨 말이지?
"나, 너 가는 거 보고 갈래."
"……."
"내가 너보다 몇 살 많은데, 내가 먼저 가는 건 아닌 것 같아."
"……."
언니가 말하는 동안 버스는 연기 내뿜고 멀어져 간다.
어! 아빠다.
"안녕."
"잘 가."
나는 아빠 차에 타면서도
혜주 언니의 그 한마디가 잊히지 않는다.
'너 가는 거 보고 갈래…….'

천 원 준 아저씨

"엄마 천 원 줘."
"안 돼. 안 돼.
아이스크림 먹으면 또 이빨 썩어."
치잇!

쨍쨍하던 하늘이
내 기분처럼 어두워졌다.

문턱 앞에서
아까부터 보고 있던 옆집 아저씨
돈 천 원 떨어뜨렸다.
실수를 한 것처럼
일부러
툭

떨어뜨렸다.
옆집 아저씨 뒷모습이
진주처럼 멋지다.

이 나이에 내가 누구 눈치를 보겠나. 막대기로 코를 파든 깨를 털든 집을 짓든 내 맘이다. 시도 마찬가지. 뮤직헐을 하든 개밥을 주든 내 맘이다. 구덩이를 메우는 건 어떨까. 개 붙잡는다고 웃통 벗고 판 구덩이

인데, 이젠 쓸모가 사라졌다. 원래대로 메워 놓아야 하는데, 힘들게 판 걸 그냥 메우려니 허무하고. 떡 본 김에 제사도 지낸다니까 구덩이 판 김에 뭐라도 한다. 시를 심자. 나무에 꾹꾹 눌러 담아서. 굶고 다니는 개를 도와준 것, 서로 힘 모아 일 해낸 것을 기념하는 뜻을 품은 나무로. 감자 심을 때는 이원수 시 「씨감자」(『너를 부른다』, 창비 1979)를 찾아 읽어야 기쁘고, 옥수수 딸 때는 권정생의 「옥수수」(『나만 알래』, 문학동네 2012)를 읽어야 일에 보람이 생기는 것처럼, 우리 일을 가치 있게 만들어 주는 나무 시가 있겠지.

교실 벽 책장을 뒤져 무슨 나무가 좋을지 찾아보았다. 등짐을 한가득 진 살구나무, 가난한 영미네 집에서 자라는 고욤나무, 층층이 불 밝히는 층층나무, 봄소식 알리는 생강나무, 물푸레나무, 감나무……. 여러 나무 중에서 두 가지만 여기에 들여놓는다. 유민이네 모둠에서 찾은 시 먼저.

시 읽기 전에 몸 풀기. 말하는 대로 몸짓. 내가 해설자로 나섰다.

"언덕에 모과나무가 서 있어."

두 아이가 앞으로 나와 모과나무가 되었다.

"작은 꽃이 있고 새가 날아가."

한 아이는 두 손을 꽃받침 모양으로 얼굴에 받치고, 다른 아이는 날갯짓하며 날아간다.

"휠체어 탄 아이가 언덕을 올라가."

머리가 무릎에 닿도록 휠체어 바퀴를 밀며 언덕을 오른다.

"할아버지가 휠체어 탄 아이한테 손짓하다가 코를 흠흠 하며 모과나무 밑을 지나가."

"모과나무가 온몸에 힘을 주며 아이를 응원해."

"나무 밑에서 모과나무와 아이가 이야기 나누기. 끝."

한 명 한 명 눈치껏 무대에 나왔던 아이들이 자기 자리로 돌아갔다.

그리고 시 읽기 시작.

모과나무

주미경

휠체어 뒤에 책가방을 달고
재륜이가
학교에 갑니다

오르막길이 시작되는
모과나무 아래에서
길게 숨을 내쉴 때

모과나무는
가만히
휠체어를 내려다봅니다

무릎에 머리가 닿도록
허리를 휘었다가 젖히면서
반 바퀴
또 반 바퀴
언덕을 오르는 동안

뿌리에서 먼 가지 끝까지

잔뜩 힘을 주는

모과나무

— 전문(『나 쌀벌레야』, 문학동네 2015)

내가 물었다.

"모과나무나 휠체어처럼 남을 응원하거나 남에게 위로 받은 순간이 있는 사람?"

아이들이 대답하려 할 때 내가 입술에 손을 대고 "쉿!" 했다. 말하지 말고 소리로.

파란색 보자기 막을 꺼냈다. 두 사람이 막을 붙잡고 서서 교실을 앞과 뒤로 나눈다. 막을 사이로 무대가 되고 객석이 되고.

좀 전에 말하려고 손 들었던 아이가 무대로 나와 소리를 냈다.

"할 수 있어, 할 수 있어, 파이팅."

막 너머 소리를 들은 아이들이 떠오르는 대로 몸짓한다. 무거운 물건을 같이 들며 "할 수 있어, 할 수 있어." 하기도 하고, 바닥에 놓인 상대 딱지를 꼭 넘겨 버리겠다는 듯 한쪽 팔을 높이 들기도 하고.

막을 내렸다. 무거운 물건이나 딱지가 아니라 구덩이에서 큰 돌 파낼 때 "할 수 있어, 할 수 있어." 하는 소리라

『나 쌀벌레야』

한다. 아무도 못 맞혔다.

막을 올렸다. 다음 아이가 막 앞쪽으로 와서 소리 냈다.

"오빠 괜찮아? 괜찮아?"

막 뒤에 아이들이 몸짓한다. 축구하다가 넘어진 오빠를 보며 달려오기도 하고, 0점 맞은 시험지를 들고 있는 오빠를 놀리기도 하고.

막을 내렸다. 침대에 엎드려 우는데 동생이 다가와서 "오빠 괜찮아?" 물어본다. 또 막을 올렸고 소리 냈고 막 내렸다. 아이들이 몸짓으로 보여 준 응원이나 위로를 연결해서 시 한 편으로 만들었다.

모과나무

모과나무는
마음을 나눠 주는 나무

친구가 울 때
휴지를 떼어 준 동영이처럼.
열이 40도까지 올랐을 때
밤을 새고 내 옆에 있어 준 우리 엄마처럼.
침대에 엎드려 우는데
"오빠 괜찮아?"라고 물어본 내 동생처럼.

모과나무는
땀을 응원하는 나무

큰 돌을 파낼 때
"할 수 있어, 파이팅!"
응원하는 현빈이처럼.
축구할 때 저쪽 편한테
공을 패스해 준 예성이처럼.
넘어진 1학년한테
일어나라 해 준 용민이처럼.

모과나무는
바람이도 좋아하는 나무
나무야, 잘 자라라.
우리가 친구처럼 놀아 줄게.

몸 가는 데 마음 간다는 사람도 있지만, 여기서는 마음 가는 데 몸 간다고 우기겠다. 뜻을 먼저 심었고, 이제 몸을 움직여 삽 들고 호미 들고 개 함정 팠던 구덩이로 갔다. 정성껏 모과나무를 심었다. 심은 자리를 발로 꾹꾹 밟은 뒤에 나무 둘레에 작은 돌로 하트 모양 담을 쌓았다.

한 주 뒤에는 다른 나무, 현빈이네 모둠에서 심기로 한 나무를 심었다. 이번에도 마음 먼저, 시 먼저.

지구본 콕 짚기 놀이를 했다. 지구본을 들고 콕 짚으면 거기가 중심이 되는 것처럼 누군가를 보아 주어서 거기를 중심으로 만드는 놀이.

네 사람씩 짝지어서 중심이 되는 것을 보여 준다.

"강아지 똥."

한 아이는 꽃이 되고, 두 아이는 지나가는 강아지가 되었다가, 강아지가 똥을 누니까 뒤에 있는 아이는 똥이 되어서 그 자리에 멈췄다. 우산 쓴 아이가 옆을 지나갔고, 강아지 똥이 민들레꽃을 껴안는다. 끝.

"일기장."

한 아이가 교실 일기장에 글을 쓴다. 다른 아이가 그 글을 읽는다. '개 함정 파자.'라고 쓴 글을 읽을 때 다른 아이들이 개 함정 파는 몸짓을 한다. '자전거 여행 가자.'라는 글을 읽으면 다른 아이들은 자전거를 타고 떠난다. 일기장이 중심이고, 일기장에 적힌 한 아이의 말에 반응해 주는 아이도 중심이다.

감꽃

정완영

바람 한 점 없는 날에, 보는 이도 없는 날에
푸른 산 뻐꾸기 울고 감꽃 하나 떨어진다
감꽃만 떨어져 누워도 온 세상은 환하다

울고 있는 뻐꾸기에게, 누워 있는 감꽃에게
이 세상 한복판이 어디냐고 물었더니
여기가 그 자리라며 감꽃 둘레 환하다.

— 전문(『사비약 사비약 사비약눈』, 문학동네 2011)

"정말로 알고 싶어서 뻐꾸기에게도 물어보고 감꽃에게도 물어봤어

『사비약 사비약 사비약눈』

요. 어디가 중심이냐고."

"누워 있는 거기서 빛이 나오는 느낌이에요."

"보는 사람이 없어도 중심이 될 수 있다."

개 함정 구덩이에 감나무를 심었다. 버려져서 아무 데나 뒹구는 지구본을 나무 밑에 옮겨 놓았다. 개는 산책하고, 삽 들고 뒤를 따르는 아이는 똥을 치우고, 구덩이는 메워졌고, 나무는 자란다. 개가 나오는 산을 바라보던 아이들 눈은 모과나무, 감나무로 모인다. 나무가 자라나는 것 보며 우리 아이들이 남을 위로하는 마음, 서로를 귀하게 보아 주는 눈으로 살아가기를 기대한다.

3 부

학교 밖에서 온작품 읽기

어린이도서연구회

박경희 · 임선복 · 신민경

동화동무씨동무, 책 읽어 주는 사람들

'동화동무씨동무'를 소개합니다

　동화동무씨동무는 어린이도서연구회[1]가 도서관, 초등학교, 지역아
동센터와 협력하여 펼치는 독서 운동의 하나로 '동화를 함께 읽는 소중
한 친구'라는 뜻이다. 동화동무씨동무 운영자가 직접 도서관이나 학교
에 가서 초등학교 3~6학년에게 동화를 읽어 준다. 어린이의 독서 능력
은 개인의 문해력이나 가정의 관심도에 따라 다르다. 하지만 적어도 학
교나 도서관 같은 공적인 환경에서는 누구나 평등하게 독서를 즐길 수
있었으면 하는 바람에서 동화동무씨동무가 시작되었다. 2012년부터

---

[1] 어린이도서연구회는 바람직한 어린이책 독서 문화를 위해 활동하는 비영리 시민 단체이다.
1980년부터 우리 작가의 좋은 동화를 널리 알리고 독서 교육을 바로 세우기 위해 애썼다. 현
재 전국 89개 지회 5,000여 명의 회원이 함께하고 있다. 회원들은 매주 모여 어린이책을 읽
고, 학교와 지역아동센터, 도서관, 장애인복지시설 등에서 책 읽어 주기 활동을 하며, 독서 강
연, 책 전시회 등 다양한 책 문화 활동을 펼친다. 어린이도서연구회 홈페이지(http://www.
childbook.org) 참조.

2018년까지 초등학교와 도서관 703곳이 함께했고, 동화동무씨동무 운영자 1,286명이 어린이 14,294명에게 98권의 동화를 읽어 주었다.

어린이도서연구회는 오랫동안 활동하면서 '책 읽어 주기'의 중요함을 알게 되었다. 어린이는 자유로운 분위기에서 어른이 읽어 주는 책을 듣기만 해도 책 읽기를 즐기고 언어의 맛을 느낄 줄 아는 사람으로 자라난다. 기존의 독서 교육은 읽은 책을 해석하고 감상을 표현하는 방식이 많았다. 하지만 그보다는 함께 책을 고르고 읽으며 어떤 책을 골라야 하는지, 어떻게 읽어야 하는지를 알려 주는 편이 어린이를 더 적극적인 독자로 만든다. 최근 초등학교에서 시작된 '온작품 읽기' '한 학기 한 권 읽기'는 책 읽기의 전반적인 과정을 꼼꼼하게 짚어 준다. 이는 어린이도서연구회가 우직하게 펼쳐 온 동화동무씨동무 활동의 본질과 맞닿아 있다.

동화동무씨동무는 어떻게 운영되나요

어린이도서연구회는 매년 12월 동화동무씨동무와 함께할 협력 기관 모집 공고를 낸다. 도서관이나 초등학교는 어린이 모임을 꾸려 다음 해 4월 중순까지 신청하면 된다. 협력 기관으로 선정되면 동화동무씨동무 모임 운영 자료, 독서 교육 연수, 운영자 지원을 받을 수 있다. 운영자는 어린이들에게 책을 읽어 주는 사람을 말한다. 어린이도서연구회의 연수 과정을 이수한 교사, 사서, 어린이도서연구회 회원이 운영자가 된다.

동화동무씨동무는 매년 12월 중순에 다음 해의 추천 도서 목록을 발표한다. 목록 선정에는 동화동무씨동무 운영자, 어린이도서연구회 목록 위원회, 어린이도서연구회 회원, 아동문학 전문가 등이 참여한다. 동화동무씨동무 인터넷 카페[2]에 책 선정 과정이 투명하게 공개된다.

동화동무씨동무 모임은 크게 책 소개하기, 책 고르기, 함께 감상하기, 평가하기의 4단계로 이루어진다. 책 감상은 보통 매주 1회, 약 40분 동안 진행되며 평균 100면 내외의 이야기책 한 권을 읽는데 3~4차시 정도의 시간이 걸린다.

① 책 소개하기

먼저 '책 전시'로 책을 소개한다. 책과 간단한 줄거리, 작가의 편지 등을 전시해 어린이들이 살펴보도록 한다.

② 책 고르기

어린이들은 책 전시를 보고 읽고 싶은 책을 다섯 권씩 골라 투표한다. 운영자는 '북토크'로 어린이들이 폭넓게 책을 고를 수 있도록 돕는다. 그리고 다시 투표를 해서 다섯 권을 최종 선정한다.

③ 함께 감상하기

운영자는 어린이들이 고른 책 다섯 권 중 최소 두 권 이상을 처음부터 끝까지 읽어 준다. 두 권 이상을 읽어야 책들을 비교 평가할 수 있기 때문이다. 어린이들은 자유로운 분위기에서 듣는다.

④ 평가하기

책 한 권을 다 읽으면 어린이들이 별점 카드와 한 줄 감상으로 책을 평가한다. 정해진 책을 모두 읽고 나서는 각자 가장 좋았던 책을 고른다. (동화동무씨동무는 1년 동안 전국 어린이들의 투표 결과를 모아서 홈페이지를 통해 발표한다.)

---

[2] 동화동무씨동무 인터넷 카페(http://cafe.daum.net/cdongmu2012).

동화동무씨동무가 특별한 이유

동화동무씨동무에는 세 가지 원칙이 있다.

첫째, 우리나라 창작 동화만으로 도서 목록을 꾸린다. 지금 이곳에서 살아가는 어린이의 삶과 정서를 잘 그려 낸 작품을 알리기 위해서다. 어린이 독자가 언어 감수성을 민감하게 느끼기 위해서도 국내 작품이 적합하다.

둘째, 어린이가 직접 읽을 책을 고른다. 운영자는 북토크를 통해 작가나 화가, 시대 배경 등 책에 대한 정보를 소개해 주고, 어린이들이 왜 이책이 재미있어 보이는지 말할 수 있도록 이끌어 준다. 이 과정을 거치면 어린이들은 '우리가 고른 책'이라고 생각하고 더 주도적으로 책 읽기에 참여한다. 책 고르기는 어린이들이 가장 좋아하는 활동이기도 하다.

셋째, 운영자가 동화를 처음부터 끝까지 읽어 주며 함께 감상한다. 어린이들은 운영자가 책을 읽는 동안 자유롭게 자신의 의견을 말할 수 있다. 특별한 독후 활동은 하지 않는다.

독후 활동이 중요하지 않다는 것은 아니다. 다만 그 이전에 책을 제대로 감상할 수 있어야 한다고 생각하는 것이다. 대개의 독후 활동은 내용을 확인하는 수준이거나 책과 무관한 활동이 많아 책 자체에 대한 흥미를 키워 주지는 못한다. 독서가 빠진 독서 교육인 셈이다. 책 한 권을 재미있게 읽고 나면 다른 책도 읽고 싶어진다. 또한 책을 읽고 다른 사람과 의견을 교환하면 독서가 한층 더 즐거운 경험으로 남는다. 책을 좋아하는 어른이 책을 유창하게 읽어 주고 어린이의 감상에 귀 기울여 주면 어린이는 독서를 점점 좋아하게 된다. 실제로 동화동무씨동무에 참가한 대부분의 어린이들이 다시 참가하고 싶다고 말한다.

운영자가 책을 읽어 주면 독서력과 독해력이 부족한 어린이도 온전히 작품을 감상할 수 있다. 어린이는 이야기의 도입부가 지루해도, 사건 전개가 복잡해도 '듣기'가 주는 즐거움 덕분에 책 한 권을 끝까지 듣는다. 친구들과 함께 책을 다 듣고 나면 무언가 함께 해냈다는 느낌을 받는다. "마지막 장을 덮을 때 너무 아쉬워요. 이야기가 계속됐으면 좋겠어요." 함께 책을 읽은 어린이들이 가장 많이 하는 말이다. 동화동무씨동무는 우리 동화를 읽고 자란 어린이가 우리 아동문학을 사랑하게 되기를 소망한다. 어린이가 자라서 부모가 되어 자녀들에게 책을 읽어 주는 모습을 상상한다. 읽어 주기만 해도 충분하다.

책 읽는 한 시간 자세히 들여다보기

대상: 초등학교 4학년, 한 반 21명

읽은 책: 『얘야, 아무개야, 거시기야!: 삼백이의 칠일장 1』 '이야기의 시작'
부분

책 읽은 시간: 1차시 40분

책을 읽어 주기 전에는 언제나 설렌다. 좋은 이야기는 저절로 아이들을 끌어오지만 모든 아이들이 이야기를 받아들일 준비가 되어 있는 것은 아니다. "책상 위에 아무것도 놔두지 말자!" 하니까 아이들이 서둘러 필통이며 교과서를 서랍 안에 집어넣는다. 어수선한 분위기가 가라앉기를 기다린다. 이번 2교시만 끝나면 중간 놀이 시간이라 아이들 표정이 붕붕 떠 있는 것 같다. 앞으로 40분 동안 천효정의 『얘야, 아무개야,

▌ **박경희** 어린이도서연구회 회원, 동화동무씨동무 운영자, 어린이도서연구회 광주지부 부설 책돌
▌ 이도서관 사서. 어린이도서연구회에서 2001년부터 활동했다.

거시기야!: 삼백이의 칠일장 1』(최미란 그림, 문학동네 2014)을 4학년 한 반에게 읽어 줄 것이다.

어린이가 직접 고른 책

지난 시간에는 학급 아이들이 앞으로 함께 읽을 책을 골랐다. 칠판 위에 올해의 동화동무씨동무 추천 도서 13권을 올려놓고 각 책 위에 소개 글을 붙였다. 너희 마음대로 읽고 싶은 책을 5권씩 골라 투표하자고 하니 다들 환호성을 질렀다. 올해는 읽을 책 5권이 한 번에 정해졌다. 매번 이렇게 쉽게 결정되는 것은 아니다. 작년 4학년 학급의 책 고르는 시간에는 공동 5위가 된 동화 두 편을 두고 팽팽한 토론이 벌어졌었다.

정민 『사도 사우루스』(이경화 글, 이은영 그림, 바람의아이들 2014) 읽기로 했으니까 같은 공룡이 나오는 『손톱 공룡』(배봉기 글, 민경숙 그림, 바람의아이들 2014)은 빼자.

지유 『손톱 공룡』은 공룡이 강아지처럼 사람과 친구가 되는 이야기라서 다르잖아. 『종이밥』(김중미 글, 김환영 그림, 낮은산 2002)을 빼는 게 나아.

수진 우리가 고른 책에 친구 이야기는 많잖아. 종이 먹는 아이 이야기는 없고. 『종이밥』은 빼면 안 돼.

영서 그래, 슬픈 이야기는 없으니까 『종이밥』은 읽는 게 어때?

책을 고를 때 이야기를 많이 나누면 책에 대한 관심과 기대가 높아지고 책을 읽을 때의 반응도 더 긍정적이다. 함께 읽을 책을 고르는 시간은 실패를 배우는 시간이기도 하다. 자신이 고른 책에 실망해서 "책을 고를 때 제목에 속으면 안 된다."는 명언을 남긴 아이, "왜 이런 책을 못 알아봤을까요?" 하고 즐거운 후회를 한 아이도 있었다. 이런 경험이 쌓이면서 자신에게 맞는 책을 고르는 안목이 생긴다.

올해 아이들이 고른 책들을 살펴보니 일주일에 하루, 1교시씩 읽으면 2학기가 끝날 무렵까지 다섯 권을 다 읽을 수 있을 것 같다. 운영자는 1학기 동안 읽어 주고, 2학기에는 담임 교사가 읽어 주기로 했다. 운영자가 책을 읽어 주는 동안 담임 교사도 아이들과 똑같이 듣는다. 운영자가 책을 어떻게 읽는지 보여 주는 사람이라면 담임 교사는 동화를 즐기는 모습을 보여 주는 사람이 되는 거다.

어떤 책부터 읽을까?

지난 시간에 고른 책이 기억나느냐고 묻자 다들 잘 대답한다. 어떤 책부터 읽을까 물어 보자 서로 자기가 고른 책 제목을 외쳐 댔다. 결국 운영자가 쉬운 책부터 읽는 것으로 정해 주었다. 『삼백이의 칠일장 1~2』, 『노잣돈 갚기 프로젝트』(김진희 글, 손지희 그림, 문학동네 2015), 『할아버지의 뒤주』(이준호 글, 백남원 그림, 사계절 2007), 『콩 눈은 왜 생겼나』(조지훈 외 글, 전미화 그림, 창비 2014), 『블랙아웃』(박효미 글, 마영신 그림, 한겨레아이들 2014) 순서로 읽겠다고 하니까 누구는 좋다고 아우성, 누구는 안 된다고 아우성이다.

몇몇 아이들이 『콩 눈은 왜 생겼나』가 가장 쉬운 책 같은데 왜 나중에 읽느냐고 물었다. 책은 얇지만 의외로 고수들이 읽어야 재미있는 책이라고 대답했더니 더욱 궁금해한다. 동화동무씨동무 안내 자료에는 저학년 대상 책으로 나와 있지만 운영자가 읽어 보니 단어 하나하나가 주는 맛이 좋아서 아이들이 귀로 읽기에 익숙해진 뒤에 하도록 순서를 배치했다. 보통은 옛이야기처럼 줄거리가 또렷한 책부터 읽어 가지만 상황에 따라서는 아이들이 동질감을 느낄 수 있는, 감정 묘사가 많은 책을 먼저 읽어 주기도 한다. 읽을 순서를 잘 정하는 것도 중요하다. 『삼백이의 칠일장 1』은 주인공의 행동을 따라 서사가 쭉쭉 뻗어 나가기 때문에 읽기나 듣기에 서툰 아이들도 부담 없이 즐길 수 있을 거라고 생각해서 첫 번째 책으로 선택했다.

귀로 읽는 책

운영자 (책 표지를 보여 주며)『삼백이의 칠일장 1』 천효정 글, 최미란 그림. 1권의 제목이?

어린이 애야, 아무개야, 거시기야! 선생님, 책 그림 보여 주세요!

운영자 선생님이 볼 만한 삽화가 있으면 보여 줄게요.

어린이 아니에요. 안 보여 줘도 돼요.

어린이 아니, 저는 궁금해요.

운영자 책을 다 보고 나서 마지막에 삽화를 볼까요? 중간 중간에 삽화를 보면 뒤쪽 친구들까지 보여 주느라 이야기를 못 읽을 수도 있어요. 자, 선생님이 입으로 이야기하면 친구들은 들어야 돼요. 그러니까 친구들은 뭘로 읽지요? 눈으로 읽어요? 코로 읽어요?

어린이 아니요, 귀요.

운영자 귀로 읽다가 궁금한 것이 생기면?

어린이 손 들어요!

운영자 그냥 말하면 돼요.

책을 읽어 주는 첫 번째 시간이라 '귀로 읽기'를 소개하는 시간이 있었다. 동화동무씨동무는 일주일에 한 번씩 있다. 그 때문에 학교 행사나 학급 분위기, 앞뒤 시간에 어떤 과목 수업이 있었는지에 따라 분위기가 많이 좌우된다. 초반에는 아이들이 들을 준비가 될 때까지 느긋하게 기다려 주려 애쓴다. 어디까지 읽어 줘야겠다는 목표가 있으면 나도 모르게 마음이 바빠져서 어린이들의 미묘한 반응을 놓치게 된다. 그래서 목표 분량은 대략적으로만 정해 둔다. 그보다는 도중에 아이들이 저도 모르게 뱉는 한두 마디를 놓치지 않으려 한다. 책을 읽어 주는 동안에 아이들은 자유롭게 말할 수 있다. 아이들의 질문이나 자기도 모르게 터뜨리는 감상은 읽기를 더 풍성하게 해 준다. 교사와 학생이 아니라 독자와 독자의 만남일 뿐이다. 그래서 운영자는 어른의 입장인 '읽어 주기'라는 말보다 어린이의 입장인 '귀로 읽기'라는 말을 더 좋아한다.

머릿속에 배경을 그리는 도입부

『삼백이의 칠일장 1』은 이름 없는 아이 삼백이를 소개하며 시작한다. 사실 책에는 삼백이보다는 칠일장을 치르는 동물 귀신들의 이야기가 더 많다. 그래도 삼백이에게 공감이 되지 않으면 그 뒤도 끌어가는 힘이 없어지기 때문에 도입부에 소개되는 인물과 배경을 천천히 읽었다.

옛날옛날에 이름 없는 아이가 살았어. 어쩌다 남들 다 있는 이름 하나 못 가졌는지는 이 아이도 몰라. (7면)

유 선 부모님이 얼마나 안 챙겨 주
었기에 이름도 없을까?

운영자 그러게. 부모님이 얼마나 안
챙겨 주었으면…….

세 미 그래서 이름이 없으니까 저
렇게 불러서 이름이 된 거 같아요.

운영자 그런가 보다. 우리는 다 이름
이 있는데, 그렇지?

유선이 덕분에 이 책이 다시 보였다.
이름이 없다는 데서 모든 이야기가 시작되는데 내가 그 설정을 대수롭
지 않게 여겼다는 것을 깨달았다. 이 맛에 함께 읽지 싶다.

> 그래서 사람들은 아이를 이놈아, 저놈아, 꼬마야, 애야, 거시기야, 저 편할
> 대로 불렀대. (9면)

교실 뒤쪽에 앉아 있던 주호가 뭐라고 중얼거렸다. 주변의 남자아이
들이 피식 웃기에 무언가 욕이나 속어일 것 같다는 생각이 들었다. 모르
는 척하는 게 좋을지 고민하다 주호에게 뭐라고 했는지 묻자 몇몇 아이
들이 "고추야!" 했다고 알려 준다.

"그래, 얘가 남자애니까 사람들이 그렇게 불렀을 수도 있겠지?"

이렇게 대꾸하고 넘겼다. 바로 다음이 주인공의 일생을 좌우할 인물
인 저승사자를 만나는 장면인데 긴장감이 깨져 버렸다. 사실 주호는 저
번 시간부터 맥락과 상관없이 엉뚱한 말을 내뱉곤 했다. 나는 저승사자
가 나오는 부분을 천천히 읽으며 아이들이 몰입할 수 있도록 신경 썼다.

이름 없이 자란 주인공은 우연히 검은 도포를 입은 사람이 나이 든 할멈의 이름을 부르는 것을 목격한다.

"그러니까 아이가 봤던 게……."

"저승사자!"

내가 뜸을 들이자 아이들이 합창을 한다. 뒤쪽에서 몇 명이 곡소리를 흉내 낸다. 아이들이 가장 중요한 인물인 이름 없는 주인공과 저승사자를 잘 인지한 것 같아 안심하고 계속 읽어 나갔다.

하고 싶은 얘기가 많은 아이들

중요한 두 인물이 확실하게 그려졌으니 이제 사건이 벌어질 참이다. 어느 날, 주인공이 독사에 물리고 저승사자가 찾아온다.

저승사자는 쓰러진 아이를 힐끗 보더니 들고 있던 책을 뒤적였어. 그러더니 고개를 갸웃하네.

"네 이름이 무어냐?"

아이는 간신히 대답했어.

"나는 이름이 없어요."

저승사자는,

"별 희한한 놈을 다 보겠군. 이름이 없으니 데려갈 수가 없구나."

아이를 내버려 두고 그냥 가 버렸어. (12~13면)

"아, 이름이 없어서 죽는지 안 죽는지 모르는구나."

아이들이 다 같이 탄성을 지른다. 이야기는 인과 관계가 아주 단순한 편이다. 이러면 다음 장면을 쉽게 예측할 수 있다. 아이들의 생각대로 주인공은 이름이 없어서 목숨을 구한다.

> 어린이 와, 나도 이름 없다고 하면 되겠네.
> 어린이 아니지, 내 책을 보고 알 거야.
> 운영자 그렇지. 책에 쓰인 이름을 보고 알아낼 수도 있겠다.
> 어린이 (다 같이) 책을 뺏어! 찢어 버려!
> 운영자 다들 죽고 싶지 않나 보네?

아이들이 입을 모아 "네!" 하고 외친다. 저마다 저승사자를 피할 방법을 줄줄이 말한다. 가방이나 학용품, 교과서마다 자기들 이름을 적어 두니 그걸 어떻게 못 보게 할지 터무니없는 가정을 내놓기에 바빴다. 이럴 때 나는 아이들이 골고루 말할 수 있도록 책 읽기를 잠시 쉬어 간다. 그렇지만 아이들이 읽고 있는 이야기의 흐름으로 돌아오기 어려운 정도까지 갈 때는 주의한다. 선주가 할머니 돌아가신 이야기를 꺼냈을 때 이제 충분하다 싶어서 "그래, 그래서 이 아이가……" 하며 책으로 돌아갔다.

같이 읽으며 넓어지는 독서 경험

유난히 아이들이 활발하게 반응하는 책이 있다. 『삼백이의 칠일장 1』은 쉬운 단어와 단순한 문장, 쉽게 연상할 수 있는 서사 덕분에 아이들이 이야기에 거침없이 뛰어들었다.

옛말에 저승사자를 세 번 피하면 죽지 않는다는 말이 있거든. (13편)

문장을 읽자마자 아이들이 진짜냐고 묻는다. 두 번째, 세 번째 저승사자가 오기 전에 이름이 생기면 어떻게 하느냐고 걱정한다. 두 번째 저승사자는 나그네로 변장하고 이름 없는 주인공을 찾아온다. 밭을 갈던 주인공은 저승사자가 자꾸만 이름을 알려 달라고 조르자 귀찮아져서 '누렁이'라고 대충 대답한다. 누렁이는 소의 이름이다.

"소 죽는 거 아니야? 아이고, 누렁아!"

이야기를 듣던 아이들이 책상을 치며 통곡하는 흉내를 낸다. 아이들의 예상대로 이름 없는 주인공 대신 소가 죽자 더욱 신이 나서 운영자가 문장 한 줄을 읽을 때마다 끼어들어 말한다. 앞으로 이야기가 어떻게 될지 각자 예상을 쏟아 내느라 바쁘다. 나는 내내 아무 말 않고 얌전히 있던 소미를 부르며 아이들의 말을 끊었다.

"소미야, 그렇게 되는지 한번 볼까?"

소미가 그저 웃기에 고개를 끄덕여 주고 다음 문장을 읽어 나갔다. 사실 입을 꼭 다물고 있는 아이도 자연스레 끼어들 수 있는 틈을 주려고 했다. 운영자는 책을 읽는 동안 학급 좌석 표를 보며 한 명도 빼놓지 않고 한 번씩 이름을 부르고 눈을 마주친다. 그리고 어린이가 하고 싶은 말은 어떤 말이라도 받아 준다는 점을 알리려고 애쓴다. 좀 지나자 도중에 끼어드는 친구들 때문에 흐름이 끊어진다며 불평하던 아이들도 자연스럽게 자신의 생각이나 궁금한 점을 말했다. 눈으로 읽는 것보다 듣는 게 느리다며 싫어하던 아이들도 결국은 이야기 듣기에 빠져들었다. 같이 읽으면 혼자 읽을 때보다 느낌도 생각도 더 풍성해진다. 친구들의 말을 귀담아들으며 아이 자신의 독서 경험이 넓어진다.

아이들이 스스로 생각할 수 있도록 하기

이름이 없어서 죽음을 피한 주인공은 그 후로 누구든 저승사자로 의심하는 '저승사자 병'이 생긴다.

> 이런 일이 있고 나서 아이에게는 저승사자 병이 생겼네그려. 누구든 저승사자로 보이는 병이지 그게. 사람과 어울릴 수도 없고, 한군데 머무를 수도 없고, 하루하루 가슴 졸이며 사는 거지. (16~17면)

아이들이 저승사자 병이 무엇인지 이해해야 그 뒤에 이어지는 주인공의 행동을 받아들일 것 같았다. 16~17면을 펼쳐서 그림을 보여 주었다. 저승사자를 닮은 사람들 틈에 이름 없는 주인공이 홀로 서 있다. 준석이가 그림을 보고 물었다.

"독사에게 물려서 그런 거예요? 아니면 흡혈귀한테 물렸나?"

운영자가 보여 준 그림이 오히려 아이들에게 혼란을 주었다. 눈이 뱅글뱅글 돌아가는 모습이 죽어 가는 것으로 보였나 보다. 주인공이 아까 독사에게 물렸다가 살아났는데 또 죽으려고 하니 이해가 안 가는 모양이다. 다들 알쏭달쏭한 표정이기에 저승사자 병을 설명하는 부분을 다시 읽어 주었다. 그제야 몇몇이 고개를 끄덕인다. 아이들이 이야기를 이해하지 못하고 있다는 느낌이 들 때는 어설프게 설명을 하는 것보다는 글을 다시 한번 천천히 읽어 주는 편이 좋다. 아이들 스스로 생각해야 언어에 민감해지고 장면을 자유롭게 상상할 수 있기 때문이다. 문장이나 단어의 뜻을 물어도 그 부분을 다시 읽어 주며 앞뒤 맥락으로 이해할 수 있도록 한다. 그래도 아이들이 어려워하면 '이건 내 생각인데……' 하면서 귀띔한다.

헷갈리고 혼란스런 재미에 빠진 아이들

이름 없는 주인공은 저승사자를 두 번이나 피하고 전국을 돌아다니며 자유롭게 산다. 어느 날 주인공은 물에 빠진 부잣집 영감을 구해 주고 아들이 되어 달라는 청을 받는다. 그러나 부잣집 아들이 되려면 이름이 있어야 한다.

> 이름을 지으란 말에 아이는 더럭 의심이 났어. 그러고 보니 영감이 검은 두루마기를 입고 있지. (19면)

아이들은 이름 없는 주인공의 팔자가 드디어 피나 싶어서 기대하다가 실망스러워한다.

"영감이 저승사자다! 아, 맞다, 저승사자."

그런데 선후 혼자 손으로 두 볼을 감싸며 히죽거린다.

"아닐 텐데. 아니야."

사실 문장 어디에도 영감이 저승사자라는 말은 없다. 검은 두루마기를 입었을 뿐이다. 선후에게 왜 아니라고 생각하는지 물어보니까 책을 읽었다고 한다. 다른 아이들은 저승사자 병에 걸려 모두를 의심하는 주인공의 상태를 완벽하게 이해하지 못한 것 같다. 갑자기 은수가 외쳤다.

"아, 영감은 저승사자가 아닌데 저승사자를 따돌렸다고 착각하는 거 아냐? 그래서 이름을 짓고 자유롭게 살다가 저승사자 만나는 거 아니에요?"

너무나 그럴듯한 예상에 모두들 감탄했다. 정말 맞는지 어서 읽어 보기로 했다. 장돌뱅이로 떠돌며 살던 이름 없는 주인공은 좋아지내는 여인이 생겨 혼인을 하기로 한다. 그런데 여인의 아버지가 이름도 없는 사람에게는 딸을 못 준다고 한다. 여인이 이름은 지으면 그만 아니냐고 조르자 이야기를 듣던 어린이들이 환성을 지른다.

"아, 이제 이름을 짓는구나!"

"드디어 저승사자!"

'어이쿠! 이 여인이 사람이 아니라 저승사자로구나!'

아이는 여인을 피해 멀리멀리 도망갔대. (21면)

아이들은 여인이 저승사자라고 확신하고 잘 도망쳤다며 박수를 친다. 그때 유선이가 느닷없이 말했다.

"아! 병 걸렸댔잖아. 저승사자 병!"

유선이의 말에 아이들이 혼란스러워한다. 여인이 저승사자라고 믿었던 아이들이나 아니라고 믿었던 아이들이나 이제 누가 저승사자고 누가 아닌지 헷갈리기 시작한 것이다.

이제 이름 없는 주인공은 300살이 되었다.

삼백 년 세상을 떠돌면서 아이는 온갖 데를 다 가고, 온갖 사람을 다 만나고, 온갖 일을 다 겪었어. 삼백 살 먹자 아이는 더 이상 무서울 게 없더래. 사람들이 제일 무서워한다는 저승사자도 삼백 년이나 따돌렸는걸. (22~23면)

운영자는 300년을 살면 어떤 느낌일지 아이들과 상상해 보고 싶었다.

"우리들은 몇 년 살았지?"

"10년요!"

"그래. 너희들은 10년, 선생님은 46년. 300년이면 너희들보다 서른 번은 더 산 거야."

그런데 아이들이 300년 산 아이가 아닌 운영자의 나이에 관심을 둔다. 아차 싶어서 얼른 다시 책을 읽었다. 읽어 주기는 책을 소리로 듣기 때문에 단어나 문장이 조금 뒤늦게 이해되는 경우가 있다. 조바심 내지 않고 기다리면 아이들은 저마다 책의 내용을 느끼며 따라온다. 하지만 종종 아이들이 제대로 이해하고 있는지 확인하고 싶어지곤 한다.

한없이 뻗어 가는 생각

아이는 사람들이 죽는 모습을 지켜보았어. (…) 부자도 가난뱅이도 양반도 상놈도 모두 죽음 앞에선 벌벌 떨었어. 죽을 걱정 없는 사람은 아이뿐이야. (23~24면)

정호가 말한다.

"왕도 죽으면서 벌벌 떨지. 맞아, 전쟁 앞에서도. 전쟁, 전쟁."

아이들이 갑자기 흥분하며 맞받아치기 시작했다.

"전쟁! 전쟁 나가요!"

자신들이 아는 온갖 전쟁과 무기 이야기를 떠든다. 요즘 아이들 사이에 유행하는 게임이나 드라마의 소재인가 보다. 책에는 전쟁이란 단어가 나오지 않는데 이름 없는 주인공이 모든 일을 겪었다 하니 전쟁을 떠올린 것이다. 아이들의 관심을 주인공에게로 돌려 보려고 말을 걸었다.

"전쟁 일어나면 무섭지 않을까?"

"요즘은 도망도 못 가요. 집에서 엄마랑 있을 거예요."

아이들은 갑자기 근심 어린 표정이 된다. 나는 "전쟁도 다 겪고 살아남았으니 아이는 어떤 생각을 하게 되었을까?" 말해 놓고는 절로 마음이 가라앉아 '오래 살수록 주인공처럼 기고만장해서 내가 최고란 생각을 하게 되는 게 인간일까?' 하염없는 생각에 빠졌다. 하지만 아이들에게는 나이가 세월의 무게로 가늠되지 않았다. 아이들은 300살까지 계속 나이를 먹으면서 늙는 것인지 아니면 아이의 모습 그대로 300년을 사는 것인지 궁금해했다. 지우는 자기 할머니는 78세인데도 허리가 아파서 잘 못 걷는데 300살이나 먹었으면 어떻게 걸어 다닐까 걱정한다. 이름 없는 주인공을 책에서 계속 '아이'라고 부르니 할아버지 모습으로 그려진 그림도 마땅치 않아 보이나 보다. 주인공과 여인이 혼인을 하자는 대목에서는 아이가 어떻게 결혼을 하냐고 묻기도 했었다.

결국 이름 없는 주인공은 300년 살았다고 자랑하느라 '삼백이'라는 이름을 짓는 바람에 저승사자에게 잡혀간다. 이제부터는 삼백이의 칠일장을 치르기 위해 나타난 동물 귀신들의 이야기가 이어진다. 첫 번째 동물인 구렁이 이야기를 절반 정도 읽고 나니 첫 시간이 끝났다. 운영자가 읽은 이야기 절반, 아이들이 보탠 이야기 절반, 반반씩 사이좋게 나눠 읽은 느낌이다.

끝까지 가야 보이는 것들

아이들은 두 번째 시간부터는 처음처럼 활발하게 듣지 않았다. 삼백이와 동물 귀신이 어디서 만날까 기대하다가도 삼백이가 도무지 나오지 않는 것 같으면 흥미를 잃고 흐지부지 들었다. 느닷없이 밝혀지는 삼백이의 은혜도 좀 억지스러운지 저마다 한마디씩 하며 의아해했다.

"그 정도가 은혜인 거예요?"

"은혜는 그 아가씨가 갚아야 하는 거 아니에요?"

"사람 은혜를 동물이 갚네."

납득이 안 가고 의문점이 쌓이니 재미없고 지루해한다. 그래서 더 집중해서 책의 흐름과 아이들의 반응을 놓치지 않으려 애썼다. 삼백이와 동물들이 맺었을 법한 인연에 대해 계속 예측이 빗나가자 아이들은 갸웃하며 신중하게 듣는 기색이다. 첫 시간처럼 삼백이의 행동만 보는 것이 아니라 동물들과 삼백이를 연결지어 보고 메워 보느라 속이 바쁜 것이다. 다 읽고 나자 이름 없는 아이가 300년 동안 어떤 삶을 살아 냈는지 조금 다가오나 보다.

"정말 많이도 돌아다녔네."

"꼭 은혜가 아니어도 이 정도는 해 줄 수 있을 것 같아요."

"그때 부잣집 아들 하지"

안타까워하고 재미있어한다. 삼백이와 여섯 동물의 이야기가 모두 꿰어져야 비로소 도달할 수 있는 지점이 아닐까.

『삼백이의 칠일장 1, 2』를 읽는 동안 어린이들의 생기 넘치는 이야기를 들을 수 있어서 더없이 즐거웠다. 이야기의 구성은 아이들이 쉽게 예측할 수 있을 정도로 단순하다. 개, 소, 까치 등 나오는 동물들도 친숙하다. 삼백이라는 인물이 주는 힘도 크다. 덕분에 21명의 아이가 한 문장을 읽을 때마다 끼어들어 바쁘게 말했다. 공기놀이의 공깃돌처럼 팔짝팔짝 올라갔다 내려갔다 책을 통해 한바탕 논 느낌이었다. 아이들의 추임새가 더해져 빛이 났던 책이었다.

책 한 권을 끝까지 읽은 이야기

대상: 초등학교 독서 동아리, 5학년 10명

읽은 책: 『오메 돈 벌자고?』

책 읽은 시간: 8차시, 각 차시 40분(수업 시작 전 아침 시간을 활용)

독서 동아리 아이들에게 올해의 동화동무씨동무 추천 도서 15권을 보여 주었다. 그리고 북토크를 통해 책 한 권 한 권을 안내했다. '어떤 책이 재미있을까?' 생각하면서 읽고 싶은 책을 스스로 고르는 것부터가 책 읽기의 시작이라고 볼 수 있다. 15권 중 각자 읽고 싶은 책을 5권씩 골라 투표하고, 가장 많은 표를 받은 책 3권을 운영자가 읽어 주기로 했다. 아이들이 1위로 뽑은 책은 박효미의 『오메 돈 벌자고?』(이경석 그림, 창비 2011)였다. 운영자는 이 책을 소개할 때 전라도 사투리로 쓰인 대화

▋ **임선복** 어린이도서연구회 회원, 동화동무씨동무 운영자. 어린이도서연구회에서 2002년부터 활
▋ 동했다.

『오메 돈 벌자고?』

부분을 조금 읽어 주었다. 전라도 광주 출신인 운영자가 자연스럽게 읽어 주는 맛이 있었던지 아이들은 책에 나온 사투리가 재밌을 것 같다고 했다. 요즘 아이들은 책 읽기를 좋아하지 않는다고들 하는데 그렇지 않다. 책에 대해 친절히 안내해 주기만 해도 책에 큰 관심을 갖고 기대한다.

"다 재미있을 것 같아서 고르기가 어려워요. 그냥 다 읽으면 안 돼요?"

읽어 주기 전 준비 과정 ― 녹음

운영자는 아이들에게 책을 읽어 주기 전에 항상 혼자서 소리 내어 읽고 녹음해서 들어 본다. 『오메 돈 벌자고?』도 먼저 녹음을 해서 들었다. 눈으로 읽을 때는 못 느꼈는데 녹음 파일을 들어 보니 아이들이 공간적인 분위기를 그리기에는 서사의 진행 속도가 좀 빨랐다. 아이들은 듣기만 하면서 이야기를 그릴 텐데 충분히 상상할 수 있으려면 말이 빠른 운영자가 조금 느린 듯 읽어야 좋을 것 같았다. 아이들은 사투리가 재미있을 것 같다고 했으나 이런 말 재미는 처음 얼마 동안 호기심을 끄는 데 그칠 수 있다. 사투리를 과장하지 않고 평범하게 읽어 이야기에 더 흥미를 느낄 수 있도록 해야겠다고 생각했다. 눈이 많이 내린 겨울 바닷가 풍경, 요즘 아이들에게는 생소할 장치기, 구슬치기 같은 놀이 장면, 옛날 시골 마을의 일상 풍경도 아이들이 충분히 느낄 수 있으면 좋겠다 싶었다. 그리고 각 등장인물의 특징을 잘 그려 낼 수 있도록 신경 써서 읽어야겠다고 생각했다. 책을 읽어 주다 보면 운영자가 갖고 있는 선입견이 드러날 때가 있다. 등장인물의 행동이나 생각을 두고 누구는 착하다, 누구는 어른스럽지 않다는 식으로 판단하는 것이다. 이 책을 읽을 때는 특히 인물들의 행동을 평가하는 말을 삼가야겠다고 마음먹었다.

첫 번째 시간―차분하게 듣는 아이들

첫 번째 읽기 시간이다. 도서실에 5학년 여자 어린이 10명이 옹기종기 앉아 있다. 아이들은 전반적으로 조용하고 차분하다. 운영자는 『오메 돈 벌자고?』를 읽기 시작했다. 주인공은 가희, 나희 자매다. 둘은 백만장자가 되기 위해 동네 남자아이들의 놀이터인 집 앞 논에서 입장료를 받기로 한다. 맏이인 가희가 놀아 달라고 떼쓰는 막내 다희에게 광에 가서 홍시를 가져오라고 하는 장면을 읽을 때였다. 조용히 듣고 있던 현주가 말했다.

"홍시를 던지려고 그러는 걸까?"

이어지는 내용은 홍시를 던지는 게 아니라 먹는 장면이다. 현주는 실망한 기색이다.

"입장료 안 내믄, 얼음 깨 불자."
"뭘로? 망치로 깰란가?"(39면)

현주가 또 한마디한다.
"끓는 물을 붓는 거 아닐까?"
현주가 예상한 대로 가희는 입장료를 내지 않으면 얼음판을 끓는 물로 다 녹여 버리겠다며 남자아이들을 위협한다. 현주는 자기 생각이 맞자 "진짜 그렇지?" 하며 좋아한다. '싸게싸게' '포도시' 같은 사투리가 많이 나오는데도 아이들은 그 말이 무슨 뜻인지 묻지 않았다. 낱말의 뜻을 몰라도 이야기의 흐름으로 이해하는가 보다. 아이들이 집중해서 듣고 있다는 느낌을 받았다. 현주처럼 이어질 장면을 예상하기도 하고, 중간중간 웃거나 자기 생각을 말하기도 한다. 운영자는 "으메 찌겁던지러서." "똥구녁 방구 뀌는 소리 그만해라이." 이런 사투리가 너무 웃겨 읽으면서 웃음을 참는데 아이들은 살짝 미소만 지었다.

두 번째 시간—뒷이야기가 너무 궁금해

아이들이 등장인물들의 진한 사투리도 잘 알아들었으면 했다. 그래서 일찍 온 혜정이에게 물었다.

"이 책에는 전라도 사투리가 많이 나오잖아. 그런데 무슨 말인지 안 물어보더라. 다 이해했어?"

"4학년 때 방언을 배워서 대부분 이해가 됐어요."

다른 아이들도 사투리의 말뜻을 다 안다기보다는 이야기의 흐름을 자연스럽게 따라가며 이해한다고 했다. 이어서 가희네 엄마가 일을 마치고 집으로 들어오는 장면을 읽었다.

"아이고 되다. 밥 차렸냐아?"

대문을 열면서부터 엄마가 소리쳤다.

"배창시가 등가죽에 오그라 붙었시야. 밥 좀 낙낙하게 퍼라이." (48면)

운영자는 가희 엄마의 걸쭉한 사투리가 웃긴데 아이들은 배가 고프니까 밥을 많이 담으라는 뜻이겠거니 하고 그냥 넘어간다. 사투리의 말맛보다 이야기에 더 집중한 모양이다. 가희와 나희가 남자아이들 패거리와 말싸움을 주고받는 장면, 비료 포대를 타고 내려오면서 가슴속이 뻥 뚫리는 것 같다고 말하는 장면에서도 아이들은 재미있어하는 표정이지만 무언가 질문을 하거나 느낌을 이야기하지는 않았다. 가희랑 동생들이 냄새 나는 창고 근처를 지나가는 장면이 이어졌다.

"언니, 썩은 냄새 맞제. 설마 시체는 아니겠제?"
나희가 가희 팔을 꼭 잡으며 말했다.
"뭐, 냄새 하나도 안 나네!"
가희가 큰소리쳤지만 누가 뭐래도 냄새는 솔솔 풍겼다. (58면)

운영자는 무서우면서 안 그런 척하는 가희의 마음을 아이들이 이해하고 있는지 궁금했다. 아이들에게 물었다.
"가희는 지금 어때?"
"무서워요."
아이들은 짧게 대답하고 빨리 다음을 듣겠다는 듯 기다린다. 운영자는 가희와 동생들이 천방지축 신나게 뛰노는 장면에서도 아이들이 어떤 반응을 보일지 궁금했는데 아이들은 인물의 심정이나 상황이 이해가 되면 그냥 다음 내용을 바로 이어서 듣고 싶은 모양이었다.

세 번째 시간—듣기만 해도 장면이 그려진다

책을 읽는 시간은 학교 수업이 시작하기 전인 아침 시간이다. 총 8차시 중 두 번만 특별 수업으로 수업 시간에 진행한다. 세 번째 시간이 되니 몇몇 아이들은 시작 시간보다도 빨리 와서 기다린다. 사서 교사는 아이들이 책 읽는 시간을 좋아한다고 말한다. 이른 시간인데도 빠지지 않아서 신기하다고도 했다.

운영자는 책을 읽어 줄 때 등장인물마다 목소리를 바꾸거나 특징을 과장하여 구연하기보다는 편안하고 자연스럽게 읽는 편이다. 그 대신 읽는 속도를 조절하거나 중간에 잠시 쉬어 줌으로써 아이들이 이야기의 진행 상황을 느낄 수 있도록 한다. 이렇게 하면 듣는 아이들이 스스로 인물의 특징을 그려 볼 수 있고 사건의 흐름도 알 수 있다.

"니가 뭘 안다고 간섭하는디, 가시나 주제에."

꽤 거슬렸던 '가시나'라는 말이 '가시나 주제에'로 나아가자 가희는 폭발하고 말았다.

"이 머시마야, 가시나가 얼마나 센지 보여 주끄나?" (69면)

가희가 남자아이들의 대장인 팔석이와 말싸움하는 장면이다. '머시마야' '가시나' 같은 말을 듣는 아이들의 얼굴에 웃음이 가득하다. 아이들은 가희 편도 팔석이 편도 아닌 것 같다. 톡톡 튀는 둘의 대화를 즐겁게 지켜본다.

"싸옥싸옥 하그라이." (70면)

아이들에게 '싸옥싸옥'이 무슨 뜻이냐고 물었더니 "천천히 하라는 말요!" 한다. 가희와 팔석이가 하는 말의 뉘앙스를 잘 알아듣고 있었다. 말싸움 장면을 듣는 동안에는 누구 편도 아닌 구경꾼 같은 반응이었는 데 다 여자아이들이라서 그런지, 마음속으로는 가희를 응원하고 있었 던지 가희가 장치기 놀이에 끼어들어 골을 넣자 즐거워했다. 골을 넣은 가희가 얼음판에 나뒹굴며 기뻐하자 팔석이가 "골 하나 넣고 별짓을 다 한다이." 한다. 아이들은 마치 자기가 이 말을 들은 것처럼 큰 소리로 깔 깔 웃었다. 운영자가 재미있었던 장면에서 아이들도 재미있어하면 책 읽는 재미가 더 커지는 것 같다.

이때 학교 버스가 도착하고 독서 동아리 두 명이 뒤늦게 도서실에 들어왔다. 지금까지 읽었던 장면을 친구들에게 설명해 주자고 하니까 막대기랑 고구마 판 얘기부터 가희가 팔석이네랑 장치기 시합하는 장면, 가희가 골을 넣은 부분까지 아주 꼼꼼하게 이야기한다. 장면부터 인물까지 잘 그리고 있다. 책을 읽어 줄 때 아이들의 반응이 활발하지 않아서 듣기만 하는 것 같았는데 충분히 감상하고 있었구나 싶었다.

네 번째, 다섯 번째 시간 — 실감 나는 책 읽기

등장인물들이 대화를 주고받는 대목을 읽을 때는 누가 한 말인지 듣는 아이들이 헷갈리지 않도록 해야 한다. 등장인물마다 과장해서 목소리를 다르게 하기보다는 인물이 어떤 마음으로 그 말을 하는지 충분히 공감하는 것이 중요하다. 사투리나 특이한 말버릇, 예스러운 말투 등을 읽을 때에도 말맛만 살리는 것보다는 말하는 사람의 심정을 알고 감정을 살릴 수 있어야 한다.

네 번째 읽기 시간이다. 오늘도 가희와 팔석이의 말싸움이 이어지고 있다. 둘의 말투가 무척 거칠지만 운영자는 평소와 같은 톤으로 읽어 주었다. 대화 부분은 아이들이 사투리의 재미를 느낄 수 있도록 말의 리듬을 타면서 읽고, 지문 부분은 더 차분하게 읽어서 분위기가 들뜨지 않게 했다. 아이들 스스로 장면을 그려 볼 수 있었으면 했기 때문이다.

이번 동화동무씨동무 모임 아이들은 궁금한 것을 물으려고 끼어들거나 듣다가 무언가를 알아냈다고 말로 표현하는 경우가 드물다. 대사가 재미있거나, 등장인물이 창피해할 것 같거나, 인물의 속마음을 알 것 같을 때는 크게 웃거나 하는 식으로 표정이 확 변할 뿐이다. '8. 수요공급의 법칙'을 읽을 차례다. 아이들에게 물었다.

"무슨 뜻인 것 같아?"

"수요일 날에 공군이 쳐들어오는 것?"

요즘에는 긴 단어를 줄여서들 쓰다 보니 이렇게 생각했나 싶었다. 운영자는 단어의 뜻을 바로 설명해 주지 않았다.

"들으면서 '수요공급의 법칙'이 어떤 의미인지 생각해 봐."

가희는 장치기 막대기로 쓸 대나무를 구슬을 받고 판다. 그런데 대나무는 하나밖에 없고 원하는 사람은 둘이다. 기영이는 막대기값으로 구슬 세 개를 내겠다고 한다. 그러니까 영호가 구슬 네 개를 줄 테니 자기한테 팔라고 한다.

대단한 발견이었다. 대나무 뿌리는 하나뿐이고, 그걸 바라는 아이는 둘이다. 그러니까 기막히게도 대나무 뿌리 값이 저절로 올라갔다. (114면)

"이게 바로 수요공급의 법칙이야."

하니까 아이들이 "아!" 하고 바로 이해했다. 사전적 의미를 설명해 주지 않아도 아이들이 뜻을 알았다는 걸 느낄 수 있었다.

　다섯 번째 시간이 되니 아이들도 좀 더 편하고 자유롭게 생각을 이야기했다. 그래서 이야기를 더 풍요롭게 느낄 수 있도록 장면이나 인물에 대해 물어 줘야겠다고 생각했다. 줄거리를 따라가는 재미도 있지만 작품의 배경, 인물의 특성, 그들 사이의 관계에서 찾는 재미도 있다. 이 책에는 가희네 집과 마을 풍경이 잘 묘사되어 있다. 아이들이 가희네 마을의 겨울 풍경을 어떻게 그리고 있는지 궁금했다.

　"너희들이 상상하는 가희네 마을은 어떤 곳이야?"

　"바닷가가 앞에 있고, 둑이 있고, 뒤에는 가희네 집이 있어요."

　"가희네 집 뒤쪽으로 초원이 있는 것 같아요."

　"제 머리에는 가희랑 나희가 졸라맨처럼 그려져요. 얼굴은 잘 안 그려져요."

　고구마 굴에서 양재 아저씨가 가희, 나희에게 고구마를 골라내라고 하는 장면에서 용희가 "아이들 부려먹고……." 이렇게 말하자, 옆에 있던 미경이가 "그래도 나쁜 것만은 아니야."라고 한다. 많이 등장하지 않은 인물에 대해서도 아이들 각자 자기만의 생각이 있다.

　가희가 아이들이랑 구슬치기하면서 구슬을 빌려주고 이자 달라고 하는 장면에서는 가희 편이 되기도 하다가, 울먹이는 재영이한테 으름장을 놓는 장면에서는 "가희 나빠!"라고 한다. 나희가 수첩에 모은 구슬이랑 받은 돈을 적어 놓은 장부를 보고는 "나희가 참 꼼꼼하네." 감탄한다. 아이들은 나름대로 동네 풍경과 등장인물들의 모습을 그리고 있었다. 배경과 분위기, 등장인물의 표정까지도 자연스럽게 머릿속에 떠올리고 있구나 싶었다.

　가희가 막걸리 심부름을 다녀오는 장면이 이어진다. 가희는 뒷동 지름길을 걸으며 귀신이 나올까 봐 무서워한다. 앞에서도 나왔던 장소이고 뒤에서 일어날 사건에서 중요한 배경이 되기도 하는 곳이다. 아이들이 장면을 떠올릴 수 있도록 질문했다.

"여기가 어딘지 알아?"

아이들은 귀신 나올 것 같은 곳, 냄새 나는 곳, 썩은 고구마를 골라냈던 굴이 있는 곳이어서 가희가 무서워한다고 대답했다.

"시체 썩은 냄새 난다고."

"귀신 나올 것 같은데, 안 무서운 척하면서 큰소리치고."

아이들은 자기들이 가희인 양, 직접 그 장면을 본 것처럼 긴장한 표정이다. 진짜 냄새가 나는 듯 코를 찡긋하고 인상을 찌푸린다. 동화동무씨동무 활동 감상 중에 "읽어 주는 것을 들으니 실감이 나요." "영화 보는 것 같아요." 하는 아이들이 있는데 이런 것이구나 싶었다.

여섯 번째 시간—이야기 속 놀이를 즐기다

지난 시간, 아이들에게 책에 나오는 '뺀 두비 쌈' 놀이를 아느냐고 물었더니 모른다고 했다. 여섯 번째 시간에는 구슬을 주머니 가득 준비해서 갔다. 아이들에게 구슬을 나눠 주고 다 같이 뺀 두비 쌈 놀이, 일명 짤짤이를 해 봤다. 먼저 놀이 규칙을 설명했다. 술래가 구슬을 잡으면 다른 아이들은 '뺀' '두비' '쌈' 중에 하나를 골라서 걸고 싶은 만큼 구슬을 건다. 잡은 구슬에서 세 개씩 덜어 내고, 마지막 남은 구슬이 한 개면 뺀, 두 개면 두비, 세 개면 쌈이다. 예를 들어서 구슬 다섯 개를 잡았다면 여기서 세 개를 던다. 그러면 구슬이 두 개가 남으니까 두비다. 구슬 한 개를 두비에 건 사람은 자기가 건 만큼 한 개를 얻을 수 있고, 만약 뺀이나 쌈이었으면 술래가 아이들이 걸었던 구슬을 다 갖는다.

　모두 놀이의 규칙을 충분히 숙지하고 나서 책을 읽기 시작했다. 백만 장자를 꿈꾸는 가희가 짤짤이 세계에 빠져드는 장면이다. 이번 시간에는 가희가 한가득 갖고 있던 구슬을 다 잃었을 때의 망연함, 항아리 속 돈에 손댔을 때의 콩닥거림을 잘 느낄 수 있도록 읽는 속도를 조절하려고 했다.

　가희는 팔석이 패거리와 뺀 두비 쌈 놀이를 한다. 영수가 구슬을 잡는 장면이다. 가희는 과감하게 구슬 일곱 개를 뺀에 건다.

　　영수 구슬은 일곱 개, 세 개씩 똑똑 덜어내고 나면 뺀이었다. (137면)

　놀이의 규칙을 알고 읽으니 가희가 일곱 개의 구슬을 받을 수 있다는 걸 바로 알 수 있었다. 다들 가희처럼 신나 했다. 하지만 놀이가 이어지면서 가희의 구슬 주머니는 점점 헐렁해진다. 한 번에 백 개를 걸어 백 개를 딸 수도 있고, 단번에 모든 걸 잃을 수도 있다는 부분을 읽자 아이들이 "헉!" 하며 큰 소리로 한숨을 쉰다. 왠지 가희가 구슬을 다 잃을 것 같아 걱정된다고 했다.

　아이들의 걱정대로 결국 가희는 구슬을 몽땅 잃는다. 백 개 넘던 구슬이 달랑 네 개 남았다고 하자 여기저기에서 탄식이 이어진다. 어떤 아이는 가희 편이 돼서 안타까워하고, 어떤 아이는 남의 이야기로 들으면서 웃는다. 구슬을 몽땅 잃은 가희는 상황을 회복하고 싶어 한다.

　　가희는 어떻게 해서든 어제 아침으로 돌아가고 싶었다. (150면)

　운영자는 이 부분부터 긴박감을 주려고 조금씩 빨리 읽기 시작했다.

가희는 광으로 난 문을 보았다. 심장이 쿵쾅거렸다. (150면)

여기까지 읽고 나서 아이들에게 말을 걸어 분위기를 환기했다.

"이다음부터 가희 심장이 왜 쿵쾅거렸는지 나와."

이제부터는 읽는 속도를 조금씩 천천히 조절했다. 가희는 광으로 들어간다. 광에는 홍시가 든 바구니, 고구마 바구니, 크고 작은 항아리들이 줄줄이 있다. 아이들은 광 속의 모습을 그리듯 눈동자를 모으고 나를 쳐다본다. 가희는 큰 쌀 항아리 속에 숨겨져 있던 종이 뭉치, 즉 돈을 잡는다. 아이들이 구체적인 장면을 확인할 수 있도록 책의 그림을 보여 줬다. 두근거리는 가희의 마음을 알았는지 "우아!" "헉!" 소리를 냈다. 자신들이 가희인 양 숨을 죽인다. 가희가 돈을 꺼내 도망가는 부분부터는 가희의 떨리는 마음이 전달되도록 빠르게 읽었다.

마을 고샅길을, 뒷등으로 이어진 길을, 가희는 쉬지 않고 달렸다. (…) 숨이 폭풍처럼 몰아 나왔다. (153면)

여기까지 읽고 아이들에게 물었다.

"이때 가희는 어떨 것 같아?"

"막 막 막 떨릴 것 같아요."

"혼날 것 같아요."

구슬 이야기와는 또 다른 축으로 털보 영감과 양파 사건이 진행된다. 털보 영감이 가희네 집에 찾아와서 가희 아빠와 조용히 몇 마디 주고받는다. 그런데 옆에 있던 가희네 엄마가 버럭 소리를 지른다.

"오메, 저 영감탱이 보소오. 누가 우리 빚 있다 합디여? 빚도 얼마 안 되라우. 근디 논 팔라고라우. (…) 고기 근이나 끊어 줘서 사람 된 줄 알았는디 옛날하고 똑같소야." (156면)

운영자가 "가희네 엄마는 지금 어떤 것 같아?" 물었더니 열 받은 것 같단다. 영민이가 그 이유를 추측한다.

"혹시 빚진 거 아닐까?"

선아가 대답한다.

"털보 영감한테?"

용희도 자기 생각을 보탠다.

"아빠가 빚졌어."

아이들은 가희가 구슬을 얻고 잃고 하는 사건뿐 아니라 중간 중간 등장했던 털보 영감, 아빠, 엄마의 특성도 잘 파악하고 있었다. 운영자가 미처 몰랐던 사실을 아이들을 통해 알기도 했다. 같은 이야기도 아이들마다 특별하게 느끼는 지점이 다르다는 점도 알 수 있었다. 이제 운영자도 아이들 한 명 한 명이 더 확실하게 보인다. 이야기를 느끼는 방식, 인물을 바라보는 태도를 나누며 공감대가 쌓여서 즐겁게 소통할 수 있었다.

일곱 번째 시간─툭툭 던지는 아이들의 통찰

책 읽기를 하다 보면 조금 늦게 와서 앞을 놓치는 아이, 중간에 빠졌다 다시 합류하는 아이가 있을 수 있다. 그럼 이 아이들은 이야기의 흐름을 놓쳤기 때문에 듣는 재미가 떨어질까? 또 뒷부분이 궁금해서 책을 미리 읽고 오는 아이는 어떻게 해야 할까? 나는 중간에 못 들은 부분이 있어도, 결말을 알아도 괜찮다고 생각한다. 그때그때 장면을 감상하는 재미가 있기 때문이다. 운영자, 친구들과 함께 읽는다는 것도 중요한 점이다. 서로 책 내용을 두고 이야기를 주고받으며 재미를 느낄 수 있다. 책을 읽었어도 소리로 들으면 또 다른 재미가 있다.

이제 일곱 번째 읽기 시간이다. 이야기가 마지막으로 치닫고 있다. 먼저 앞부분의 줄거리를 정리해 보기로 했다. 지난 시간에 읽었던 부분을 아이들에게 물으면서 자연스럽게 다음 내용과 연결했다.

"어제 팔석이가 문구점에서 뭐 샀지?"

"화약요!"

오늘 읽을 부분의 제목이 '불구덩이'라고 하자 선아가 말한다.

"화약 때문에 불났을까?"

어서 읽고 확인해 보기로 했다. 이제 가희는 벽 치기든 짤짤이든 해서 구슬을 따고 싶다. 거치적거리는 나희를 따돌리고 집을 나선다.

나희는 눈치껏 집안일을 했다. 마루도 닦고, 안방도 깨끗이 치웠으며, 다희를 씻기고 옷 갈아입는 것까지 도왔다. 엄마 눈치 보느라 나희는 손발이 바빴다.

가희는 그 틈에 바람처럼 빠져나왔다. (158면)

미경이가 웃기에 왜 웃는지 물었다.

"가희는요, 엄마가 어떻게 하든 말든 짜증 내며 집 나가고, 나희는 엄마 성격 맞추려고 이리저리 뛰어다니는 것 같아서요."

아이들이 등장인물의 특성과 인물들 사이의 관계도 잘 파악하고 있음을 알 수 있었다.

책 속 아이들은 이제 화약 쏘는 재미에 푹 빠졌다. 영호는 큰 화약을 만들겠다며 네 개를 한꺼번에 비비다 손안에서 화약이 터진다. 영호 형 영수가 놀라서 "우리 영호 죽으면 어쩐단가? 엉엉~"하고 외친다. 이 장면을 듣던 미경이는 죽을 일까지는 아니라며 웃었다.

"나 인자 우리 아부지한테 죽었시야. 하, 옘병할!"(165면)

대사를 읽자마자 아이들이 "팔석이야!"라고 말한다. 아마도 '옘병할' 이라는 말로 유추한 듯하다. 아이들이 등장인물의 말투나 뉘앙스로 누구 대사인지 추측하거나 장면에 대한 해석을 툭툭 던질 때면 운영자도 아이들의 생각을 알 수 있다.

마지막 시간 — 다 읽고 나면 저절로 나오는 박수

오늘은 마지막 시간이다. 털보 영감의 양파 창고 장면은 긴장감 있게 속도를 내어 읽었다. 작가가 가희를 통해 하고 싶은 이야기를 정리하는 듯한 부분은 자연스럽게, 조금 천천히 읽어 주었다. 아이들에게 일부러 확인하듯 질문하지는 않았다. 각자 자기들이 느끼고 생각한 만큼이면 된다. 아이들이 무엇을 질문할 때는 왜 그것이 궁금했는지 다시 물어준다. 답을 바로 찾는 것보다는 궁금함이 생긴 이유를 말하는 편이 깊이 있는 감상에 더 도움이 되는 것 같다. 잘 모르는 낱말의 뜻을 물었을 때는 친구들과 함께 생각해 볼 수 있도록 다른 아이들에게 되물었다. 아이들은 자기들이 느끼는 대로, 문맥상의 느낌으로 답해 주었다. 친구의 대답은 그 어떤 사전적 의미보다 마음에 와닿는다.

책의 내용을 확인하고, 주제를 짚어 보고, 독후 활동을 하는 것보다 더 중요한 것이 있다. 바로 감상 그 자체다. 책을 읽으면서 등장인물의 마음이 되어 보고, 사건의 진행을 따라가며 각자 생각하는 것만으로도 충분하다. 도서실에 다른 아이들이 들어와 웅성거리고, 한창 읽는 도중에 친구가 도착해서 부산스러워도 아이들은 별로 영향을 받지 않는다. 이야기의 재미에 빠지면 주위 환경은 문제되지 않는다. 읽어 주는 운영자도 책의 장면에 빠져들면 아이들의 자세가 흐트러져도 신경이 쓰이지 않는다.

가희와 아이들은 폭죽 때문에 팽나무에 불이 붙자 털보 영감의 창고에 숨는다. 그리고 털보 영감이 낯선 사람과 주고받는 이야기를 엿듣는다. 아이들 덕분에 털보 영감의 비밀이 드러나는 것이다. 도서실에 앉은 아이들은 모두 운영자와 눈을 맞추며 긴장한 표정이다.

> 양파 도둑은 목소리 큰 엄마가 알아서 할 테고, 가희가 감당해야 할 일은 끝났다. 등짝도 맞았고, 욕도, 밥도 배불리 먹었다.
> 가희는 얼른 이불 속으로 들어갔다. 배부르고 몸이 따뜻하니 졸음이 쏟아졌다. (195면)

드디어 한바탕 소동이 일단락되었다. 이야기에 몰입해 있던 아이들이 모두 한숨을 돌리며 웃는다. 읽어 주면서 함께 감상했던 운영자도 아이들과 같이 마음을 놓았다.

이제 마지막 장면이다. "손톱 끝으로 머리를 톡톡 두드리니, 역시 근사한 방법이 떠올랐다."는 구절에 용희도 자기 머리를 톡톡 두드려 본다. 드디어 마지막 장까지 다 읽었다. 아이들이 "끝!" 하고 외치며 박수를 친다. 이 박수는 산 정상에 올라서 느끼는 뿌듯함 같은 게 아닐까?

별점으로 얼마나 재밌었나 평가하기

이제『오메 돈 벌자고?』한 권을 끝까지 듣고 감상을 마쳤다. 동화동무씨동무에서는 책 한 권을 읽을 때마다 책이 얼마나 재밌었는지 다섯 개 만점의 별점으로 평가한다. 별점 밑에는 '하고 싶은 한마디'를 짧게 적는다. 이 정도면 아이들이 책을 읽은 느낌을 충분히 표현할 수 있다. 별점 카드를 보니 열 명 중 미경이만 별 네 개를 주고 나머지는 모두 별 다섯 개를 줬다. 미경이는 막내 다희가 마음에 들었던지 다희가 많이 안 나온 게 아쉬웠단다. 다희가 장난꾸러기 역할을 했으면 좋았겠다고 썼다. 다른 아이는 주인공이 백만장자가 되겠다는 꿈을 꾼 것과 옛날 놀이가 나온 점이 좋았다고 했다. 운영자가 사투리를 잘 읽어 주어서 실감 나고 재미있었다는 아이도 있었다. 이 정도면 자신들이 고른 책에 만족했다고 할 수 있다. 또 가희가 불을 내고 혼날까 봐 양파 창고에 숨어 있었던 장면에서 두근두근했고, 이 사건을 계기로 가희의 마음이 변하게 된 게 생각난다는 아이, 가희와 팔석이 패거리가 어울려 노는 장면이 재밌었다는 아이, 항아리에서 돈 꺼낼 때 떨렸다는 아이도 있었다.

이번 동화동무씨동무는 아이들이 무척 조용한 편이었다. 드물게 내뱉는 한두 마디로 작품을 즐기고 있다는 것을 알 수 있었다. 가만히 듣기만 해도 충분하다는 말이 실감 나는 시간이었다. 장편동화를 처음부터 끝까지 모두 읽는 과정을 통해 읽기 중심의 독서가 아이들에게 충분한 즐거움이 된다는 걸 알 수 있었다. 함께 읽기는 수동적으로 듣기만 하는 것이 아닌 능동적인 활동이다.

문학은 개별적으로 즐기는 것이다. 사람마다 그 감상의 방식이나 표현이 다를 수 있어서 어느 하나로만 말할 수 없다. 그런데 함께 읽고 감상하면서 웃고, 울고, 긴장하고, 풀어지는 과정에서 '통했다'는 기운을 나눌 수 있었다. 이 즐거운 소통이야말로 동화동무씨동무를 하는 이유일 것이다.

한 학기 동안 책 읽어 준 이야기

대상: 초등학교 독서 동아리 3~5학년 12명

읽은 책:『화장실에 사는 두꺼비』『고얀 놈 혼내 주기』『요란요란 푸른아파트』『우리 집에 온 마고할미』

책 읽은 시간: 9~12월, 한 학기

같이 읽을 사람 모여라

  운영자는 몇 년 전 초등학교 도서실에서 매주 1차시 60분씩 동화동무씨동무 모임을 진행했다. 이 학교는 도서실이 1층 중앙 현관 옆에 있어 아이들이 드나들기 편리하다. 도서실은 넓지 않지만 양질의 도서를 갖

▌ **신민경** 어린이도서연구회 회원, 동화동무씨동무 운영자. 어린이도서연구회에서 1992년부터 활
▌ 동했다.

추고 있다. 도서실 앞 복도에 동화동무씨동무 추천 도서 열다섯 권을 안내하는 전시물을 놓았다. 그리고 전교생이 자기가 읽고 싶은 책 다섯 권을 골라 스티커를 붙이게 했다. 아이들은 책을 소개하는 전시물을 자세히 살펴보며 적극적으로 참여했다. 스티커는 2학년 이상인 어린이만 붙이게 했다. 3학년 이상에게 권하는 책들을 소개했기 때문이다. 스티커 붙이기를 하지 못한 1학년 아이들은 "우리 내년에 어떤 책에 스티커 붙일까?"라고 속닥거리며 다음 해를 기대하는 모습이었다.

동화동무씨동무에 참여할 어린이는 학교에서 3~4학년 아이들 모두에게 안내장을 보내 공개 모집했다. 독서 수준이나 성별은 상관없지만 매주 한 번 모임 시간에는 꼭 와야 한다고 했다. 신청한 아이들을 모두 도서실에 모아 놓고 가위바위보로 열두 명을 정했다. 그렇게 해서 한 학기 동안 열두 명의 아이와 만났다.

읽고 싶은 책을 골라 보다

첫 모임에서 열다섯 권의 책을 한 권 한 권 소개한 뒤 투표용지에 읽고 싶은 책을 표시하게 했다.『고얀 놈 혼내 주기』(김기정 글, 심은숙 그림, 시공주니어 2006),『낮짱이 간다』(김송이 글, 홍영우 그림, 보리 2006),『요란 요란 푸른아파트』(김려령 글, 신민재 그림, 문학과지성사 2008),『최기봉을 찾아라!』(김선정 글, 이영림 그림, 푸른책들 2011)가 비슷하게 높은 표를 받았다. 그런데 공동 5위가 네 권이나 되었다. 5위로 뽑힌 네 권을 재투표하여 한 권을 골랐다. 결국 5위로『우리 집에 온 마고할미』(유은실 글, 백대승 그림, 푸른숲 2015)가 선정되었다.

하지만 이 해에는 전국의 동화동무씨동무 아이들이 읽고 싶은 책으로 가장 많이 고른 책 다섯 권을 읽어 주기로 했었다. 전국 순위에 오른 책은 『화장실에 사는 두꺼비』(김리리 글, 오정택 그림, 문학동네 2007), 『고양 놈 혼내 주기』 『요란 요란 푸른아파트』 『우리 집에 온 마고할미』 『꼬마 너구리 삼총사』(이반디 글, 홍선주 그림, 창비 2010)였다. 두 번째 시간에 만나서 함께 읽을 책 다섯 권을 알려 주니 아이들은 자신들이 골랐던 『낫짱 이 간다』와 『최기봉을 찾아라!』가 빠져서 서운하다고 했다.

『화장실에 사는 두꺼비』─주인공의 마음이 되다

첫 번째로 읽어준 책은 『화장실에 사는 두꺼비』였다. 이 책은 한 시간 이면 다 읽어 줄 수도 있는 분량이다. 문장의 호흡도 알맞아서 읽기에 무리가 없을 것이라고 생각했다. 다만 주인공의 심리를 묘사한 부분에 서 아이들이 지루해하지 않을지 조금 걱정이 되었다.

아이들은 처음 읽는 책이 우리 모임에서 고른 책이 아니라며 아쉬워 했다. 하지만 전국의 많은 어린이들이 좋아한 책이라고 하니 흔쾌히 읽 자고 했다. 학교에서도 책을 몇 권 구입했고, 운영자도 책을 가지고 가 서 아이 두세 명이 한 권씩 볼 수 있었다. 한 권을 혼자 보던 아이가 있 었는데 책이 없던 다른 아이가 책을 자기 쪽으로 잡아당기니까 서로 밀 치면서 실랑이를 벌였다. 결국 운영자가 말을 걸었다.

"듣기만 해도 돼. 잘 들리지요?"

그제야 책을 잡아당기던 아이가 손을 떼었다. 이번에는 책을 눈으로 빠르게 읽던 아이가 운영자의 읽는 속도가 느리다며 불만을 나타냈다. 좀 더 빨리 읽어 달라고 채근도 했다. 아이에게 지금은 책을 함께 읽는 시간이라고 설명해 주었다. 운영자가 읽어 주고 아이들은 들으며 서로

『화장실에 사는 두꺼비』

소통하고 공감해야 하기 때문에 나중에는 눈으로 읽지 말 것을 권유했다. (두 번째 책을 읽어 줄 때부터는 아예 운영자가 읽을 책 한 권만 가지고 갔다. 그랬더니 눈으로 읽던 아이도 귀 기울여 듣게 되었다.)

아이들은 중간중간 준영이와 두꺼비 얘기, 준영이 엄마 얘기, 학교생활 얘기를 많이 했다. 특히 주인공인 준영이에게 감정 이입을 하며 안타까워하고 억울해하기도 했다. 준영이가 두꺼비 소리를 따라 하는 부분에서는 아이들도 같이 따라 했다.

뒷부분이 조금 남았는데 주어진 시간이 거의 끝나자 끝까지 읽자는 아이, 그새 눈으로 다 읽은 아이, 그냥 다음 시간에 읽자는 아이 등 의견이 분분했다. 운영자는 이야기를 차분히 느끼며 마치고 싶어서 다음 시간에 이어서 읽자고 했다.

일주일이 지나 아이들을 다시 만난 날, 운영자가 어디부터 읽을 차례인지 물어보았다. 아이들은 '다시 찾아온 불행'이라고 정확히 말하였다. 아이들은 준영이가 두꺼비를 부르는 말, 엄마가 준영이에게 하는 말들을 따라 했다. 운영자가 읽어 주고 아이들은 듣기만 하는 것이 아니라 자연스럽게 함께 읽는 시간이 되었다. 지난 시간에 이어서 이야기를 되돌려 생각하며 차분히 마무리 지을 수 있었다.

『화장실에 사는 두꺼비』에 대한 아이들의 생각이 궁금해 물어보았다.

"변비로 사망한다는 뉴스가 안 좋았어요. 어떻게 항문이 막혀 가지고……."

"너무 창의적이야. 두꺼비가 말을 하다니."

"재밌었어요."

"안 좋은 점이 하나도 없어요."

아이들 사이에서 두꺼비가 진짜 나타났다, 아니다로 의견이 나뉘었다. 두꺼비 모습이 보이는 것으로 책이 끝나지 않았기 때문에 의견은 더 팽팽했다. 결국 결말을 애매하게 처리한 작가에게 불만을 나타내며 책 읽어 주기 시간이 마무리되었다.

아이들은 모두 별점 세 개 이상을 주었고, 그중 반 이상이 별점 다섯 개를 주었다. 두꺼비가 말을 하고, 화장실 변기에서 나왔다는 것을 좋은 점으로 꼽았다. 이야기 전체가 다 좋았다는 아이도 있었다. 주인공이 변비로 사망한다는 뉴스가 가장 마음에 들지 않았다고도 했다.

『고얀 놈 혼내 주기』—구경꾼의 마음으로 즐기다

다음으로 읽은 책은 『고얀 놈 혼내 주기』였다. 책을 귀로 듣는 것이 아직 익숙하지 않은 아이들은 자꾸만 빨리 읽어 달라고 했다. 눈으로 읽는 속도보다 느리니 답답하다는 생각이 드는 것 같았다. 하지만 들으면서 장면을 상상하고 인물을 형상화하는 시간이 필요하기 때문에 너무 빠르지 않게 읽어 주었다. 읽어 주는 운영자와 듣는 아이들이 교감할 수 있도록 한 명 한 명과 눈을 맞추며 세심히 신경을 썼다. 어느새 빨리 읽으라고 재촉하는 소리가 들리지 않았다. 아이들은 이야기에 몰입해서 주인공이 심한 장난을 칠 때는 너무하다며 나무라기도 하고, 똥 치우는 장면에서는 배를 잡고 웃었다.

주인공인 주먹똥이 "끙! 뿌지직!" 하며 똥을 싸는 장면에서 한 아이

『고얀 놈 혼내 주기』

가 손으로 코와 입을 막으며 말했다.

"똥 안 닦았어요?"

"똥 닦았다는 얘기는 없는데. 다시 볼까?"

앞으로 돌아가 그 부분을 다시 읽었다. 그런데 똥을 누고 나서 닦았다는 말이 없고 "곧이어 주먹똥은 아무 일도 없다는 듯이 바지를 추스르고, 두리번두리번 둘레를 살폈어요. 그런 다음, 이마에 맺힌 땀을 닦아 내고, 눈자위에 맺힌 눈물도 훔쳐 내고, 어기적어기적 살금살금 쪼르르 교실 쪽으로 걸어갔답니다."(56면)라고 쓰여 있었다.

"똥 안 닦아서 어기적어기적하나 봐요."

아이는 똥은 안 닦고 땀만 닦는다고 불만이었다.

이제 마칠 시간이 되었다. "오늘은 여기까지."라고 하자 아이들이 조금만 더 읽어 달라고 했다. 그러자 한 아이가 급히 말했다.

"화장실에 가도 돼요? 십 분 전부터 참았어요."

모두들 한바탕 웃었다. 화장실 가고 싶은 것도 참고 듣고 있었던 것이다.

일주일이 지나 다음 시간이 되었다. 아이들에게 지난 시간에 들었던 이야기를 떠올려 보자고 했다. 아이들은 앞부분을 다 기억한다며 빨리 읽어 달라고 아우성이었다. 뒷부분이 궁금했는지 미리 다 읽어 온 아이들도 있었다.

운영자가 "주먹똥 힘내라." 하는 부분을 읽자 아이들이 다 같이 "주먹똥 힘내라." 따라 했다. 주먹똥이 쓰레받기로 똥을 치우는 장면에서 한 아이가 "이렇게 뜬 거야." 하며 몸으로 흉내를 내 아이들이 이해하는 데 도움을 주었다. 주먹똥이 똥 치우는 모습을 보고 반 아이들이 멋지다고 말했다. 그러자 한 아이가 "아, 뭐가 멋져? 자기 똥 자기가 치우는데." 하며 어이없어했다. 앞서 『화장실에 사는 두꺼비』를 읽을 때 모두들 준영이에게 감정을 이입해서 보던 것과는 사뭇 다른 감상 태도였다. 아이들은 주먹똥과 거리를 두며 잘잘못을 지적했다. 그러면서 구경꾼이 되어 주먹똥을 응원했다.

다 읽고 나서 별점 두 개를 준 아이가 있었다. 그 아이는 웃기기는 했지만 그냥 그랬다는 평가였다. 별점을 세 개 이상 준 아이들은 "주먹똥이 자기 똥을 치우는 장면과 생쥐가 화장실 문을 막는 게 좋았다. 똥 얘기를 해서 더럽긴 하지만 재미있었다."라고 했다. 운영자는 시간이 조금 남았지만 세 번째 책으로 넘어가지 않고 옛날이야기를 들려주며 마무리했다. 새로운 책은 다음 시간부터 시작하고 싶어서였다.

『요란 요란 푸른아파트』—듣는 힘이 늘다

세 번째로 읽은 책은 『요란 요란 푸른아파트』였다. 초등학교 3~4학년쯤 되면 비현실적인 이야기가 나올 때 진짜냐고 묻기도 하고, "사실이 아니에요. 어떻게 아파트가 말을 해요?" 같은 반응을 보이기도 한다. 그러나 이번에는 앞서 읽어 준 동화가 모두 현실과 판타지를 자연스레 왔다 갔다 해서인지 거부감을 드러내는 아이는 없었다.

『요란 요란 푸른아파트』는 읽어 주기 까다로운 책이었다. 일단 문장이 쉽지 않았다. 아파트가 말을 하는데 이 말을 어느 동이 하는 건지 헷갈렸고, 어떤 것은 사람이 하는 말인지 아파트가 하는 말인지 헷갈렸다.

『요란 요란 푸른 아파트』

등장인물도 많고 관계도 복잡해서 평소에 운영자가 읽어 주는 속도보다 느리게, 아이들의 독해 속도에 맞춰 읽어 주어야겠다고 판단했다. 운영자는 책을 읽기 전에 아이들에게 당부했다.

"잘 들어야 해. 잘 듣지 않으면 무슨 동이 말을 하는지 몰라요."

『요란 요란 푸른아파트』 제목을 읽고, 작가가 김려령이라고 알려 주었다.

"실제 이름이에요?"

"필명이에요?"

"남자예요? 여자예요?"

아이들은 앞의 책에서는 묻지 않던 질문을 했다. 작가에게 관심을 보이는 것이다. 이때 한 아이가 책상에 엎드리며 말했다.

"누울게요."

"누워도 좋지만 만화책은 보지 말고 책상에 올라오지 마세요. 유리가 깨져요."

주 1회여도 한 달 이상을 만나다 보니 아이들이 분위기에 익숙해져 편안하게 행동했다. 동화동무씨동무 시간에는 자유롭게 말하고 움직여도 된다. 수동적으로 듣기만 하는 시간이 아니기 때문이다. 엎드려도 되고 눈을 감아도 된다. 단, 친구들에게 방해가 되는 행동은 스스로 삼가야 한다. 그런데 신기하게도 귀 기울이지 않는 듯해도 이야기를 잘 듣고 하고 싶은 말도 그만큼 거침없이 한다. 운영자는 눕겠다는 아이에게 안전상 주의가 필요한 부분만 말한 뒤 책의 차례를 읽어 주고 본격적으로 본문을 읽기 시작했다.

이야기의 발단에서는 아이들이 푸른아파트 각각의 동이 갖는 특징을 이해할 수 있도록 각별히 신경을 쓰며 읽어 주었다. 아이들이 아파트마다 가지고 있는 개성을 충분히 알 수 있도록 기다리며 천천히, 또박또박 읽었다. 이해가 안 된다고 하면 앞으로 돌아가 그 부분을 반복해서 읽고 책에 쓰인 대로 동마다의 특징을 짧게 정리해 보았다.

1동이 벼락 맞는 장면이었다. 한 아이가 손을 아래로 내리며 손짓으로 쩍! 갈라지는 표현을 하였다. 1동에 동화되어 자연스럽게 나온 행동이었다. 아이들은 1동을 응원하는 장면에서는 "1동! 1동! 1동!" 하며 같이 외치고, 1동이 다른 동의 말을 따라 하는 모습을 보면서는 "애 같아요."라고 하였다. 2동이 정이 많다는 부분에서 한 아이가 "근데 1동도 정이 많지 않아요?"라며 앞에서 1동이 정이 많다고 한 부분을 기억하여 말했다. 운영자가 "1동은 정 많고 책임감 많은데 벼락 맞았어요. 2동은 정 많고 책임감 많은데 정신도 있어요."라고 정리해 주었다.

아이들은 집이 사람처럼 말을 한다는 설정에 흥미를 보였다. 한 아이가 불쑥 물었다.

"선생님, 집은 뭐 먹어요?"

다른 아이가 끼어들어 답했다.

"사람 먹어요."

운영자는 그 대답이 흥미로웠다.

"사람이 들어가니까?"

"아파트는 내장 같은 거 없잖아요."

운영자는 내장이라는 말이 재미있어서 이야기를 더 이어 가고 싶어졌다.

"철근, 철근 있잖아. 철근은 뼈대인가? 그럼 내장은 뭐지?"

또 다른 아이가 말했다.

"사람 먹었다 뱉었다. 사람 먹었다 뱉었다."

"소처럼 되새김질하는 거야."

아파트에 대한 관심은 자연스럽게 사람에게로 옮겨 갔다. 사건에 대한 관심도 높았다. 기동이가 자신을 괴롭히던 주한이, 호철이와 싸우는 그림이 있다. 운영자가 책상 위에 책을 펼쳐 놓고 읽어서 아이들이 그림을 볼 수 있었다. 한 아이가 물었다.

"누가 기동이지?"

"읽어 보면 나와."

한 아이가 그림을 손으로 가리키며 말했다. 아이들은 이제 익숙하게 운영자가 읽어 주기를 기다렸다.

푸른 아파트가 재건축이 된다고 했을 때 누군가 "상가는 안 죽는 거죠?"라고 물으며 아쉬워했다. 책을 다 읽고 나서 아이들은 아파트가 죽어서 비극으로 끝난 게 안 좋았다고 했다.

거의 마지막 장까지 읽었을 때였다. 한 아이가 말했다.

"가면 갈수록 재밌어요. 이야기가 깊어져요."

운영자는 아이들이 등장인물 하나하나의 개성을 잘 이해하고 있는지 세심하게 살피면서 읽어 주었고, 머릿속으로 상상하며 이미지를 구체적으로 떠올려 보게 했다. 또 각자 상상한 장면과 책에 실린 그림을 비교해 본 덕분에 아이들이 책에 몰입하고 즐길 수 있었던 것 같다. 인물이 내 안에 정확히 그려지지 않고 사건의 맥락이 이해되지 않으면 무슨 이야기인지 알 수 없고, 재미없는 책읽기가 되기 쉽기 때문이다.

다 읽고 나서 한 명만 별점 네 개를 주고 나머지 아이들은 모두 별점 다섯 개를 주었다. 아파트가 말을 한 것뿐 아니라 모든 것이 재미있었다고 했다. 기동이가 부모님을 못 만난 것과 아파트가 부서진 결말은 안 좋은 점이었다고 했다.

『고얀 놈 혼내 주기』를 읽고 '웃기기는 했지만 그냥 그랬다.'라고 평가하며 별점 두 개를 주었던 아이가『요란 요란 푸른아파트』를 읽고는 별점 다섯 개를 주면서 안 좋은 점으로 슬픈 결말을 꼽았다는 걸 생각해 보면 아이들은 웃음이 주는 재미와 감동이 주는 재미를 각각 즐길 줄 아는 것 같다. 운영자가 굳이 설명하지 않아도 스스로 알아 간다.

『우리 집에 온 마고할미』—이야기의 흥겨움에 빠지다

계절은 가을을 지나 겨울이 되었다. 아이들은 함께 읽은 책이 늘어나고 모임에 익숙해지면서 이야기를 듣는 집중력이 매우 높아졌다. 처음에는 만화책을 펼쳐 놓던 아이도 이제는 만화책을 꺼내지 않았고 다음 이야기를 궁금해했다. 네 번째는『우리 집에 온 마고할미』였다. 그런데 한 아이가 집에서 읽은 책이라고 말했다.

"이 책 재미없어요. 다른 책 읽어 주세요."

운영자는 눈으로 읽을 때와 귀로 들을 때의 느낌이 다를 수 있다고 말해 주었다. (이 아이는 나중에 마치 처음 읽는 책 같았다며 신기해했다.)

가사 도우미로 온 마고할미는 가족들에게 세 가지 약속을 지키라고 강조하며 싫다는 말을 반복한다. "나는 세상에서 내 물건 뒤지는 사람이 제일 싫어." "나는 세상에서 돼지우리같이 지저분한 집이 제일 싫어." "나는 세상에서 책 읽는 게 제일 싫어."

그러자 한 아이가 운영자가 읽어 주는 마고할미 말투를 따라 하며 말했다.

"나는 세상에서 이런 할머니가 제일 싫어."

아이들은 마고할미가 집안일 하는 모습을 들으며 엄마 이야기를 많

한 학기 동안 책 읽어 준 이야기 243

『우리 집에 온 마고할미』

이 했다.

"우리 엄마는 한 시간 동안 찌개 하나, 반찬 하나 만들어요."

"우리 엄마도 요정인가? 내가 어질러 놓은 거 다 정리해요."

이 책을 읽을 때는 아이들이 처음부터 끝까지 이야기를 놀이로 즐기는 모습을 보였다. 마고할미 콧구멍이 크다고 하니 자기 손가락을 콧구멍에 넣기도 하고, 입도 크다고 하니 자기 주먹을 입에 넣기도 했다. 마고할미가 덩실덩실 춤추는 장면에서 운영자가 아이들에게 춤추는 모습을 상상해 보라고 하자 덩달아 춤도 추고, 마고할미가 아리랑을 부르는 장면에서 노래를 아는 사람은 같이 부르자고 하니까 다 함께 부르기도 했다. 책 읽어 주기가 이야기 한마당처럼 흥겨운 시간이 되었다.

운영자가 마고할미의 대사를 불만이 섞인 목소리로 씩씩하게 읽으니 한 아이가 바로 지적했다.

"선생님, 이 목소리 아니에요. 이건 『요란 요란 푸른아파트』 4동 목소리잖아요."

운영자는 책을 읽을 때 등장인물마다 목소리를 바꾸지는 않지만 대사를 읽을 때는 감정이 담기곤 한다. 그래서 칭얼대듯 투덜거리는 4동 아파트와 비슷하게 들린 모양이었다. 운영자가 다시 지난주에 읽었던 마고할미의 분위기를 떠올리고 읽었더니 그제서야 아이들이 만족스러운 반응을 보였다.

"아, 맞아요."

아이들은 내용뿐 아니라 분위기와 감정까지 세세하게 기억하며 감상을 하고 있었다.

책을 다 읽고 별점을 매겼는데 별점 세 개가 한 명, 네 개가 한 명이고 나머지는 모두 다섯 개를 주었다. 책에 마고할미가 나온 것과 마고할미의 행동이 너무 빠른 게 신기하고 재미있었다고 했다. 마고할미가 괴팍해서 안 좋았다고 말한 아이도 있었다.

모임을 9월부터 시작했는데 책을 네 권 읽어 주고 나자 12월이 되었다. 어느새 방학을 앞두고 있어서 마지막 책인 『꼬마 너구리 삼총사』는 읽어 주지 못했다. 하지만 사서 교사의 제안으로 방학 때도 이어서 책 읽어 주기 모임을 계속하기로 했다. 아이들은 방학 동안에 『꼬마 너구리 삼총사』와 첫 시간에 읽고 싶은 책으로 뽑았던 『낫짱이 간다』 『최기봉을 찾아라!』를 읽고 싶어 했다.

다 읽은 네 권 중에서 '가장 좋아하는 동화' 한 권씩을 뽑았다. 아이들은 『화장실에 사는 두꺼비』를 가장 좋아하는 동화로 뽑았다. 『요란 요란 푸른아파트』와는 한 표 차이였다. 『우리 집에 온 마고할미』가 한 표를 얻었고 『고얀 놈 혼내 주기』는 한 표도 얻지 못했다. 이 순위는 동화동무씨동무에 참여한 전국 어린이들의 투표 결과와 거의 비슷했다.

투표에 참여한 어린이는 319명이며 그 가운데 27.5%인 88명의 어린이가 『화장실에 사는 두꺼비』를 골랐고, 2위인 김려령의 『요란 요란 푸른아파트』를 고른 어린이는 26%로 83명이다. 3위는 유은실의 『우리 집에 온 마고할미』로 72명의 어린이가 골랐으며 22.5%이다. 4위는 이반디의 『꼬마 너구리 삼총사』로 56명(17.5%)의 어린이가 골랐다. 20명(6.2%)의 어린이가 고른 김기정의 『고얀 놈 혼내 주기』가 5위이다. (『2013동화동무씨동무 운영보고서』 12면 참고)

동화를 좋아하게 된 아이들

동화동무씨동무를 마치고 3학년 여자아이의 엄마가 "우리 애가 긴 책을 못 읽었는데 동화동무씨동무를 하면서 좋아하게 되었다."라며 참 좋다고 했다. 4학년 남자아이는 다수의 3학년들에게 밀려서 늘 구석에 앉아 장난치고 제대로 안 듣는 것처럼 보였다. 그래도 한 번도 결석하지 않았다. 엄마한테 "선생님이 읽어 주는 소리가 귀에 쏙쏙 들어온다."라고 말했단다. 운영자에게 책을 빨리 읽으라고 재촉하던 3학년 여자아이는 운영자가 끝까지 자기 속도대로 읽어 나가자 그대로 들었다. 사서 교사는 전시했던 동화동무씨동무 추천 도서 열다섯 권의 대출이 눈에 띄게 늘었다고 했다. 모두 많이 웃고 떠들며 마지막 시간까지 즐겁게 책 읽기를 하였다.

책을 읽어 줄 때 운영자는 아이들에게 억지로 질문하여 생각을 유도하지 않으려고 한다. 시험 문제처럼 답을 끌어내는 느낌을 주지 않으려는 것이다. 읽어 주면서는 아이들이 중간에 어떤 말을 해도 들어 주고, 질문에는 즉답을 피한다. 질문을 계기로 아이들과 소통하며 아이들이 편안하고 자연스러운 분위기에서 자신의 생각과 느낌을 이야기할 수 있도록 이끈다. 또한 앞표지부터 마지막 장까지 빠짐없이 잘 읽어 주는 것을 원칙으로 한다. 책을 읽어 주면서 녹음을 하는 경우가 많다. 녹음한 것을 다시 들으며 아이들의 말이나 행동에서 내가 놓친 것은 없는지, 아이들은 어떻게 감상하고 있었는지를 생각해 볼 수 있기 때문이다.

동화동무씨동무를 처음 시작할 때는 이렇게 읽어 주기만 하고 별다른 독후 활동을 하지 않는데 과연 아이들이 재미있어할까, 모임에 계속 나올까, 부모님들이 보낼까, 학원 때문에 나올 수 있을까 걱정도 되고 의문도 들었지만 오랜 책 읽어 주기 경험과 아이들에 대한 믿음이 있어서 불안을 떨칠 수 있었다. 그리고 이런 고민은 기우였다. 아이들은 100면이 넘는 동화를 읽어 주기만 해도 능동적이고 적극적으로 반응하였다. 아이들의 한마디 한마디는 문학과 삶을 나름의 방식으로 이해하며 소통하는, 아이들 그대로의 진솔한 마음이었다.

한 학기 동안 아이들은 스스로 고른 책들을 읽으며 다양한 방식으로 즐기고 성장했다. 어른과 어린이가 대등한 독자로서 만났기 때문에 가능했던 시간이었다.

4 부

제재로 보는 온작품 읽기 도서

가족 | 과학 기술 | 관계·공존 | 난민 | 돈 | 동물 | 동시집
모험 | 북한 | 사회 | 스포츠 | 아동 학대 | 역사 | 인권·정의
일·직업 | 자아 | 자연환경 | 지도자 | 폭력·전쟁 | 페미니즘

그림책
『알사탕』
백희나 지음, 책읽는곰 2017
아이가 입에 알사탕을 넣자 마법이 일어난다. 소파가 말을 하고, 아빠의 마음속 소리가 들린다. 돌아가신 할머니의 안부도 들려온다.

그림책
『엄마의 의자』
베라 윌리엄스 지음, 시공주니어 1999
할머니와 엄마, 아이는 잔돈이 생기면 유리병에 넣는다. 그리고 유리병이 가득 차자 안락의자를 산다. 힘들게 일하는 엄마를 편안하게 해 주고 싶다는 소망이 따뜻하다.

그림책
『코끼리 아저씨와 100개의 물방울』
노인경 지음, 문학동네 2012
코끼리 아저씨가 머리에 물방울 100개가 담긴 양동이를 이고 달려간다. 겁 많고 둔한 아저씨지만 집에서 기다리는 아이들이 있기에 용기를 내어 달린다.

그림책

『**할머니의 여름휴가**』

안녕달 지음, 창비 2016

혼자 사는 할머니는 손자에게 바닷소리가 들리는 소
라를 선물받는다. 할머니는 소라를 통해 뜻밖의 여름
휴가를 떠나게 된다. 항상 할머니 곁에 있는 반려견 메
리도 함께다.

5~6학년 동화

『**두 개의 집**』

히코 다나카 장편동화, 한림출판사 2017

렌코의 엄마와 아빠가 이혼했다. 렌코는 아빠 없이 엄
마와 둘이 사는 일상이 낯설지만 부모의 입장을 이해
하려 한다.

5~6학년 동화

『**마지막 이벤트**』

유은실 장편동화, 강경수 그림, 비룡소 2015

영욱이는 친구 같던 할아버지의 죽음과 장례식을 겪
으며 한 뼘 성장한다. 어린이의 눈높이에서 본 죽음과
장례식을 유머러스하고 찡하게 풀어냈다.

5~6학년 동화

『준비됐지?』

김옥 장편동화, 홍정선 그림, 창비 2009

지효는 동생의 죽음에 대한 죄책감과 사춘기에 밀려오는 욕망, 억압적인 부모님 사이에서 갈등한다. 지독한 성장통을 겪는 소년의 이야기다.

1~2학년 동화

『**엄마 사용법**』

김성진 동화, 김중석 그림, 창비 2012

현수는 아빠를 졸라 생명장난감 엄마를 산다. 현수는
엄마가 '진짜 엄마'가 되길 바라며 노력한다. 하지만
감정이 생긴 장난감은 고장 난 것이라며 장난감 회사
의 사냥꾼들이 엄마를 잡으러 온다.

3~4학년 지식책

『**달에 가고 싶어요**』

마쓰오카 도오루 지음, 한림출판사 2015

달과 로켓, 우주에 대해 설명하는 책. 현재 달에 갈 수
있는 유일한 방법인 로켓의 구조와 원리를 세밀한 그
림으로 설명한다.

5~6학년 동화

『**담임 선생님은 AI**』

이경화 장편동화, 국민지 그림, 창비 2018

인공 지능 담임 선생님과 지내게 된 아이들은 프로그
램에 따라 움직이는 선생님과 갈등을 겪는다. 하지만
시간이 지나면서 다른 로봇과는 다른 선생님만의 특
별함을 느낀다.

5~6학년 동화

『도깨비폰을 개통하시겠습니까?』

박하익 장편동화, 손지희 그림, 창비 2018

지우는 도깨비들이 쓰는 스마트폰을 손에 넣는다. 도
깨비폰을 쓰면 숙제도 뚝딱 끝내고 영어도 유창하게
말할 수 있다. 지우는 자신이 도깨비폰에 중독되었다
는 것을 깨닫지만 그만둘 수가 없다.

5~6학년 동화

『복제 인간 윤봉구』

임은하 장편동화, 정용환 그림, 비룡소 2017

봉구는 자신이 복제 인간이라는 사실을 알게 된다. 엄
청난 비밀을 숨기면서 '나는 누구인가.' 고민하는 봉구
의 이야기. 인간 복제라는 소재를 유쾌하고 자연스럽
게 풀어냈다.

5~6학년 지식책

『세상을 바꾼 여성 과학자 50』

레이철 이그노토프스키 지음, 길벗어린이 2018

과학사의 중요한 발견을 한 여성 50인과 그 삶의 의미
를 소개한다. 물리학, 생화학, 천문학 등 과학의 모든
영역에서 인물을 고르게 선정했다.

그림책

『**무지개 물고기**』

마르쿠스 피스터 지음, 시공주니어 1994

우정과 나눔을 주제로 한 그림책. 무지개 물고기는 자신의 빛나는 비늘이 자랑스러워 친구들이 놀자고 해도 잘난 척만 한다. 어느 날 꼬마 물고기가 반짝이는 비늘을 하나만 달라고 하자 무지개 물고기는 버럭 화를 낸다.

그림책

『**아모스와 보리스**』

윌리엄 스타이그 지음, 비룡소 2017

생쥐 아모스는 바다에서 조난을 당한다. 아모스를 고래 보리스가 구해 주고 둘은 친구가 된다. 어느 날 보리스는 허리케인을 만나 해변까지 떠밀려 오고, 이번에는 아모스가 보리스를 도우려 한다.

1~2학년 동화

『**도토리 사용 설명서**』

공진하 동화, 김유대 그림, 한겨레아이들 2014

중증 장애를 가진 주인공이 초등학교 2학년이 되면서 겪는 학교생활과 일상을 그린다. 특수 학교에서 아이들을 만나 온 작가가 장애를 타자화하지 않으면서도 감동을 준다.

3~4학년 동화

『만복이네 떡집』

김리리 동화, 이승현 그림, 비룡소 2010

욕쟁이, 심술쟁이 만복이는 집에 가던 길에 '만복이네 떡집'을 발견한다. 떡을 먹으려면 착한 일을 해야 하는 이상한 떡집이다. 만복이는 떡을 먹기 위해 착한 일을 하며 조금씩 달라진다.

3~4학년 동화

『화요일의 두꺼비』

러셀 에릭슨 동화, 김종도 그림, 사계절 2014

올빼미는 무뚝뚝한 성격 탓에 친구 하나 없다. 하지만 우연히 낙천적이고 다정한 두꺼비와 만나고, 두꺼비의 노력으로 친구가 된다. 천적 관계인 둘이 친구가 되는 과정이 감동적이다.

5~6학년 동화

『너만의 냄새』

안미란 동화집, 윤정주 그림, 사계절 2005

동물과 동물, 동물과 인간 사이의 오묘한 관계를 다룬 일곱 편의 이야기. 다리를 다친 고양이와 쥐가 친구가 되고, 병들어 죽어 가는 개와 배우 지망생이 우정을 쌓는다.

5~6학년 동화

『우리 누나』

오카 슈조 동화집, 카미야 신 그림, 웅진주니어 2002

다운 증후군 누나를 둔 동생, 장애 때문에 누나의 결혼
식에 참석하지 못할 뻔한 동생 등 장애를 안고 살아가
는 이들과 그 가족의 이야기 여섯 편이 실려 있다.

그림책

『그 꿈들』

박기범 글, 김종숙 그림, 낮은산 2014

작가가 이라크 전쟁 당시 직접 만났던 사람들의 얼굴
과 사연을 되살려 구성한 그림책. 전쟁 한복판에 놓였
던 이라크 어린이들의 목소리를 그대로 담았다.

그림책

『긴 여행』

프란체스카 산나 지음, 풀빛 2017

두 아이와 엄마는 전쟁으로 일상이 파괴된 고향을 등지
고 평화로운 땅을 찾아 목숨을 건 여정을 떠난다. 소녀
의 눈으로 난민의 고된 여정을 담담히 보여 준다.

그림책

『내 이름은 난민이 아니야』

케이트 밀너 지음, 보물창고 2018

'난민'이 아닌 자신의 이름으로 불리길 바라는 아이의
서글픈 여정을 그렸다. 주인공은 어린이 독자들에게
너라면 피난을 떠날 때 무엇을 가져갈 거냐고, 얼마나
걸을 수 있겠냐고 묻는다.

그림책
『제노비아』
모르텐 뒤르 글, 라스 호네만 그림, 지양어린이 2018

시리아 내전의 참혹한 현실과 난민들의 위험한 여정을 보여 준다. 아미나는 시리아를 빠져나가는 배에 탔다가 바닷속으로 떨어진다. 물속으로 가라앉으며 행복했던 날들을 떠올린다.

5~6학년 지식책
『난민』
박진숙 글, 소복이 그림, 풀빛 2016

시리아부터 우리나라까지, 전 세계 난민 어린이들의 이야기를 들려준다. 난민이 발생한 역사적 배경과 사회 경제적인 원인까지 살필 수 있다.

그림책
『100원이 작다고?』
강민경 글, 서현 그림, 창비 2010

깜깜한 밤, 10원, 100원, 1000원…… 돈이 깨어난다. 가치 수단, 교환 수단, 저장 수단이라는 돈의 쓰임새를 알려 주고, 투자, 소득 등 경제 개념을 어린이의 눈높이로 설명해 준다.

3~4학년 동화
『천 원은 너무해!』
전은지 동화, 김재희 그림, 책읽는곰 2012

갖고 싶은 게 많은 수아에게 일주일에 고작 천 원인 용돈은 턱없이 모자라다. 수아는 천 원으로 한 주 한 주를 버티면서 합리적 소비의 달인이 되어 간다.

3~4학년 지식책
『용돈 좀 올려 주세요』
아마노 유키치 글, 오츠키 아카네 그림, 창비 2009

찬이는 엄마한테 용돈을 올려 달라는 마음을 전하기 위해 포스터를 만든다. 찬이의 머릿속 '그림 친구'와 '말 친구'는 어떻게 하면 용돈을 올려 받을 수 있을지 궁리한다.

3~4학년 지식책

『코끼리를 타면 안 돼요?』

공주영 글, 설찌 그림, 낮은산 2017

로컬 푸드, 공유 경제, 공정 무역, 소비자 협동조합 등 착한 소비와 관련된 여덟 가지 주제를 여덟 나라의 이야기로 소개한다. 각 나라의 어린이가 화자로 등장해 친근하게 정보를 전달한다.

5~6학년 동화

『우리는 돈 벌러 갑니다』

진형민 장편동화, 주성희 그림, 창비 2016

각자 갖고 싶은 게 있는 세 친구가 돈을 벌기로 결심한다. 아이들은 빈 병 줍기, 전단지 붙이기 등 각종 돈 버는 일로 고생하며 돈보다 더 소중한 가치가 있다는 사실을 깨닫는다.

5~6학년 동화

『우리들의 에그타르트』

김혜정 장편동화, 최혜원 그림, 웅진주니어 2013

원조 에그타르트를 먹기 위해 마카오 여행을 계획하는 네 소녀의 이야기. 여행 정보 수집, 아르바이트 등 여행 준비는 각자의 꿈으로 이어지고, 진정 바라는 일에 도전하는 계기가 된다.

5~6학년 지식책

『내 동생도 알아듣는 쉬운 경제』

김경락 글, 윤지회 그림, 사계절 2015

자유 시장 경제, 신용 카드, 외국인 노동자, 보험 등 경제의 핵심적인 이슈를 쉬운 글과 만화로 소개한다. 경제 지수를 나타내는 도표로 이해를 돕는다.

5~6학년 지식책

『한입에 꿀꺽! 짭짤한 세계 경제』

김지혜 글, 홍수진 그림, 토토북 2018

세계에서 가장 비싼 1초는? 미래 식탁에는 곤충이 가득하다고? 재미있는 주제로 경제 현상과 세계 경제에 영향을 미친 사건들을 설명한다.

그림책

『레스토랑 Sal』

소윤경 지음, 문학동네 2013

최고급 레스토랑 Sal은 항상 사람들로 북적인다. 한 소녀는 고양이를 구해 주려다 주방과 이어진 숨겨진 공간에 들어가고, 그곳에서 인간이 육식을 위해 만든 동물 감옥을 발견한다.

그림책

『빼떼기』

권정생 글, 김환영 그림, 창비 2017

순진이네 식구는 아궁이 불에 화상을 입은 병아리 '빼떼기'를 지극정성으로 돌본다. 빼떼기의 눈물겨운 일생은 생명과 평화에 대해 생각하게 한다.

그림책

『새끼 개』

박기범 글, 유동훈 그림, 낮은산 2003

아이들은 새끼 개가 귀엽다. 껴안고, 들어 올리고, 수영도 가르쳐 주며 논다. 새끼 개는 아이들이 무섭다. 아무리 싫다고 표현해도 아이들은 장난인 줄 안다. 동물을 사랑하는 방식에 대해 고민하도록 이끈다.

그림책

『이빨 사냥꾼』

조원희 지음, 이야기꽃 2014

한 아이가 코끼리 얼굴을 한 사냥꾼에게 쫓기는 꿈을 꾼다. 사냥꾼은 아이의 엄니를 뽑아낸다. 인간과 코끼리의 입장을 바꾸어 상아를 노리고 벌어지는 코끼리 밀렵 문제를 성찰하게 한다.

그림책

『잘 가, 안녕』

김동수 지음, 보림 2016

자동차에 치여 목숨을 잃은 동물들은 어떻게 될까? 트럭에 치인 뒤 길에 남겨진 강아지를 한 할머니가 거둔다. 할머니는 찢기고 동강 난 동물들의 주검을 꿰매고 눈을 감겨 준다.

1~2학년 동화

『내 동생 못 봤어요?』

길지연 동화, 이영림 그림, 주니어김영사 2015

누군가 버린 아기 고양이를 가족으로 받아들이는 이야기. 반려동물과 함께 살아가려면 어린이도 책임감을 가져야 한다는 사실을 알려 준다.

5~6학년 동화

『네모 돼지』

김태호 동화집, 손령숙 그림, 창비 2015

분홍빛 냉장고처럼 생긴 네모 돼지, 하늘을 날게 된 개, 현관문을 열고 나타난 호랑이 등 낯선 상상력으로 그려 낸 일곱 편의 이야기. 동물의 눈에 비친 세상을 새로운 방식으로 보여 준다.

5~6학년 동화

『루돌프와 많이있어』

사이토 히로시 장편동화, 스기우라 한모 그림, 문학수첩리틀북 2016

인간의 글을 읽을 줄 아는 고양이 '많이있어'와 용감무쌍한 고양이 '루돌프'의 이야기. 둘의 따뜻하고 깊은 우정이 감동적이다.

5~6학년 동화

『자존심』

김남중 동화집, 이형진 그림, 창비 2006

지저분한 진돗개, 거만한 칠면조 등 개성 있는 동물과 인간의 평범하지 않은 만남을 다룬 일곱 편의 이야기. '살아 있다'는 말의 의미가 깊은 여운을 남긴다.

5~6학년 동화

『하늘로 날아간 집오리』

이상권 동화집, 이명애 그림, 웅진주니어 2018

동네 강에 나타난 수달을 잡으려는 어른들의 위선적인 모습, 족제비 사냥꾼과 족제비의 대결 등 인간과 동물의 관계를 되새기게 하는 여섯 편의 이야기. 수달, 족제비, 집오리 등 다양한 동물을 생생하게 묘사한다.

5~6학년 동화

『햇빛마을 아파트 동물원』

정제광 장편동화, 국민지 그림, 창비 2017

미오는 아파트 베란다에 토끼, 장수하늘소, 햄스터에 뉴기니아앵무까지 키운다. 그러나 더 많은 동물을 사기 위해 아르바이트를 하느라 동물들을 제대로 보살피지 못한다.

5~6학년 지식책

『야생 동물은 왜 사라졌을까?』

이주희 글, 강병호 그림, 철수와영희 2017

호랑이, 표범, 수리부엉이, 맹꽁이 등 우리나라의 멸종 위기 동물 22종의 멸종 원인과 그 역사를 알려 준다.

동시
『깜장꽃』
김환영 동시집, 창비 2010
달팽이, 개미, 지렁이 등 작은 생명을 벗 삼아 쓴 시. 현
실의 문제를 자연의 모습에 빗대어 표현했다. 화가이
자 시인인 작가의 섬세한 감성을 느낄 수 있다.

동시
『나 혼자 자라겠어요』
임길택 동시집, 정승희 그림, 창비 2007
시인이 1984년부터 1995년까지 사북 탄광 마을과 경
남 거창의 산골 마을에서 아이들을 가르치며 쓴 시를
모았다. 생생하고 맑은 동시들이 가슴에 와닿는다.

동시
『삼베 치마』
권정생 동시집, 문학동네 2011
권정생이 직접 쓰고 그리고 엮은 동시집을 사후에 출
간했다. 장날의 정경, 시집간 누나에 대한 그리움, 학교
생활 등 열다섯 살 무렵 시인의 눈으로 본 시대의 자화
상이 담겼다.

동시

『손바닥 동시』

유강희 동시집, 정가애 그림, 창비 2018

3행으로 간결하고 섬세하게 담아낸 풍경이 생생하고 기발하다. 쉽게 읽히면서 발랄해 누구나 즐겁게 접할 수 있다.

동시

『팝콘 교실』

문현식 동시집, 이주희 그림, 창비 2015

초등학교 교사인 시인이 맑고 투명한 시선으로 바라본 아이들의 속마음을 담았다. 아이들의 생활을 바탕으로 하면서도 서정적이고 독특한 표현이 새롭게 다가온다.

동시

『프라이팬을 타고 가는 도둑고양이』

김륭 동시집, 홍성지 그림, 문학동네 2009

관습적이지 않고 신선한 상상력이 실험적이면서 패기 있게 느껴지는 동시집. 낯선 비유와 이미지에서 새로운 자극을 받을 수 있다.

그림책
『**금강산 호랑이**』
권정생 글, 정승각 그림, 길벗어린이 2017
유복이의 아버지는 사람을 해치는 호랑이를 없애러 금강산으로 떠났다가 돌아오지 못했다. 유복이는 아버지의 원수를 갚기 위해 10년 동안 노력하고, 결국 호랑이를 물리친다.

그림책
『**까막나라에서 온 삽사리**』
정승각 지음, 초방책방 1994
용감한 불개는 깜깜한 까막나라를 밝히기 위해 불을 구하러 떠난다. 우리 민족의 얼을 살린 예술적인 그림과 탄탄한 이야기가 마음에 오래 남는다.

그림책
『**뛰어라 메뚜기**』
다시마 세이조 지음, 보림 1996
살아남기 위해 숨어 살던 메뚜기가 대담하게 햇볕을 쐬러 나와 겪는 모험 이야기. 생명들의 치열한 생존 법칙을 거친 그림으로 표현했다.

1~2학년 동화
『심부름 가는 길』
이승호 동화, 김고은 그림, 책읽는곰 2017

동이와 동순 남매는 아버지 꾐에 넘어가 무서운 최 씨 아저씨네로 심부름을 간다. 아저씨네 집은 멀고, 가는 길은 험난하다. 둘은 무사히 심부름을 마칠 수 있을까?

1~2학년 동화
『쿵푸 아니고 똥푸』
차영아 동화집, 한지선 그림, 문학동네 2017

교실에서 똥을 싼 탄이 앞에 천하무적 똥푸맨이 나타난다. 탄이는 우주 최고 무술 '똥푸'를 전수받는다. 첫 택배를 받은 소녀, 용감한 쥐의 이야기도 실려 있다.

1~2학년 동화
『휘경이와 꼬마 쥐』
오신혜 동화, 최정인 그림, 밝은미래 2018

방정환의 「시골 쥐의 서울 여행」을 모티프로 다시 쓴 이야기. 약자인 어린이와 쥐가 강자인 나쁜 어른을 힘과 지혜로 물리치는 모험 이야기다.

3~4학년 동화

『도레미의 신기한 모험』

이반디 동화, 김중석 그림, 창비 2013

어느 날 이상한 세계로 떨어진 도레미는 종이 병사들에게 쫓기고, 원숭이 인간의 꾐에 빠지는 등 갖가지 모험을 겪는다. 판타지 세계를 배경으로 용기와 우정의 가치를 보여 준다.

3~4학년 동화

『무지막지 공주의 모험』

김미애 동화, 정문주 그림, 창비 2011

성 밖으로 나간 고집쟁이 공주는 처음으로 남을 돕고, 바닥을 알 수 없는 호수에 들어가는 등 쉴 틈 없는 사건들을 겪으며 성장한다.

5~6학년 동화

『방학 탐구 생활』

김선정 장편동화, 김민준 그림, 문학동네 2013

초등학교 6학년 여름방학을 제대로 보내기 위해 스스로 계획을 짜고 그 계획을 하나씩 실천해 가는 어린이의 이야기. 백석은 방구석과 학원을 벗어나 모험을 떠날 수 있을까?

5~6학년 동화

『**수평선 학교**』

김남중 장편동화, 정현 그림, 창비 2016

복오는 독도를 구경하는 배인 줄 알고 코리나호에 탄다. 그런데 뜻밖에도 코리나호는 러시아, 중국, 일본의 배와 독도를 돌아서 오는 항해 대결을 펼친다. 바다에서 펼쳐지는 신나는 모험담이다.

5~6학년 동화

『**칠칠단의 비밀**』

방정환 동화집, 김병하 그림, 사계절 1999

방정환의 탐정 소설인 장편 「칠칠단의 비밀」과 중편 「동생을 찾으러」를 묶었다. 두 편 모두 여동생을 납치한 일본인의 음모에 맞서 싸우는 과정을 박진감 넘치게 그렸다.

그림책

『비무장지대에 봄이 오면』

이억배 지음, 사계절 2010

비무장지대의 아름다운 자연을 배경으로 북녘 땅을 애달프게 바라보는 할아버지의 사연이 펼쳐진다. 꿈속에서라도 만나고 싶은 이산가족의 이야기다.

3~4학년 동화

『피양랭면집 명옥이』

원유순 동화, 최정인 그림, 웅진주니어 2005

아토피 피부염을 앓아 친구들에게 놀림을 당하는 힘찬이와 가족과 북한에서 탈출한 피양랭면집 딸 명옥이가 우정을 쌓아 가는 이야기. 자신과 다른 타인을 받아들이는 모습이 따뜻하다.

5~6학년 동화

『나는야, 늙은 5학년』

조경숙 장편동화, 정지혜 그림, 비룡소 2009

탈북한 두 형제가 서울에 정착하기까지의 과정을 그린 동화. 죽음의 위험과 낯선 환경에도 결코 포기하지 않는 명우의 모습이 감동적이다.

5~6학년 동화

『내 어머니 사는 나라』

이금이 장편동화, 이선주 그림, 푸른책들 2007

초등학생 수빈이는 실향민인 할아버지와 금강산 여행 길에 오른다. 수빈이는 여행을 통해 그동안 몰랐던 이산가족의 아픔을 들여다보게 되고 통일의 절실함을 느낀다.

5~6학년 동화

『봉주르, 뚜르』

한윤섭 장편동화, 김진화 그림, 문학동네 2010

프랑스 뚜르에 살게 된 봉주는 이사한 집 책상에서 한글 낙서를 발견한다. 낙서의 주인을 찾아 나서며 비밀에 싸인 소년 토시를 만나고, 생각지 못했던 분단 문제에 부딪친다.

5~6학년 지식책

『먼저 온 미래』

김정희 글, 유설화 그림, 사계절 2015

은별이네 가족은 목숨을 걸고 두만강을 건넌다. 그러나 힘겹게 도착한 한국에서의 삶도 쉽지 않다. 북한 이탈 주민 가족의 한국 정착기가 펼쳐진다.

5~6학년 지식책

『통일: 통일을 꼭 해야 할까?』

이종석·송민성 글, 최서영 그림, 풀빛 2017

우리나라는 왜 분단이 됐는지, 북한은 어떤 나라인지, 통일을 하면 무엇이 좋은지, 통일 비용은 무엇이며 얼마나 드는지 등 통일에 대한 모든 것을 현실적인 시각으로 설명한다.

그림책

『사회 계급이 뭐예요?』

플란텔 팀 글, 호안 네그레스콜로르 그림, 풀빛 2017

사회 계급은 왜 생겼는지, 각 계급의 특징은 무엇인지, 계급 간 갈등의 원인은 무엇인지 그림으로 쉽고 분명하게 설명한다. 더불어 살아가는 미래를 만들려면 어떻게 해야 할지 생각해 볼 수 있다.

1~2학년 동화

『신고해도 되나요?』

이정아 글, 윤지회 그림, 문학동네 2014

유통 기한이 지난 불량 식품을 경찰에 신고하면서 벌어지는 한바탕 소동극. 신고는 과연 시민의 의무일까? '진짜 불량'은 무엇일까? 생각해 볼 문제를 던져 준다.

3~4학년 지식책

『안전 지도로 우리 동네를 바꿨어요!』

배성호 글, 이유진 그림, 초록개구리 2017

4학년 어린이들이 교사와 함께 안전 지도를 제작하고 동네의 변화를 이끌어 내는 이야기다. 어린이의 힘으로 사회를 변화시키는 모습을 볼 수 있다.

5~6학년 동화
『기호 3번 안석뽕』
진형민 장편동화, 한지선 그림, 창비 2013

떡집 아들 안석뽕이 얼떨결에 전교 회장 선거에 나가면서 겪게 되는 사건과, 재래시장 어귀에 들어선 대형 마트와 시장 상인들 간의 갈등이 씨실과 날실처럼 엮인다.

5~6학년 동화
『무기 팔지 마세요!』
위기철 장편동화, 이희재 그림, 청년사 2011

어린이의 장난감 무기 반대 운동이 세계적인 무기 불매 운동으로 이어진다. 일상에서의 작은 문제 제기가 거대한 평화 운동의 흐름을 만들어 내는 과정이 호쾌하다.

5~6학년 동화
『미노스』
아니 M. G. 슈미트 장편동화, 경히언니 그림, 바람의아이들 2004

고양이들의 정보력과 네트워크가 부도덕한 기업가의 가면을 벗긴다. 진심 어린 연대의 중요성을 보여 주는 이야기로 네덜란드에서 고전이 된 판타지 동화다.

5~6학년 동화
『여우의 화원』
이병승 장편동화, 원유미 그림, 북멘토 2012

민수의 아버지는 우리나라 최고의 자동차 회사를 경
영한다. 학교 친구들은 민수 아버지 때문에 집안 형편
이 어려워졌다고 말하고, 민수는 조금씩 세상에 눈을
떠 간다.

5~6학년 동화
『초콜릿 전쟁』
오이시 마코토 장편동화, 기타다 다쿠시 그림, 책내음 2012

소비자 불매 운동에 대한 전형적이고도 완벽한 예. 제
과점 유리창을 깼다는 누명을 쓴 아이들은 주인과 전
쟁을 벌이고, 친구들은 제과점 불매 운동을 펼친다.

그림책

『내가 잡았어!』

데이비드 위즈너 지음, 시공주니어 2018

한 아이가 울타리 밖을 서성이며 아이들의 야구 시합을 쳐다본다. 아이는 머리 위로 날아오는 공을 꼭 잡고 싶다. 공을 잡기까지의 짧지만 영원 같은 순간을 잘 나타낸 글 없는 그림책이다.

1~2학년 동화

『축구 생각』

김옥 동화, 윤정주 그림, 창비 2004

열혈 축구 소년 대용이는 수학 시험에서 90점 이상 받을 때까지는 축구 금지다. 대용이는 자기도 모르게 공부를 잘하는 승완이의 시험지를 훔쳐보고, 이 일은 생각지도 못한 방향으로 흘러간다.

1~2학년 동화

『축구왕 차공만』

성완 동화, 윤지회 그림, 비룡소 2014

공만이의 머릿속에는 축구 생각뿐이다. 하지만 현실은 '헛발왕'이라 친구들한테 앞으로 시합에서 빠지라는 얘기를 듣는다. 공만이는 솟대 오리를 찾아가 축구를 잘하게 해 달라는 소원을 빈다.

3~4학년 동화

『나는 천재가 아니야』

로드리고 무뇨스 아비아 동화, 나오미양 그림, 시공주니어 2013

롤라는 축구를 좋아하는 평범한 아이다. 천재 피아니
스트인 오빠 중심으로 돌아가는 집안에서 롤라는 누
가 알아주지 않아도 자기가 좋아하는 일에 최선을 다
한다.

5~6학년 동화

『소리 질러, 운동장』

진형민 장편동화, 이한솔 그림, 창비 2015

야구부에서 쫓겨난 김동해와 여자라서 야구부에 들어
가지 못한 공희주는 친구들과 막야구부를 만들어 즐
겁게 야구를 한다. 그런데 운동장을 차지한 학교 야구
부 감독이 훼방을 놓기 시작한다.

5~6학년 동화

『플레이 볼』

이현 장편동화, 최민호 그림, 한겨레아이들 2016

동구는 구천초등학교 4번 타자이자 투수다. 야구밖에
모르던 동구는 동생 민구의 마음에 병이 생기고, 단짝
친구도 야구를 그만두면서 위기를 맞는다. 동구의 야
구는 계속될 수 있을까?

그래픽노블

『롤러 걸』

빅토리아 제이미슨 지음, 비룡소 2016

애스트리드는 롤러 더비 선수가 되기 위해 방학 내내 열심히 연습한다. 하지만 실력은 좀처럼 늘지 않고, 단짝 니콜과는 사이가 멀어진다. 성장의 통과 의례를 당차게 겪어 나가는 이야기다.

그림책
『울음소리』
하수정 지음, 웅진주니어 2018

아파트 어딘가에서 울음소리가 들린다. 형체 없는 소리는 갖가지 색과 모양, 질감으로 표현된다. 보이지 않는 곳에서 누군가의 도움을 기다리는 아이의 모습을 그렸다.

3~4학년 동화
『불을 가진 아이』
김옥 동화, 김윤주 그림, 사계절 2008

도둑질, 싸움질을 일삼는 동배는 불장난이 좋다. 폭력적인 아버지와 주위 사람들의 무관심은 동배의 마음에 불을 지른다.

5~6학년 동화
『소나기밥 공주』
이은정 장편동화, 정문주 그림, 창비 2009

공주의 아빠는 알코올 중독으로 재활원에 들어간다. 홀로 남은 공주는 어떻게든 먹고살기 위해 분투한다. 어려운 환경에서 노력하는 아이의 이야기다.

5~6학년 동화

『안녕, 그림자』

이은정 장편동화, 이지선 그림, 창비 2011

성폭력 피해로 마음에 그림자가 진 정윤이가 아픔을 이겨 내기까지 겪는 외로움과 두려움을 섬세하게 그렸다.

5~6학년 동화

『영모가 사라졌다』

공지희 장편동화, 오상 그림, 비룡소 2003

영모가 사라졌다. 학교는 물론 집, 피시방, 만화방 어디에도 없다. 사라지기 전날 밤, 아버지에게 맞았다고 하는데……. 영모는 어디로 갔을까?

5~6학년 동화

『해야 해야 잠꾸러기 해야』

이연경 장편동화, 이소하 그림, 바람의아이들 2004

딸에게 폭력을 행사하는 것으로 삶의 무게를 견디는 엄마, 그런 엄마를 이해하려는 딸의 이야기다. 학대 받는 아이의 심리를 담담하게 보여 준다.

그림책

『꽃할머니』

권윤덕 지음, 사계절 2010

'위안부' 피해자인 심달연 할머니의 이야기로 만들어진 그림책. 일본군의 만행으로 몸과 마음, 기억이 망가져 버린 할머니의 고통을 담았다.

그림책

『나무 도장』

권윤덕 지음, 평화를품은책 2016

열세 살 시리는 집안 누군가의 제삿날, 어머니를 따라 산자락의 동굴로 간다. 어머니는 동굴 속에서 10여 년 전 벌어졌던 제주 4·3 사건을 이야기해 준다.

그림책

『온양이』

선안나 글, 김영만 그림, 샘터 2010

한국 전쟁이 한창이던 1950년, 명호네 가족은 남쪽으로 가는 배를 타기 위해 흥남부두로 간다. 고생 끝에 도착한 흥남부두는 수많은 피란민들로 붐빈다.

5~6학년 동화
『기찻길 옆 동네 1~2』
김남중 소년소설, 류충렬 그림, 창비 2004

1977년 도시 전체를 폐허로 만든 이리역 폭발 사건과
1980년 광주 민주화 운동을 배경으로 한 동화. 한 시대
를 정직하고 꿋꿋하게 살아간 가난한 이웃들의 삶을
섬세하게 그렸다.

5~6학년 동화
『마사코의 질문』
손연자 동화집, 김재홍 그림, 푸른책들 2005

생체 실험을 당했던 윤동주 시인, 관동 대지진 당시 학
살당한 조선인들, 일본의 과거에 대해 묻는 일본인 소
녀 등 다양한 인물의 시각에서 일제 강점기를 조망한다.

5~6학년 동화
『무덤 속의 그림』
문영숙 장편동화, 윤종태 그림, 문학동네 2005

고구려 고분 벽화, 사신도 속에 숨겨진 화공 무연의 이
야기가 펼쳐진다. 과거와 현재를 넘나드는 짜임새 있
는 이야기와 순장제, 도교 등의 역사적 사실이 잘 어우
러졌다.

5~6학년 동화
『서찰을 전하는 아이』
한윤섭 장편동화, 백대승 그림, 푸른숲 2011

동학 농민 운동이 일어났던 1894년, 비밀스러운 서찰을 전하기 위해 홀로 길을 떠난 열세 살 아이의 이야기. 아이가 서찰의 주인인 전봉준을 만나기까지의 과정이 그려진다.

5~6학년 동화
『오월의 달리기』
김해원 장편동화, 홍정선 그림, 푸른숲 2013

1980년, 전국소년체전에 참가하기 위해 광주로 온 열세 살의 달리기 선수가 광주 민주화 운동과 맞닥뜨린다. 평범한 사람들이 국가 폭력의 희생자가 되는 모습, 절망 속에서도 연대하는 모습이 사실적으로 그려졌다.

5~6학년 동화
『책과 노니는 집』
이영서 장편동화, 김동성 그림, 문학동네 2009

조선 시대 후기를 배경으로 혹독한 천주교 탄압, 지식 계층과 일반 백성들의 생활상, 혼란에 휩싸인 시대상을 아이의 눈으로 전한다.

5~6학년 동화

『초정리 편지』

배유안 장편동화, 홍선주 그림, 창비 2006

장운은 산에서 우연히 만난 할아버지에게 한글을 배우고 그 덕분에 멀리 있는 누나와 편지를 주고받게 된다. 석수장이가 되려는 장운의 성장과 세종 대왕의 한글 창제 과정이 잘 어우러졌다.

5~6학년 동화

『해를 삼킨 아이들』

김기정 장편동화, 김환영 그림, 창비 2004

외세가 밀고 들어오던 구한말부터 가깝게는 2002년 월드컵까지 모두 10개의 역사적 사건을 이야기한다. 옛이야기를 바탕으로 우리나라의 근현대사를 아우른다.

그림책

『우리는 모두 소중해요』

국제앰네스티 글, 존 버닝햄 외 그림, 사파리 2008

세계인권선언의 30개 항목을 우리 생활 속에서 다시 생각해 본다. 인권이 무엇인지, 인권이 왜 모든 사람에게 주어지는 기본 권리여야 하는지 일깨워 준다.

그림책

『일어나요, 로자』

니키 지오바니 글, 브라이언 콜리어 그림, 웅진주니어 2006

1955년, 로자는 버스에서 백인 자리이니 비키라는 운전사의 요구를 거절해 체포된다. 이 사건은 대대적인 버스 승차 거부와 인권 운동으로 이어진다.

3~4학년 동화

『내 동생 아영이』

김중미 동화, 권사우 그림, 창비 2002

영욱이는 다운 증후군 동생 아영이가 자꾸 학교에 따라와서 고민이다. 희수는 때리는 엄마와 자신을 따돌리는 아이들 때문에 늘 외롭다.

5~6학년 동화

『나는 인도 김씨 김수로』

윤혜숙 장편동화, 오윤화 그림, 사계절 2014

인도 사람인 수로 아빠는 엄마와 결혼하면서 한국으로 귀화했다. 수로는 자신이 한국인이라고 생각하는데 아이들이 '가짜' '다문화'라고 놀리기 시작한다.

5~6학년 동화

『블루시아의 가위바위보』

김중미 외 글, 윤정주 그림, 창비 2004

외국인 노동자의 인권 문제를 주제로 한 다섯 편의 동화. 방글라데시, 몽골, 베트남 등 여러 나라에서 온 사람들이 겪는 차별과 편견을 알리고 어울려 살아가는 삶에 대해 이야기한다.

5~6학년 지식책

『인권 논쟁』

이기규 글, 박종호 그림, 풀빛 2015

우리 주변에서 발생하는 인권 침해 문제를 들여다본다. 남녀 차별, 사생활 침해, 사형 제도, 이주 노동자와 성 소수자 인권 문제 등을 폭넓게 다룬다.

5~6학년 지식책

『조영래: 사람을 사랑한 변호사』

신지영 글, 권용득 그림, 한겨레아이들 2017

힘없는 이들의 편이 되어 주었던 인권 변호사 조영래
의 삶을 시대상과 함께 조명한다. 조영래가 맡았던 사
건들을 통해 진실과 양심의 의미를 알 수 있다.

1~2학년 지식책

『우리 동네 슈퍼맨』

허은실 글, 이고은 그림, 창비 2014

평범한 모습을 하고 있지만 일터에서 옷을 갈아입으면 전문가로 변신하는 사람들의 이야기. 옷을 통해 소방관, 수의사, 항공기 조종사 등 다양한 직업의 세계를 소개한다.

5~6학년 동화

『내가 진짜 기자야』

김해우 장편동화, 바람의아이들 2015

진우는 하늘이에게 반해 신문 동아리에 든다. 기사 주제 정하기, 기사와 관련된 개념 알아 가기 등 쉬운 일이 없지만 누구보다 뜨거운 열정과 진지한 자세로 학급 신문을 만든다.

5~6학년 동화

『슈퍼 아이돌 오두리』

이송현 장편동화, 정혜경 그림, 비룡소 2013

열두 살 두리와 엄마의 꿈은 두리가 최고의 아역 배우가 되는 것이다. 하지만 엄마의 기대가 부담스러운 두리는 이 꿈이 진정 누구를 위한 것이었는지 돌아보게 된다.

5~6학년 동화

『아저씨, 진짜 변호사 맞아요?』

천효정 장편동화, 신지수 그림, 문학동네 2015

변호사 빙빙 씨는 밀린 월세 대신 계약 기간 동안 하씨 집안의 고문 변호사가 되기로 한다. 건물 주인 아들 하록이가 첫 번째 의뢰인으로 찾아오면서 요란한 사건이 시작된다.

5~6학년 동화

『주병국 주방장』

정연철 동화집, 윤정주 그림, 문학동네 2010

「주병국 주방장」의 병국이는 호텔 주방장을 꿈꾼다. 그러나 엄마는 공무원이 되라고 강요하고 아빠는 도움이 안 된다. 병국이는 혼자 힘으로 꿈을 키우기로 결심한다.

그림책
『100만 번 산 고양이』
사노 요코 지음, 비룡소 2002

100만 번 죽고 100만 번 산 얼룩 고양이는 만사에 심드렁하다. 하지만 하얀 고양이를 만나고부터 모든 것이 바뀐다. 자기 자신만 사랑하던 고양이가 관계를 통해 성장하는 이야기다.

그림책
『까마귀 소년』
야시마 타로 지음, 비룡소 1996

땅꼬마 소년은 선생님도 아이들도 너무 무서워 언제나 숨어 다닌다. 새로 온 이소베 선생님은 아무도 관심 두지 않던 소년을 정성스럽게 보살피고, 소년은 학예회를 계기로 땅꼬마가 아닌 '까마귀 소년'으로 거듭난다.

그림책
『터널』
앤서니 브라운 지음, 논장 2018

동생은 방에서 책 읽기를 좋아하고, 오빠는 밖에서 뛰어노는 걸 좋아한다. 동생과 오빠는 얼굴만 보면 싸운다. 어느 날, 둘은 이상한 터널을 발견하고 안으로 들어간다.

그림책

『프레드릭』

레오 리오니 지음, 시공주니어 2017

들쥐들은 겨울나기를 준비하느라 분주하다. 그런데 프
레드릭만 한가하게 햇살을 바라보고 있다. 겨울이 되
어 먹이가 떨어지자 프레드릭은 자신이 모아 놓은 햇
살과 색깔, 낱말을 내놓는다.

1~2학년 동화

『공룡 도시락』

재클린 윌슨 글, 닉 샤랫 그림, 시공주니어 2003

다이나는 학교에서 박물관 견학을 갔다가 공룡으로
변한다. 꼬리도 생기고 덩치도 커졌지만 다이나는 공
룡으로 사는 게 즐겁다. 그전까지는 다이나에게 무관
심하던 주변 사람들도 천천히 바뀐다.

3~4학년 동화

『니가 어때서 그카노』

남찬숙 동화, 이혜란 그림, 사계절 2006

송연이는 시골에 살지만 도시 아이들이 부럽지 않다.
당찬 송연이를 중심으로 시골 마을 다섯 아이의 꿈과
희망, 좌절, 외로움 등을 생생하게 그려 냈다.

5~6학년 동화

『금이 간 거울』

방미진 동화집, 정문주 그림, 창비 2006

섬세하고 상처받기 쉬운 어린이의 마음을 보여 주는 다섯 편의 이야기. 관계, 죄책감, 원망, 갈등 등 어둡고 깊이 있는 주제를 진지하고 흥미롭게 그렸다.

5~6학년 동화

『명혜』

김소연 장편동화, 장호 그림, 창비 2007

명혜는 공부를 하고 싶지만 보수적인 아버지가 쉽게 허락하지 않는다. 결국 오빠의 도움으로 서울의 여학교에 진학한 명혜는 일제 강점기 조국의 현실과 변화해 가는 세상을 만난다.

5~6학년 동화

『하위권의 고수』

김기정 외 동화, 김규택 외 그림, 고래가그랬어 2014

아이들의 마음을 알아주는 열 편의 이야기. 답답한 상황 속에서도 주눅 들지 않고 행복을 찾아가는 어린이의 모습이 용기를 준다.

그림책
『대추 한 알』
장석주 시, 유리 그림, 이야기꽃 2015
시 속에 담긴 긴 이야기를 그림책으로 풀어냈다. 태풍,
천둥, 땡볕, 달밤을 지나 대추 한 알이 익어 가는 과정
이 아름답게 펼쳐진다.

그림책
『리디아의 정원』
사라 스튜어트 글, 데이비드 스몰 그림, 시공주니어 1998
리디아는 집안 형편이 어려워져서 외삼촌 집으로 보
내진다. 꽃을 사랑하는 리디아는 옥상에 화분을 가꾸
기 시작하고, 삭막하기만 했던 옥상은 아름다운 꽃으
로 가득하다.

그림책
『민들레는 민들레』
김장성 글, 오현경 그림, 이야기꽃 2014
섬세한 그림으로 민들레의 한살이를 보여 주는 그림
책. 흔해서 하찮게 여겨지는 민들레를 꿋꿋하고 아름
다운 꽃으로 그려 냈다.

그림책

『**플라스틱 섬**』

이명애 지음, 상출판사 2014

사람이 버린 플라스틱은 바다로 흘러가 플라스틱 섬
이 된다. 우리나라 면적의 열네 배에 달하는 플라스틱
섬을 바닷새의 눈으로 바라본다.

그림책

『**후쿠시마의 눈물**』

김정희 글, 오승민 그림, 사계절 2017

2011년, 대지진과 쓰나미가 일본 동북 지방을 휩쓸고,
후쿠시마 원전 사고를 일으킨다. 요시코네 가족의 피
난 생활과 원자력의 위험성, 환경 문제를 자연스럽게
들려준다.

5~6학년 동화

『**씨앗을 지키는 사람들**』

안미란 장편동화, 윤정주 그림, 창비 2001

한 회사에서 식물의 씨앗을 독점하는 미래 사회를 배
경으로 자본의 논리와 생명의 논리가 부딪치는 모습
을 생생하게 그려 냈다.

5~6학년 지식책

『핵발전소의 비밀』

강양구 글, 소복이 그림, 리잼 2014

핵발전소의 원리와 역사를 알려 주는 책. 핵 발전의 장점과 단점을 알기 쉽게 설명하고, 대안 에너지로는 무엇이 있는지도 소개한다.

지도자

그림책

『장군님과 농부』

권정생 글, 이성표 그림, 창비 2018

전쟁터에서 혼자 도망친 장군과 사람들이 모두 떠난 마을에 남아 있던 농부가 마주친다. 작가는 허세 가득한 장군과 소박한 농부 중 참다운 인간은 누구인지 묻는다.

1~2학년 동화

『사자왕 부루부루』

후나자키 요시히코 동화, 니시무라 이쿠오 그림, 시공주니어 2005

사자왕 부루부루는 늙어 버린 자신을 다른 동물들이 얕잡아 볼까 전전긍긍한다. 불안한 마음을 감추려고 큰소리치지만 동물들은 오히려 부루부루를 걱정한다. 인물을 감싸는 시선이 따뜻하다.

5~6학년 동화

『거꾸로 세계』

안성훈 장편동화, 허구 그림, 웅진주니어 2013

열한 살 영준이는 우연히 거꾸로 세계에 들어간다. 이곳에선 갓난아기의 지능이 높고, 어른이 될수록 지능을 잃어 간다. 영준은 원래 세계로 돌아가기 위해 독재자 쌍둥이 왕을 몰아내는 일에 가담한다.

5~6학년 동화

『차일드 폴』

이병승 장편동화, 푸른책들 2011

어린이만 대통령이 될 수 있는 '차일드 폴' 법안으로 열두 살 현웅이가 대한민국의 대통령이 된다. 어른에게도 어려운 문제를 최선을 다해 해결하는 어린이 지도자의 모습이 인상 깊다.

5~6학년 동화

『푸른 사자 와니니』

이현 장편동화, 오윤화 그림, 창비 2015

쓸모없다는 이유로 무리에서 쫓겨난 사자 와니니가 초원을 떠돌며 겪는 일들을 그린 동화. 약자끼리 힘을 모아 초원의 주인이 되기까지, 와니니의 여정이 사실적으로 펼쳐진다.

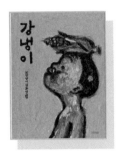

그림책

『**강냉이**』

권정생 시, 김환영 그림, 사계절 2015

1950년 어느 날, 갑자기 전쟁이 터지고 가족은 피난길에 오른다. 아이는 애지중지 기르던 강냉이가 자꾸 생각난다. 전쟁의 아픔을 어린이의 시각에서 그렸다.

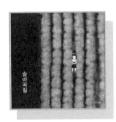

그림책

『**숨바꼭질**』

김정선 지음, 사계절 2018

박순득과 이순득은 늘 같이 다니는 친구다. 하지만 어느 날 전쟁이 터지고 둘은 헤어지게 된다. 작가는 전쟁과 피난을 겪는 어린이들의 이야기를 숨바꼭질 놀이에 비유하여 아름답게 들려준다.

그림책

『**왜?**』

니콜라이 포포프 지음, 현암사 1997

사소한 일로 시작된 개구리와 쥐의 싸움은 걷잡을 수 없이 커지고, 꽃이 만발하던 땅은 황폐해진다. 전쟁의 어리석음을 깨닫게 하는 글 없는 그림책이다.

1~2학년 동화
『콩팥풀 삼총사』
유승희 동화, 윤봉선 그림, 책읽는곰 2017

콩팥풀 삼총사는 곤충 학교의 독재자 사마귀에게 용감하게 맞선다. 학교 안의 잘못된 권력 관계, 정의, 우정을 우화 형식으로 풀어냈다.

5~6학년 동화
『나의 달타냥』
김리리 장편동화, 이승현 그림, 창비 2008

서로의 상처를 감싸 안으며 친구가 된 소년과 개의 이야기. 소년의 시선과 개의 시선으로 번갈아 서술된다. 폭력의 고리를 끊기 위해서는 먼저 미움을 버려야 한다는 주제를 감동적으로 그렸다.

5~6학년 동화
『몽실 언니』
권정생 소년소설, 이철수 그림, 창비 1984

해방과 한국 전쟁 등 우리 현대사의 굴곡을 온몸으로 겪은 아이에 대한 사실적인 기록이면서, 처참한 가난 속에서도 인간다움을 잃지 않고 세상을 감싸 안은 한 인간의 위대한 성장기다.

5~6학년 동화

『바보별』

나가사키 겐노스케 동화집, 김병호 그림, 창비 2006

전쟁과 군대를 배경으로 한 세 편의 동화. 전쟁을 일으킨 일본 정부와 이에 동조한 국민들에 대한 분노를 해학 넘치는 문체로 담담하게 담아냈다.

5~6학년 동화

『싸우는 아이』

손창섭 소년소설, 김호민 그림, 우리교육 2001

찬수는 싸우는 아이다. 신문값 주지 않으려는 어른, 월급을 주지 않는 누나네 회사 과장님……. 세상엔 싸울 일투성이다. 할머니와 하나뿐인 누이를 위해서라면 무슨 일이든 할 수 있는 찬수는 나쁜 아이일까?

5~6학년 동화

『싸움의 달인』

김남중 장편동화, 조승연 그림, 낮은산 2015

소령이는 전학 간 학교에서 전교 주먹에게 찍혀 괴롭힘을 당한다. 결국 한때 주먹 세계에 있던 찐빵 삼촌에게 싸움의 기술을 배우기 시작한다. 정정당당하지 않은 세상과 이에 맞서는 사람들의 이야기다.

5~6학년 동화

『아이들의 호수』

이원수 장편동화, 정병례 그림, 문학동네 2007

한국 전쟁에서 두 아이를 잃은 이원수 작가가 전쟁 통에 무력하게 죽어 간 어린이들을 위로하기 위해 쓴 동화. 주인공 용이가 현실과 대칭을 이루는 세계 '아이들의 호수'에 가면서 벌어지는 이야기다.

그래픽노블

『숨어 산 아이』

로익 도빌리에 글, 마르크 리자노 외 그림, 산하 2013

독일이 프랑스를 점령했던 제2차 세계대전 시기, 어린 소녀 두니아는 유대인이라는 이유로 부모를 잃고 혼자 남는다. 실제로 일어났던 일을 토대로 전쟁의 고통을 생생히 보여 준다.

그림책
『돼지책』
앤서니 브라운 지음, 웅진주니어 2001

피곳 씨와 두 아들은 집에서 아무 것도 하지 않는다.
어느 날, 집안일을 도맡아 하던 엄마가 사라지고, 피곳
씨와 아이들은 조금씩 이상하게 변해 간다.

그림책
『산딸기 크림봉봉』
에밀리 젠킨스 글, 소피 블래콜 그림, 씨드북 2016

서양의 디저트 크림봉봉을 통해 4세기에 걸친 생활사
의 변화를 보여 준다. 미국의 노예사, 여성만 가사를
맡던 시기 등 역사의 변화를 자연스럽게 알 수 있다.

그림책
『종이 봉지 공주』
로버트 문치 글, 마이클 마첸코 그림, 비룡소 1998

왕자에게 선택받기보다 스스로의 삶을 선택하는 주체
적인 공주 이야기. 공주는 불탄 옷 대신 종이 봉지를
입고 못된 용에게 잡혀간 왕자를 구하기 위해 길을 떠
난다.

1~2학년 동화

『무지무지 힘이 세고, 대단히 똑똑하고, 아주아주 용감한 당글공주』

임정자 동화집, 홍선주 그림, 문학동네 2018

홍역괴물은 아름다운 놀이성을 호시탐탐 노린다. 당글공주는 괴물과 맞서기 위해 홀로 기다린다. 어린이를 응원하는 네 편의 이야기가 실려 있다.

5~6학년 동화

『엄마의 마흔 번째 생일』

최나미 장편동화, 정문주 그림, 사계절 2012

가족을 위해 헌신하던 엄마가 달라졌다. 더 늦기 전에 자신의 인생을 살고 싶단다. 가영이는 변한 엄마의 모습이 당황스럽고 불편하지만 점차 한 인간으로서의 엄마를 이해하게 된다.

5~6학년 동화

『후박나무 우리 집』

고은명 장편동화, 김윤주 그림, 창비 2002

연하는 집과 학교에서 일상적으로 벌어지는 남녀 차별을 깨닫고 해결 방법은 없을지 고민한다. 그러면서 여자로 산다는 것, 남자로 산다는 것에 대해 진지하게 생각해 본다.

5~6학년 지식책

『나는 여성 독립운동가입니다』

김일옥 글, 백금림 그림, 상수리 2013

유관순, 정정화, 최용신 등 우리나라의 여성 독립운동가 13인을 소개한다. 교육, 만세 운동, 의병대 등 자신의 자리에서 최선을 다한 여성들의 이야기가 감동적이다.

5~6학년 지식책

『어린이를 위한 페미니즘』

사싸 뷔레그렌 글, 앨린 린델 그림, 풀빛 2018

어린이들의 사례를 통해 일상생활 속 잘못된 성 관념을 알아보고, 페미니즘에 공감할 수 있도록 한다. 여성들이 받는 차별과 이를 극복하기 위한 노력도 짚어본다.

5~6학년 지식책

『어린이 페미니즘 학교』

초등성평등연구회 글, 이해정 그림, 우리학교 2018

외모, 성적 자기 결정권, 미래의 직업 선택, 롤모델, 성적 지향, 성 정체성, 성 역할을 다섯 아이의 이야기를 통해 풀어 간다. 초등학교 교사들이 실제로 수업했던 내용을 바탕으로 썼다.

5~6학년 지식책

『언니들의 세계사』

캐서린 핼리건 글, 새라 월시 그림, 책읽는곰 2018

정치, 경제, 문학, 예술, 과학 등 여러 분야와 시대를 대표하는 여성 인물 50명을 소개한다. 인물의 생애를 통해 역사적 배경과 시대의 한계를 뛰어넘은 업적을 알 수 있다.

교사를 위한 온작품 읽기: 초등학교 한 학기 한 권 읽기 안내서

초판 1쇄 발행 • 2019년 3월 8일
초판 3쇄 발행 • 2020년 7월 22일

지은이 • 원종찬·박숙경·김지은·오세란·김제곤·최은경·이충일·강승숙·탁동철·박경희·임선복·신민경
펴낸이 • 강일우
책임편집 • 강지영
조판 • 박아경
펴낸곳 • (주)창비
등록 • 1986년 8월 5일 제85호
주소 • 10881 경기도 파주시 회동길 184
전화 • 031-955-3333
팩시밀리 • 영업 031-955-3399 편집 031-955-3400
홈페이지 • www.changbikids.com
전자우편 • enfant@changbi.com

ⓒ 원종찬·박숙경·김지은·오세란·김제곤·최은경·이충일·강승숙·탁동철·박경희·임선복·신민경 2019
ISBN 978-89-364-4741-0 03370